전교인 전부서가 은혜받는

인형극 부흥회와
절기 헌신예배를 위한 드라마

심정섭 지음

엘맨
하나님의 사랑을 만들어 가는 ELMAN

전교인 전부서가 은혜받는
인형극 부흥회와 절기 헌신예배를
위한 드라마

초판1쇄 2021년 3월 17일

지은이 : 심정섭
펴낸이 : 이규종
펴낸곳 : 엘맨출판사
등록번호 : 제13-1562호(1985.10.29.)
등록된곳 : 서울시 마포구 토정로222
            한국출판콘텐츠센터 422-3
전화 : (02) 323-4060,6401-7004
팩스 : (02) 323-6416
이메일 : elman1985@hanmail.net

www.elman.kr

ISBN : 978-89-5515-009-4 03230

값 20,000 원

전교인 전부서가 은혜받는

인형극 부흥회와
절기 헌신예배를 위한 드라마

심정섭 지음

차례

머리말

　현재 기독교서점에서 예전과는 달리 인형극에 대한 책은 거의 찾아볼 수 없습니다. 그 이유는 매출이 거의 없어 출판사에게 반품을 했기 때문입니다. 왜 인형극 책이 인기가 없는 상황에 이르게 되었을까요? 그 이유는 인형극이 시대에 뒤떨어진 것도 원인이 있지만 워낙 뛰어난 PPT 설교와 동영상 설교에 밀리기 때문입니다. 더구나 인형극을 하는 공연자도 예전 같은 스타일로 공연을 하기 때문에 발전이 없어 인형극은 점점 쇠퇴하였습니다. 그러나 저는 1999년도에 미국에 이민을 가서 전교인을 대상으로 공연이 아닌 부흥회로 인도한 것이 소문이 나서 2008년에 귀국하여 지금까지 전국으로 유일하게 부흥회를 인도하고 있습니다.

　한때 복화술 인형극이 인기가 있었지만 복화술 인형극의 단점은 인형 한 개만 가지고 해야 하고, 쉽게 배우기도 힘들고 성경 인형극은 할 수가 없습니다. 그러나 손인형극은 여러 인형이 등장하여 성경 인형극을 하기가 좋습니다. 성경 인형극을 단순하게 인형극만 보여주는 공연으로 하지 말고 인형극을 통한 부흥회로 인도해야 합니다. 인형극을 하면서 인형극을 보는 대상들에게 인형들과 함께 다같이 부흥회처럼 손뼉을 치며 찬양도 하고 인형들이 묻는 질문에 대답도 하고 인형극이 마치면 찬양을 하며 기도회를 갖는데 이때 전부서가 모두 동일한 은혜를 받고 한마음이 되어 기도하게 되는데 놀라운 성령의 역사가 일어납니다. 심지어 어린이를 비롯하여 장년부까지 뜨거운 눈물을 흘리며 회개하며 통곡하는 기도의 모습이 일어나게 됩니다. 이처럼 어느 이름 있는 부흥사도 하지 못하는 것은 전 부서가 모두 모여 은혜를 끼치게 할 수 없지만 인형극은 전 부서에게 은혜를 끼칠 수 있는 놀라운 위력이 있습니다.

그래서 저는 인형극을 할 때 전부서가 다 모여 은혜 받도록 "전교인 부흥회"로 인도하고 있습니다. 이 책에는 어느 인형극 책에서는 찾아볼 수 없는 인형극 부흥회로 꾸며져 인형극 제목에 맞는 본문말씀과 준비찬양과 지시사항과 주의사항과 마무리 기도와 제가 개사한 찬양까지 실려 있으므로 편리하게 되어 있습니다. 지금 어느 인형극단이나 복화술사도 전부서가 다 모여 부흥회로 인도하는 인형극은 없습니다. 저는 LA에 1999년에 장인의 후임으로 이민을 갔으나 장인의 목회실패로 두 명의 늙은 노부부만 남은 마른 뼈와 같은 미국교회를 빌려 사용하는 교회를 목회하며 미국에 온 것을 후회도 많이 했지만 주님의 인도하심에 의해 이사할 어린이집에 사는 원장님과의 만남으로 어린이집에 인형극을 한 것을 계기로 원장들의 모임과 원장들의 어린이집뿐만 아니라 그들이 다니는 교회의 여름성경학교에 저녁에 부모들이 자녀들과 함께 인형극을 보고나서 부모들이 저에게 "말로만 듣던 천국과 지옥을 오늘 인형극을 통해 은혜를 받았습니다"라며 모두 감사를 드리는 것을 보고 그동안 어린이들에게만 인형극을 하던 사역이 어른들에게도 큰 영향을 끼침을 깨닫고 더 업그레이드 시켜 어른들이 다같이 보아도 공감하며 은혜 받는 전교인을 위한 인형극 부흥회가 탄생됐습니다.

　더구나 당시 5천명이 모이는 은혜한인교회에 인형극 부흥회를 하게 되었을 때 "우리교회가 크므로 사람 머리만한 인형으로 공연해주세요"라는 한기홍 목사 사모의 부탁으로 그동안 손인형 뼈대를 한국에서 장판으로 만들었는데 미국에서는 장판을 구할 수 없어 고민하며 기도하는 중에 식탁 위에 놓인 패트병과 야쿠르트병으로 뼈대와 움직이는 입을 만들고 그위에 신문을 둘둘말아 사람머리 크기만큼 만들었으나 그위에 한국에서는 창호지로 덮어 씌웠는데 미국에서는 창호지도 구할수 없어 처음에는 두루마리 화장지로 씌웠지만 녹아버려 실패하자 싱크대 위에 놓인 키친타올을 보고 붙이니 창호지보다 접착력이 뛰어나 붙이기도 용이하여 마르기도 훨씬 빨라 세계최초로 패트병과 야쿠르트병으로 신문과 키친타올로 사람머리만한 입이 움직이는 손인형이 탄생됐습니다.

　그위에 페인트칠을 함으로 일반 복화술사가 공연하는 한 개의 봉제인형보다 더 정감과 생동감이 있는 공연에 맞는 다양한 인물로 꾸며진 세계 최초로 제작된 신문과 키친타올로 만든 손인형이 제작됐습니다. 더구나 제가 만든 손인형은 거지 나사로 인형의 두 눈에서는 분수처럼 눈물이 흐르고 부자인형은 입에 침 뱉는 장치가 있어 침이 물총처럼 나가는데 밑에서 인형극을 보던 어린이들이 물벼락을 맞는 모두가 놀라고 신기해하며 웃음이 넘치는 세계 어느 인형극도 흉내 내지 못하는 전 세계에서 가장 뛰어난 놀라운 인형극입니다.

　더구나 거지 나사로 인형이 하모니카를 물고 전교인이 다같이 반주에 맞추어 "내주를 가까이 하게 함은" 찬송을 부르고 죽는데 이때 모두가 안타까워하며 눈물을 흘리기까지 하는 어른들도 있었습니다. "부자와 거지 나사로" 인형극의 제2막은 거지 나사로가 아름다운 천국에 가서 아브라함을 만나는 광경을, 제3막은 부자가 무서운 불타는 지옥에 가서 마귀에게 고난을 받으며 멀리 아브라함의 품에 있는 나사로를 보고 아브라함에게 살려달라고 소리치며 후회하는 장면으로 막을 내리며 "웬일인가 내 형제여"를 부르며 그동안 천국과 지옥을 믿지 못하고 불신으로 가득 찬 자신과 가족들과 친척들과 이웃을 위해 기도하는데 이때, 어린이들부터 전부서가 심지어 어른들에게까지 모두 한마음이 되어 눈물로 통곡하며 기도하는 성령의 역사가 부흥회를 인도하는 교회마다 일어났습니다.

이처럼 어떤 부흥회도 전부서가 함께 모여 은혜 받고 회개하는 부흥회는 아무리 유명한 부흥강사도 할 수 없지만 오직 인형극 부흥회는 모든 연령을 초월하는 전천후 시청각을 통한 부흥회입니다. 뿐만 아니라 제가 하는 인형극은 지적 장애인들까지도 은혜를 받게 함으로 LA지역의 대형교회들의 장애인 부서와 LA 장애인의 선교 단체인 밀알선교회에서도 공연함으로 어느 인형극도 하지 못한 큰 은혜를 끼쳤습니다.

저는 인형극만 아니라 드라마도 작성하고 지도하는 소질이 있어 예전에 섬기던 제일성도교회에 매월마다 여전도회가 드리는 헌신예배에 모든 연령에 맞게 드라마를 작성하고 지도함으로 드라마를 보는 전교인이 은혜를 받고 심지어 주기철 목사와 손양원 목사 드라마는 눈물바다를 이루었습니다.

70세가 넘은 권사 여전도회는 거기에 맞는 시 낭송과 영화 씨스터액터에 마지막에 나오는 "아이 팔로힘"을 사랑의 교회에서 실시하는 제자훈련 마지막 날에 공연한 실버합창단의 공연을 보고 아이디어를 받아 사랑의 교회 실버합창단 지휘자에게 직접 전화를 걸어 악보를 팩스로 받았는데 그의 하는 말이 "우리 교회에서 이것 훈련하느라고 세 달이 걸렸는데 절대로 3주 안에는 못한다"고 호언장담 하였습니다.

저는 사랑의 교회에 실버합창단이 연습하는 영어로 된 악보 글씨 밑에 한글로 토를 달아놓은 것을 보고 '우리 교회는 신림동 지역이라 모두 학력이 낮아 영어로는 따라갈 수 없음'을 깨닫고 비디오테이프를 성가대 여지휘자에게 주며 "이것을 한글로 번역을 해달라"고 하여 영어로 된 악보까지 건내주었는데 완벽한 한글 번역판인 "주를 따르리"가 되어 연습을 받는 권사 여전도회에게 비디오를 보여주며 가사를 습득하게 하였고 율동까지 만들어 지도함으로 기적같이 사랑의 교회 지휘자가 절대로 할수 없다는 것을 3주 만에 이룸으로 드라마를 했던 젊은 여전도회와는 다르게 더 큰 은혜와 감동을 받은 평생 잊지 못할 헌신예배가 되었습니다.

이제는 한국이나 전 세계에 있는 모든 한인교회도 예전처럼 단순히 헌신예배에 외부강사만 모시고 해당 전도회에서 특송만 부를 것이 아니라 해당 전도회에서 드라마를 준비하면서 은혜를 받고 헌신예배에 드라마를 통해 전교인들에게 은혜와 감동을 끼치도록 드라마를 준비하여 드린다면 은혜를 받고 평생 잊지 못할 헌신예배가 되며 다음 헌신예가 기다려지게 됩니다.

이를 위해 드라마와 인형극 부흥회와 함께 절기에 맞게 제작함으로 모든 헌신예배에 하나님께 영광이요 전교인들에게는 큰 은혜를 끼치며 심지어 불신자들도 초청함으로 큰 은혜가 임하는 전도의 축제가 되며 오늘날 모든 교회에 코로나로 인하여 예배조차 제대로 드릴 수 없고 전도의 문마저 막혀있는 이때에 드라마를 통해 예배의 회복과 전도와 부흥의 역사가 일어나는 큰 은혜가 넘치는 헌신예배요 마른 뼈가 살아나는 전도의 축제가 되는 교회가 되기를 주님의 이름으로 간절히 축복합니다.

2021년 12월 목동 집필실에서

인형극을 통한 효과

제1장

인형극을 통한 효과

"어떻게 하면 주일학교가 부흥하도록 효과적인 교육을 할 수 있을까?" 라는 거룩한 고민으로 시작한 것이 1980년부터 지금까지 40년동안 인형극으로 영아부, 유치부, 주일학교, 중고등부와 전교인까지 인형극을 통해 큰 은혜를 끼치며 부흥을 일으켜 왔습니다.

어느 인형극단도 하지 못한 전부서가 모두모여 인형극을 통해 부흥회를 인도하는 목사는 전국에도 전 세계에도 저밖에 없습니다. 대부분이 인형극으로 공연을 하지만 저는 인형극을 통해 부흥회로 인도하기 때문입니다. 인형극을 보면서 등장하는 인형들과 함께 다같이 찬양을 하고 인형들이 묻는 질문에 어린이부터 어른들까지 모두가 대답을 합니다. 우울증에 걸려 웃음을 잃어버린 환자라도 웃게 만드는 위력이 있습니다.

저의 인형극이 모든 연령의 눈높이에 맞춘 전교인 부흥회가 된 것은 결코 우연이 아닙니다. 미국에 이민 목회를 가장 어려운 IMF 시기에 그것도 장인의 후임으로 갔으나 장인의 목회 실패로 고작 늙은 부부 두 명만 남아있는 마른 뼈 같은, 더구나 미국교회를 빌려 주일 오후 1시에 예배를 드리는 열악한 교회였습니다. 아무리 전도지를 특색있게 만들어도 단 한 명도 전도가 되지 않고 미국에 괜히 왔다고 얼마나 후회가 막심했는지 모릅니다.

이민 교회의 특징은 한주일만에 수 십명씩 교회에 들어오기도 하고 담임목사가 맘에 안들면 모두가 나가는데 그 이유는 그들이 모두 친척이나 혈연관계이기 때문입니다. 그래서 작은교회들은 교인들이 나갈까 눈치를 보며 헌금의 허자도 강조를 안하니 십일조를 제대로 안하여 대부분이 담임목사나 사모가 교인들 모르게 일을 하는 자들이 많습니다. 저도 페인트일, 청소일,꽃배달,양로병원 운전 등 안해본 일이 없을 정도로 이루 말할수 없는 고생을 하였습니다.

그러다가 주님께서 저의 곤경을 돌아보시고 마침 이사할 집을 찾는 중에 하우스를 렌트한다는 집 앞의 표지판이 있었습니다. 문을 두드려 보니 기가 막히게도 어린이집을 운영하는 한국 여집사님이었습니다. 그 여집사님이 원장님이었는데 내가 인형극을 한다니까 반가워하며 우리 애들에게 보여줄수 있느냐고 하여 보여 주었더니 너무나 좋아하며 이 달에 원장들 모임이 있는데 거기서도 인형극을 보여 달라고 보여 준 것이 원장들 모두가 은혜를 받고 너도나도 자기들이 운영하는 어린이집에 초청되어 드디어 인형극의 길이 열리기 시작하였습니다.

그리하여 LA의 모든 어린이집과 유치원,한글학교,한국학교에도 초청되어 인형극으로 유일하게 어린이들에게 은혜를 끼치는 인형극 사역자가 되었습니다. 심지어 불교에서 운영하는 유치원에 가서도 인형극을 하였는데 반대하던 원장이 은혜를 받기도 하였습니다. 한번은 유치원 원장이 다니는 교회에 여름성경학교의 초청을 받았는데 미국은 우리나라와는 달리 여름성경학교를 저녁에 하여 모두 부모들이 일을 끝내고 데려오기 때문이었습니다. 인형극을 한다니까 부모들도 모두 참석하여 보게 되었는데 인형극이 마친후 부모들이 모두 나에게 와서 "말로만 듣던 천국과 지옥을 인형극 통해 체험하고 큰 은혜를 받았습니다"라고 감사 인사를 하는 것이었습니다. 그동안 어린이들만 상대로 인형극을 해왔던 사역이 "인형극이 어른들에게도 은혜를 끼치는구나"라는 사실을 깨닫게 되어 "모든 연령의 눈높이에 맞는 인형극으로 업그레이드 해야겠다"는 생각이 들어 천국도 더 화려하고 지옥도 더 무섭고 끔찍하게 하고 인형들도 직접 제작하여 눈물도 흘리게 하고 침도 물총처럼 뱉게 하는등 어느 인형극단도 흉내내지 못하는 인형극을 통한 부흥회로 인도하게 되자 LA의 이름만 들어도 아는 수많은 대형교회에서 초청이 들어와 전교인뿐만 아니라 장애인부서와 노인대학까지도 인도하는 기쁨을 누리게 되었습니다. 이로인해 미주복음방송을 비롯하여 각 교계신문과 일반신문에도 기사화되어 아틀란타를 비롯한 전미 주지역의 한인교회에도 인도하게 되었습니다. 지금은 국내에 돌아와 전국으로 활동하고 있는데 그 반응은 폭발적입니다.

주일학교든지 중고등부든지 전교인이든지 저의 인형극 부흥회는 놀라운 효과를 가져오고 있습니다. 그러나 인형극으로 재미있게 보여주려고만 하는 인형극을 한다면 차라리 하지 마십시오. 인형극으로 은혜를 끼칠 마음으로 보여주어야지 "어떻게 하면 애들에게 재미있게 보여줄수 있을까?"로 시작하면 아무 효과가 없습니다. 제가 지금까지 40년동안 인형극을 하면서 단 한번도 재미있게 보여준다는 생각으로 한적은 없습니다. 그리하였더니 어린이뿐만 아니라 보는 교사들도 은혜를 받고 이제는 어른들까지 은혜를 받게 된 것입니다. 지금 모두가 "인형극은 한물간 아날로그라서 아무런 효과가 없다"고 하는데 전혀 그렇지 않습니다. 아무리 뛰어난 PPT 설교라도 움직이는 인형극과도 비교가 안됩니다. 장애인부서에 30분 이상 설교할 수 있을까요? 전혀 할 수 없습니다. 아무리 재미있는 동영상 PPT 설교라도 집중하지 못합니다. 심지어 유치부 어린이들에게 두 시간 동안 꼼짝 않고 PPT 동영상이나 영화를 교회에서 보여준다면 가만히 앉아 있을까요? 대부분의 애들이 지루해서 나가는 애들이 대다수입니다. 그러나 인형극은 사람들의 마음을 끌어당기는 힘이 있어 보는 이로 하여금 시간이 가는 줄 모르게 합니다.

LA 나성영락교회와 은혜한인교회와 토랜스제일장로교회 장애인 부서에서 무려 30분 이상을 공연하였으며 남가주 사랑의 교회에서는 유치부 150명에게 무려 두 시간이 넘게 어른들의 부흥회가 끝날 때까지 공연하였습니다. 이 놀라운 인형극은 LA 교회의 빅뉴스가 되어 화제가 되었습니다. 이처럼 인형극은 아무리 아날로그이고, 한물갔다고 우습게 여기지 못합니다. 제가 미국 중부 지역에 있는 콜럼버스 한인교회에 초청되어 어린이 150명이 강당에 모였습니다. 그 이전에 담임 목사님이 나에게 "심 목사님. 영어 잘하십니까?"라고 묻길래 "아니요. 잘 못하는데요" 했더니 근심어린 표정으로 "이거 큰 일났구만"하며 강사 잘못 초청했다고 후회가 막심해 하는 것이었습니다. 그러나 낙심하지 않고 모인 아이들에게 오히려 호통을 치며 "애들아, 중국 애들이나 일본 애들은 자기 나라말도 잘하고 영어도 잘하는데 너희들은 영어만 잘하고 한국말은 못하니 세종대왕님이 노하시겠구나"라며 혼낸 뒤에 인형극을 하였는데 신기하게도 인형들이 묻는 질문에 대답도 잘하고 인형극이 끝난 후 결신의 시간에는 놀라웁게도 모든 어린이들이 울부짖으며 회개와 예수님을 믿지 않는 친구들을 위해 기도하는 것이었습니다. 이 모습을 본 담임목사님과 부모들은 모두 놀랐고 저 역시 놀랐습니다. "어떻게 애들이 인형들이 하는 말을 알아 들었을까?"라고 물어보니 집에서는 한국말을 하기 때문에 인형들이 하는말이 모두 일상하는 말이라 알아 들을 수 있었던 것입니다. 지금 효과적인 시청각 설교나 PPT 설교로 고민하십니까? 인형극을 통해 은혜받는 효과를 가져보십시오. 인형극은 자주 할수 없지만 절기나 초청잔치나 새생명 축제에 가지면 어느 시간보다 매우 효과적입니다. 손인형은 만드는 법이 나와 있으므로 참조하셔서 만드시면 되며 무대는 저희 소문난 인형극 선교회로 문의하시면 됩니다. 손인형을 만들어 공연하기가 어려우면 저희 선교회에 문의하시면 부흥회로 인도해 드립니다.(소문난 인형극 선교회 : 010-4045-3926)

제 2 장

드라마를 통한 효과

제2장

드라마를 통한 효과

    지금 열린 예배나 헌신예배를 제대로 드리는 교회는 거의 없다. 이제는 열린 예배라는 말도 사라졌고 그래도 4부 예배 드리는 교회는 몇 부 예배는 열린 예배라고 주보에 쓰여 있는데 열린 예배라고 해봐야 예배의 순서 없이 찬양만 많이 하고 담임목사가 까운을 벗었다는 것 외에 별 다른 의미가 없는 예배의 모습일 뿐이다.

    지금 현재 모든 교회의 모습이 이러하다. 예배가 시작되면 찬양을 15분 정도하고 순서에 따라 진행되고 있는 모습이 대부분이다. 헌신예배는 어떠한가? 헌신예배도 여전도회 같으면 모두 한복을 입고 특송하는 것이 전부이고 남전도회 같으면 모두 정장을 입고 특송을 하는 것이 전부요 외부 강사 모셔서 예배드리는 것이 오늘의 헌신예배의 모습이다.

    이러한 예배의 모습을 개혁을 시켜 드라마를 통한 예배를 드렸더니 모든 성도들이 큰 은혜를 받고 눈물바다를 이루었으며 매달마다 드리는 헌신예배를 기대하는 예배가 되었다.

    예전에 부임했던 신림동의 제일성도교회에서 있을 때 여전도회 임원들이 내가 인형극을 하니까 이달 마지막 주일 오후 헌신예배에 드라마를 하겠다고 대본을 가져와 지도해 달라고 하는 것이었다. 그런데 대본을 보니 "세 개의 못"이었다. 그때는 6월이고 더구나 마지막 주일은 6월 25일이라 절기상으로 맞지를 않아 "이 내용은 고난주간에 맞는 내용이니 어울리지 않아요"라고 했더니 여전도회 회장이 "그럼 심 목사님이 거기에 맞는 대본을 준비해 주세요"라고 하길래 그렇게 하기로 하고 쓴 것이 이 책 안에 있는 6.25를 배경으로 한 "죽도록 충성해요"이다.

출연하는 인물들에게 대사 연습과 모션까지 지도하였다. 헌신예배 당일에 괴뢰군처럼 꾸미기 위해 수염은 눈썹연필로 진하게 그리고 남편들의 예비군 복장을 입었다. 총은 효과음을 제대로 내기 위해 청계천 평화시장에 체육센터에서 파는 운동회 때 쓰는 화약총을 세 개 사서(괴뢰대장, 부하 두 개) 공연하였는데 그 효과는 만점이었다. 더구나 담임목사님의 설교와 드라마가 조화가 되어 더 큰 은혜가 되었다.

드라마가 이것으로 끝난 줄로 알았는데 다음 여전도회에서도 "저희도 드라마를 하게 해주세요"라는 요청이 들어와 드라마를 만든 것이 주기철 목사님의 고난 받는 모습을 보여주는 "불의한 청지기와 충성된 청지기"이다. 이 역시 등장인물들을 대사 연습을 시키고 대사가 습득되면 모션까지 지도하였는데 주목사님 배역하는 여집사님께 의자에 앉혀놓고 고춧물을 붓는 모습이 나오는데 토마토 쥬스를 주전자에 넣어 실감 있게 보이게 하였다. 입에 붓지않고 약간 비껴서 했는데도 성도들은 입에다 붓는 것으로 보였다고 했다. 더구나 주 목사님의 역할을 맡은 집사님이 어찌나 연기를 잘하는지 지도한 나도 은혜를 받을 정도였고 여기에 맞춘 담임목사님의 설교 역시 은혜가 넘쳐 헌신예배의 참 의미를 깨달았다.

　내가 섬기는 교회는 전도회가 많아 매월마다 헌신예배가 있어 전도회 마다 임원들이 "이번 헌신예배는 우리 여전도회가 어떻게 은혜를 끼칠까?" 하며 임원들이 옛날처럼 한복 입고 특송이나 하는 것을 식상해서 뭔가 새롭게 헌신예배를 드리자고 한 것이 드라마였는데 나를 통해 드라마를 하게 돼 은혜를 끼치고 영광을 돌리게 된 것도 하나님의 뜻이었다고 본다.

　또 그 다음 마지막 막내인 여전도회에서도 나를 찾아와 "저희들도 언니들 부서들처럼 드라마를 하게 해 주세요"라고 부탁한 것이 손양원 목사님의 "사랑의 원자탄"이었는데 다른 어느 드라마보다도 많은 출연진과 그들의 남편들이 엑스트라로 등장까지 하는 대대적인 드라마였는데 이날 헌신예배는 담임목사님이 하지 않고 외부강사가 왔는데 드라마를 보고서 은혜를 받아 설교하려던 본문을 바꿔 설교하는 일이 벌어졌고 드라마에 동인이와 동신이가 죽고 울부짖는 손목사님의 사모의 모습과 손목사님의 순교 장면에 전교인 모두가 울음바다가 되었다. 어쩌면 드라마를 한 것 중에 최고의 드라마요 평생 잊지 못할 드라마 헌신예배를 드렸다.

　우리 교회 헌신예배의 마지막 장식은 늘 연세가 많으신 권사님들의 전도회가 헌신예배를 드리는데 역시 예상대로 이분들도 내게 찾아와 "저희도 헌신예배를 특별히 드리게 해주세요."라고 하는 것이 아닌가? '권사님들이 드라마를 하기에는 무리이고 좋은 방법이 없을까?' 고민하는 중이었다. 마침 사랑의 교회에서 실시하는 제자훈련을 안성 수양관에서 받았는데 마지막 날 저녁에 권사님들로 구성된 실버합창단이 흰브라우스에 빨강 미니스커트를 입고 빨강 하이힐을 신고 영어로 찬양하는 모습을 스크린에 영상으로 영화를 보여주었다. 그 찬양은 알고보니 시스터액트에 나오는 "아이 팔로 힘"이었다. 나는 그것을 보고 "바로 저거다."라며 속으로 탄성을 지르며 이달 권사님들의 헌신예배는 "아이 팔로 힘" 찬양으로 준비하기로 하였다. 음악사를 뒤져 악보를 구해보려 했으나 워낙 오래된 곳이라서 악보가 품절되었다. 할 수 없이 사랑의 교회에 연락하여 실버합창단 지휘자를 바꿔달라고 했더니 지휘자가 하는 말이 "악보는 팩스로 보내드리겠지만 우리 실버합창단도 그 노래 연습하느라고 세 달이나 걸렸어요. 심목사님이 섬기시는 교회는 삼주 만에 절대 불가능 합니다."라고 하였다.

팩스를 받아보니 영어글씨 밑에 한글로 모두 토를 달아 놓았다. 그러나 우리교회는 신림동 지역이라 권사님들이 모두 학력이 낮아 토를 달아놓아도 삼주 안에는 소화할 수가 없음을 알고 당시 비디오 가게가 있는 터라 비디오테이프를 빌려 여지휘자에게 "악보와 함께 이 노래를 악보에 맞게 번역 해달라"고 한 것이 한글로 '주를 따르리"로 번역되어 나오게 되었다. 2절은 똑같이 한글로 하는 것이 그래서 후렴만 영어로 하게 되었는데 이것은 권사님들이 못하겠다고 하여 재치를 발휘하여 "알팔로 알팔로 웬 아히고 알팔로"가 뭐 어렵습니까? 알 팔러간다고 생각하고 "알팔러 알팔러 웬 아이가 알팔러 간다고 하면 되지 않습니까?" 했더니 "아이고! 정말 그러면 되겠네"라며 좋아하며 비디오를 보게 하고 따라 부르게 하였다.

나중에는 반주에 맞추어 부르며 내가 지도하는 율동에 맞추어 연습하였는데 기가 막히게 삼주 만에 모두 터득하였다. 복장을 사랑의 교회 실버합창단처럼 꾸미려 하였으나 담임목사님 사모님이 "권사님들의 다리가 추해보이므로 차라리 검은 바지를 입고 위에는 흰 브라우스를 입게 하세요"라고 하여 복장은 바꿨다. 권사님 중에 시인이 있어 6.25세대와 보릿고개를 거친 힘든 시절을 보낸 광야와 같은 시절을 보낸 것을 시로 "아직도 광야에서"라고 표현하였다. 이분이 시를 낭독할 때에 전도회에 속한 모든 권사님들의 사진을 필름처럼 올리니 더욱 은혜로왔다. 이 시 낭독이 끝난 후 드디어 권사님들의 "주를 따르리"의 찬양은 모두를 감탄하게 하였고 어느 전도회가 한 드라마보다도 더 큰 은혜가 넘치는 축제의 헌신예배가 되었다. 지금은 이 교회를 따난지 오래 되었지만 이분들이 시스터액트를 보면 그때 찬양했던 그 은혜로운 순간을 잊지 못할 것이다.

"아직도 광야에서"와 "주를 따르리" 악보는 이 책에 실려 있으니 헌신예배에 활용하기 바란다. 이처럼 헌신예배를 드라마, 또는 시와 특별한 찬양으로 드리게 되면 전도회도 준비하면서 친목도 되고 헌신예배 때는 모두에게 은혜를 끼치게 되며 기대하는 헌신예배요 기다려지는 예배가 되는 것이다.

열린 예배 역시 찬양만 많이 부르고 담임목사가 까운 벗고 순서 없이 드리는 예배가 아니라 드라마 팀을 구성하여 다음 주 설교가 무엇인지 미리 알려주어 설교의 내용에 맞는 10분이나 15분 정도 짤막한 스킷을 준비하여 먼저 보인 후 설교자가 그 내용을 바탕으로 설교하면 더 은혜로운데 이것이 보여주는 설교인데 이 책에도 몇편의 스킷이 있는데 참조하여 달란트가 있는 청년이나 교인들과 상의하여 준비하면 매우 효과적인 설교와 예배가 되는데 이를 성공화 시킨 교회가 미국의 빌하이벨즈가 담임하고 있는 월로우크릭 교회이다.

이제 한국교회도 예배에서 눈을 뜰 때가 되었다. 좀 발전적인 교회는 스크린에 동영상과 그림을 보여주며 설교하기도 하지만 설교의 내용을 스킷으로 보여준다면 훨씬 효과가 크며 오래도록 기억에 남고 다음 주를 기대하게 된다. 이를 매주 준비하려면 전문가가 있어야 하겠지만 전문가가 없어도 달란트가 있는 교인이 있다면 얼마든지 가능함을 알고 미리 무엇을 준비해야 할지 알려주면 알아서 생각 이상으로 발휘하게 되며 준비하는 교인들도 보람과 긍지를 가지고 연습하게 되니 시범삼아 준비시켜 보기 바란다.

"지금은 코로나로 모이기도 힘든데 무슨 드라마고 스킷을 연습시켜?"라고 반박하는 이들도 있겠지만 코로나라고 찬양을 안 하는가? 찬양도 여럿이서 하는데 드라마나 스킷이나 모두 마스크 쓰고 하면 될거고 코로나로 억눌려 이것도 못하면 결국 발전이 없는 교회가 되는 것이다. 교회는 도전정신을 가져야 한다.

코로나도 도전하여 극복하고 그동안 드려왔던 예배도 하나님께 영광을 돌리고 은혜를 끼칠 수 있는 도전정신으로 식상해하는 예전처럼 드리는 열린예배나 헌신예배에서 참다운 헌신을 다할 수 있는 예배로 바뀌어져야 한다.

마지막으로 이 책에 실린 인형극은 모두 드라마에도 활용할 수 있도록 쓰여져 있으므로 절기는 물론 언제든지 준비할 수 있어 용이하다. 인형극을 할 수 없는 형편이라면 드라마로 해도 매우 효과적이다.

미국 중부에 있는 콜럼버스 한인교회에 인형극 집회를 갔을 때 "다음날이 어린이 주일인데 이날은 전교인이 다 모이는데 교사들을 시켜 드라마를 준비해줄 수 없겠소?"라고 부탁을 하는 담임 목사님의 제안을 받아들여 즉석으로 인형극을 했던 대본을 만들어 교사들을 선출해 연습을 시켜 지도했는데 얼마나 교사들의 열정이 대단한지 토요일 밤 12시가 넘도록 연습하고 집에 가서도 잠 안자고 연습하고 두 시간 전이나 일찍 나와 분장까지 하여 완벽하게 공연을 하는데 영어와 한국어를 섞어가며 하는데 보는 모든 교인들이 공연이 마친 후 모두 기립박수를 할 정도였다.

이처럼 인형극의 내용도 드라마로 하면 효과가 큼을 알고 지금부터 헌신예배도 예전처럼 드리지 말고 전도회에서 드라마를 준비하여 큰 은혜를 끼치기 바란다.

제 3 장

인형극의 실제

제3장

인형극의 실제

1. 인형극 대본 외우기

아무리 멋진 인형과 무대와 배경막이 준비되었을지라도 가장 중요한 것은 인형극의 대사이다.

인형극 대사를 제대로 소화하지 못하고 인형극을 하면 형편 없는 인형극이 될 뿐만 아니라 인형극을 보는 관객들도 흥미 없어 하고 인형극을 잘하는 공연자 자신도 맥이 풀려 버려 부끄러운 상황이 되어 주제에서 벗어나는 인형극이 되고 만다. 그러므로 텔런트나 영화배우처럼 완벽한 연기자가 되도록 대사를 내 것으로 소화하여 외워야 한다. 그렇지 않으면 대본보랴 인형극하랴 하다보면 인형이 제대로 서있지 못하고 나도 모르게 앞으로 쓰러져서 공연하는 우스운 꼴이 된다.

그러므로 인형극을 시작할 때 자신이 없으면 무리하게 혼자서 하려 하지 말고 두 세명이 합쳐서 하는 것이 더 효과적이다. 처음부터 내용이 긴 인형극을 하지 말고 15~20분 정도의 짧은 인형극으로 시작하다가 자신이 생기면 시간이 긴 인형극을 할 수 있도록 하라.

대사에 자신이 생기면 인형을 손에 끼고서 사전 연습을 하여야지 그렇지 않으면 대사와 인형이 따로 놀게 된다. 긴장하기 때문에 인형이 제대로 움직이지 않기 때문이다. 그러므로 피나는 연습이 나중에 복된 결과를 가져온다. (예 : 토마스 에디슨: 천재는 1%의 영감과 99%의 노력으로 만들어진다고 하였듯이 많은 노력이 값진 결과를 가져온다.)

2. 인형극 내용 선정

인형극은 꼭 "성경 인형극"만 해야 하느냐? 고 반박하는 경우를 많이 들어 보는데 여러분은 어떻게 생각하는가? 지금까지 40년 동안 지금까지 성경 인형극만 고집해 온 이유는 교회 안에서 일반 인형극을 한다는 것이 신앙 양심으로 도무지 허락이 되지 않았기 때문이다.

예수님께서 성전 안에 있는 장사꾼들을 내쫓는 이유가 무엇인가? 이들은 예수님이 "내 집은 만민이 기도하는 집이라고 일컬음을 받으리라 하였거늘 너희는 강도의 굴혈을 만들었도다"(마21:13)고 하신 말씀처럼 장사꾼들은 예배나 기도에는 전혀 관심이 없고 오직 자기를 위해 돈 버는 재미에만 빠져 있었기 때문이다.

오늘날 교회가 "어떻게 하면 부흥하겠는가?"에 신경을 쓴 나머지 온갖 세상 것을 다 들여와서라도 재미만 있으면 부흥된다는 식으로, 지금은 거의 이런 모습은 찾아볼 수 없지만 인기 연예인이나 가수를 몇 백만 원씩이나 주고 초청하여 초청집회를 하기도 한다. 더구나 신앙이 없는 인기가수

나 인기 개그맨을 초청하여 사람들만 잔뜩 모이게 하고 세상노래와 웃기는 얘기만 한시간 하고 돈만 벌고 가게 한다.

이런 일이 현대 교회에서 심지어 주일학교에서 초차도 마술사들을 초청하는 등 비일비재하게 일어나고 있다. 그러므로 교회에서는 아무리 부흥을 하겠다고 세상 것들을 다 들여와서라도 부흥만 하면 된다는 식으로 해서는 예수님과 상관없는 세속적인 교회가 되고 만다. 심지어 주일학교에서 하는 인형극을 아이들에게 재미있게 해 주려고 세상 동화 인형극을 보여 준다면 그것은 교회가 아니라 유치원이나 다를 바 없는 것이다. 교회에서 하는 인형극이 은혜를 끼치는 인형극이 되어야지 세상적인 인형극이 되어서야 되겠는가? 더구나 교회에서 말씀을 가르치는 인형을 가지고 하나님의 영광을 위한 도구가 되어야지 재미나 부추기는 도구가 되어서야 되겠는가? 지금도 이런 교회가 있다면 심히 안타까운 일이 아닐수 없다고 본다.

2000년도에 처음 디즈니랜드에 가서 "정말 엄청나게 넓은 곳이구나" 라고 생각하면서 다 돌아보는데 오후 6시쯤 되니 인형들의 카페레이드가 시작되어 수많은 동화의 인물들이 차를 타고 나팔을 불며 나타나는 것이었다. 이들이 나타나자 디즈니랜드의 모든 관광객들이 멈추어서 환호성을 지르며 손을 흔들 때에 내 머리를 스치고 지나 가는 것이 "만일 저 동화의 인물들이 아담과 하와,노아, 모세, 삼손, 다윗, 골리앗, 예수님과 제자들 같은 성경 인물이라면 얼마나 좋을까? 예수님이 나귀 새끼를 타시고 먼저 앞장서시면 그 뒤에 제자들과 성경의 모든 인물들이 가장 행렬을 한다면 하나님께서 얼마나 기뻐하실까? 동화의 인물은 모두 가짜인데 성경으 인물들은 역사적 사실의 인물이 아닌가? 이 디즈니랜드를 동화의 나라가 아닌 성경의 나라로 만들어 모든 놀이기구조차도 천국과 지옥을 경험하고 천로 역정과 같은 코스를 돌게 만든다면?" 하는 이 생각을 하니까 마음이 뜨거워서 견딜 수가 없었다.

그래서 Vision을 갖게 된 것이 "BIBLE LAND"다. 지금 소문난 인형극 선교회를 설립하게 된 것도 이미 미국에 와서 생각했던 것이 이루어진 것이다. 하나님이 나에게 복을 주셔서 거부로 만드신다면 내 생애에 머지않아 반드시 용인 에버랜드나 롯데월드 못지 않게 그보다 훨씬 뛰어난 "BIBLE LAND"도 머지않아 이루어져 세계의 모든 사람들이 디즈니랜드가 아닌 BIBLE LAND로 모여 거듭나고 변화되는 초대교회의 오순절에 일어났던 회개와 성령의 역사가 일어날 줄로 믿는다. 이것이 단순한 망상같은 꿈이 아니요 요셉이 이룬 꿈처럼 이루어지는 복된 날이 오리라고 확신한다.

나는 지난 40년 동안 성경 인형극을 교회뿐만 아니라 LA에 있는 유치원이나 어린이집과, 심지어 한국 노인들이 오락을 즐기는 양로보건센타에도 노인들만 사는 노인 아파트와 양로병원과 대형교회의 장애인 부서와 전교인을 대상으로 국내에서는 주일학교와 중고등부, 전교인과 노인대학을 대상으로 전하여 왔는데 무엇보다 보람된 것은 은혜 받는 모습들이었다.

내가 목사인데 만일 전통 인형극이나 동화인형극을 해 왔다면 지금 나는 어느 교회에서도 초청하는 교회는 거의 없었으리라 본다. 내가 아는 인형극으로 알려진 선배 목사님은 지금은 어린이집을 다니며 동화 인형극을 해 주는데, 그는 나에게 "어린이집이나 유치원에 가서 인형극을 하려면 나처럼 동화 인형극을 해야지 성경 인형극을 하면 신청을 안한다.”며 말하는데 나는 그분이 부럽기보다는 불쌍해 보였다. ‘이름만 들어도 유명한 저분이 어떻게 저렇게 되었나?’ 라고 어떻게 저렇게 되었나라고 말이다.

나도 한때 미국은 말할 것도 없고 LA의 모든 유치원과 국내의 유치원에서도 인형극을 하였는데 어린이들이 좋아하는 “다윗과 골리앗”이었다. 어린이들은 엄청 폭발적으로 반응이 좋았는데 늑대와 사자와 곰이 나와 다윗과 싸울 때 어린이들이 다윗이 이기라고 응원하였다. 심지어 다윗이 골리앗과 싸울 때도 어린이들이 너무나 좋아하는 반응을 보여 무슨 문제든지 하나님께 기도하면 다 물리칠 수 있다는 것을 보여주었다. 어린이들이 모두 다윗처럼 기도하겠다고 결심하게 만든 인형극을 통한 부흥회가 된 것이다.

나도 선배목사처럼 돈 벌려고 동화 인형극을 하고 있었다면 원장이나 교사들이 나를 어떻게 보았겠는가? 그저 돈 벌이를 위한 인형극 공연 아르바이트생으로 여겼을 것이다. 심지어 LA와 국내에서도 어떤 유치원이나 양로보건센타에서는 성경 인형극은 하지 말라고 원장들이 강력하게 주장하는 것을 “나는 목사이기 때문에 어디를 가든지 맨 처음에는 성경 인형극을 하는 것이 나의 사명”이라며 그들의 고집을 꺽고 인형극을 하였는데 인형극이 끝나고 나서야 그들의 태도가 180도 달라진 것을 볼 수 있었는데 이것이 바로 “말씀의 권세”라고 본다.

그러므로 인형극의 목적이 재미가 앞서서 세상적인 인형극을 하는 것은 아예 생각하지 말고 오직 성경 인형극으로 말씀을 가르치는 은혜를 끼치는 변화를 일으키는 성경 인형극이 되기를 바란다.

  인형극의 생명은 무엇보다 내용인데 지금 기독교 서점에서는 거의 찾아볼 수 없을 정도이다. 인형극 책은 인터넷 서점에나 있을까 서점에서 팔리지 않는다고 대부분이 반품하여 전시되어 있는 책은 거의 볼수 없는 상황이다. "요즘 어느 교회가 인형극을 하냐?"며 인형극 책을 찾는 이들이 없다는 것이다. 참으로 안타까운 현실이 아닐수 없다. 심지어 요즘은 코로나로 인형극 공연이 어린이집이나 유치원에 아예 없어 공연 극단이 거의 문을 닫은 곳이 한두 곳이 아니다.

  이러한 지경에 교회조차도 인형극을 신청하는 교회가 거의 없어 교회를 대상으로 하는 인형극단도 문을 닫고 다른 직업을 나선곳이 대부분이다. 그럼에도 불구하고 소문난 인형극 선교회는 지방에조차 연락이 와 지금도 인형극 부흥회를 하고 있는 것은 하나님의 은혜라 아니할 수 없다. 이것이 모두 하나님께 영광을 돌리며 은혜를 끼칠 목적으로 성경 인형극으로 인형극을 하다보니 하나님께서 부어주신 축복의 결과라고 본다.

  성경 인형극을 하려면 먼저 서점에 없으면 소문난 인형극 선교회나 엘맨출판사를 통해 내가 집필한 책을 구입하고 활용하면 된다. 이것 보다 더 좋은 방법은 내가 직접 쓰는 것이다. 이번 주 설교를 인형극으로 보여 준다고 하면 그 내용을 내가 직접 써 보는 것이 발전적이다. "나는 원래 글 재주가 없어서"라고 단정 짓지 말고 마치 설교를 준비 하듯이 먼저 기도로 준비하고 본문을 여러 번 내가 말로 표현할 정도로 읽어 보고 그리고 나서 영감을 받아 써보면 이러한 습관이 나중에 성극이나 드라마까지도 즉석에서 쓸 수 있는 순발력을 발휘하게 된다. 그 노하우로 오랫동안 인형극을 쓰고 공연한 것이 지금은 어떠한 설교 주제든지 드라마를 즉석에서 쓸 수 있는 능력을 가지게 되었던 것이다.

그러므로 욥기 8장 7절의 말씀처럼 "지금 네 시작은 미약하였으나 네 나중은 심히 창대하리라"는 축복이 이루어질 줄 믿고 지금부터 열심히 대본을 써서 저축하여 두면 머지않아 빛을 볼 날이 오는 소중한 재산이 된다. 처음에 10분 짜리 내용이라도 출판한다고 생각하여 성의있게 쓰다 보면 위대한 걸작품이 나오게 됨을 알고 지금부터 준비하고 쓰기 바란다. 대본을 쓸 때 인형 위주로 대화하는 지루한 인형극이 되지 않도록 어린이들에게 꼭 질문을 유도하는 내용이 들어가도록 해야 인형극의 감칠맛을 더한다. 다음과 같이 질문을 하게 되면 어린이들뿐만 아니라 전교인들도 반응하고 자동적으로 대답하게 된다.(예: 00교회 여러분!(예) 그렇지요?(예) 하나님은 없다(있다), 천국은 없다(있다), 지옥도 없다(있다)

4. 인형극의 특별한 테크닉

인형극은 인형극의 공연자가 흥이 나야 더 은혜로운 인형극이 될 수 있다. 무엇보다 인형극의 특별한 테크닉이라면 청중들의 대답을 유도하여 대답하도록 만드는 것이다. 그렇다고 무조건 대답을 하게 만든다고 하여 잘하는 인형극이 아니다. 은혜를 받게 만들고 인형극에 쏙 빠져 들게 만드는 인형극이 잘 하는 인형극이다. 나 같은 경우의 특별한 테크닉이라면 인형극을 시작하기 전에 청중들에게 미리 지시하는 것인데 "부자와 거지 나사로" 인형극일 경우 나사로가 하는 찬양과 마지막으로 부는 하모니카에 맞추어 "내주를 가까이 하게함은" 찬송을 부를 것을 지시하고 인형들이 질문을 하면 모두 가만히 있지 말고 반드시 대답을 할 것과 3막에는 마귀가 나오는데 마귀가 질문하면 무조건 반말을 할 것과 책에도 나와 있지만 이 인형극에 맞는 본문 말씀을 다같이 교독하게 하고 여기에 맞는 찬양곡들을 찬양팀에게 선정하여 다른 찬양은 하지말고 오직 인형극전에 부자와 거지 나사로에 맞는 찬양만 다같이 불러야 인형극을 할 때 인형들과 함께 찬양을 하기가 쉽다.

신나게 다른 찬양을 하다가 인형극에 나오는 찬양을 부르면 얼마나 생뚱맞은지 잘 따라하지 않기 때문이다. 그러므로 책에도 나와 있지만 오직 준비된 찬양만 부르라. 거지 나사로가 부는 하모니카 음이 C 코드로 반주를 맞추어야 화음이 맞다. 이전에 반주와 하모니카 음이 맞지 않아 애를 먹은 적이 있는데 알고보니 하모니카 음이 C 코드임을 몰랐던 것이다. 하모니카와 반주와의 합주가 얼마나 은혜가 되는지 모른다.

예전에는 내주를 가까이를 1절만 했는데 인형극을 보고난 뒤 어느 권사님이 "왜 1절만 합니까? 너무 아쉬워요." 하길래 4절까지는 너무 길어 1, 3, 4절만 다같이 하게 되었는데 나사로가 죽는 장면과 딱 들어맞는 찬송이었다. 그리고 더 업그레이드 시킨 것이 "지금부터 인형극을 시작하겠습니다. 제1막 박수" 하면 다같이 "돈으로도 못가요"를 1절을 다같이 손뼉을 치며 부르면 무대막이 올라가게 한다. 1막이 끝나면 막이 내리고 2막이 시작될 때까지 "돈으로도 못가요"를 3절까지 부른다. 2막이 시작되면 "하나님의 나팔소리" 찬송 1절을 다같이 손뼉을 치며 부르며 2막이 오른다. 2막이 끝나면 마찬가지로 3막이 시작될 때까지 "돈으로도 못가요"찬양을 3절까지 부르게 하고 3막이 시작될 때 "왠일인가 내형제여" 찬송을 다같이 1절을 부르며 막이 오른다.

　3막이 모두 끝나면 "웬일인가 네형제여" 찬송을 1,2,3절까지 부르고 인형극을 한 공연자가 "여러분. 잘 보셨습니까? 지금 여러분이 보신 인형극은 옛날 이야기가 아니라 예수님이 말씀하신 사실적인 사실입니다. 여러분은 천국과 지옥을 믿습니까? 교회를 오래 다녀도 구원의 확신도 없이 천국과 지옥도 믿지 못하는 교인들이 허다합니다. 혹시 여러분은 그런분은 아닙니까? 또 내 가족중에 친척이나 치구나 친척중에 부자처럼 지옥에 갈 수밖에 없는 불쌍한 영혼들은 없습니까? 만일 있다면 그들을 위해 이 시간에 간절히 합심하여 기도합시다" 하며 기도회를 인도하고 마무리 기도를 담임목사가 하고 축도로 마치는 것이 좋다. 이처럼 성경 인형극은 부흥회가 되어야지 공연이 되어서는 안된다. 인형을 통해 말씀을 가르치고 은혜를 받게 만들어야 되는 것이 목적이 되어야지 청중들에게 재미만 불러일으키는 인형극이 된다면 아무리 재미있어 하는 인형극이라 할지라도 예수님의 맛을 잃어버린 소금과 같은 결과를 가져올 뿐이다. 그러므로 테크닉 중의 테크닉은 은혜를 끼치는 인형극이 되어야 하는 것이다.

5, 인형극을 위한 필수적인 소품들

1) 인형 무대

인형 무대는 알루미늄으로 제작된 자동무대가 영구적이며 들고 다니기가 편하여 용이하다. 비용은 비싸지만 소문난 인형극 선교회에서 구입하면 된다.

2) 손 인형

손 인형은 책에 기록된 대로 만들면 된다. 시중에 판매하는 손 인형은 모두 봉제 인형이라 비싸므로 차라리 만드는 것이 좋다.

3) 배경막

배경막은 한복집에 가서 백향목을 구입하면 되며 배경막에 인형이 움직인 것을 볼수 있도록 한복을 만들다 남은 안감 망사천을 얻는다. 주의할 것은 배경막이 너무 높이가 길면 인형극을 할 때 팔이 배경막에 걸려 인형극을 할 때 불편하다. 높이는 70cm가 적당하며 길이는 110cm 가 무난한데 무대 위에 걸칠 철사가 들어갈 것 까지 포함하여 115cm로 재단하고 한복 가게에 윗부분만 5cm를 재봉질을 해달라고 부탁하면 그냥 해준다.

배경막이 준비됐으면 그 위에 유성매직으로 먼저 스케치를 한 뒤에 크레파스로 진하게 칠한다. 유성물감이 더 화려하게 보이지만 마르는 데

시간이 많이 걸린다. 칠이 끝났으면 그위에 광택이 나도록 무색 락카를 뿌리면 반짝거리는 이중 효과가 난다. 그리고 인형이 움직이는 눈높이에 맞게 높이 22cm 정도로 가로는 7cm로 세로는 0.2cm로 양쪽 중간 지점에 손 인형이 보이도록 구멍을 내고 그 위에 망사천을 본드로 붙이면 된다.

4) 천국과 지옥 꾸미기

천국은 천국 그림에 온통 황금성으로만 꾸몄더니 단순하게 보였다. 문구점에서 파는 보석 스티카를 그 위에 붙였더니 조명과 함께 눈이 부실 정도로 반짝이는 천국 모습이 되어 일반 현수막에서 만드는 천국과는 비교가 안될 정도였다. 천국의 그림은 이 책에 있으니 참조하여 그 위에 붙이면 된다.

지옥은 역시 이 책의 그림에 나와 있는 것으로 그리면 되는데 사람들은 살색보다 주황색을 칠하는 것이 좋으며 불도 빨강색과 그위에 노랑색을 칠해야 제로 불에 타는 모습처럼 보인다. 나는 이보다 더 무섭게 하기 위해 미국에 있을 때 할로윈데이에 쓰이는 활활 타오르게 보이는 벽걸이 화롯불을 지옥불로 개조해서 만들고 연기나는 소형장치까지 구입하여 인형극을 할 때 사용하였더니 효과는 만점이었다. 그야말로 말로만 듣던 천국과 지옥을 실감나게 체험하게 하였던 것이다.

한국에는 아쉽게도 이런 도구들을 살수 구입할 수 없는 것이 안타까웠다. 한국에서 이러한 장치로 인형극을 하는 자는 나밖에 없다고 본다. 나는 전문가이기 때문에 이러한 장치가 필요하지만 이러한 장치가 없어도 얼마든지 은혜를 끼칠 수 있음을 알고 철저히 준비하면 좋은 결과를 가져옴을 알고 열심히 노력하라.

5) 무대를 세울 테이블

자동 인형 무대가 길이가 120cm이나 양쪽 가리개까지 포함하면 2m가 넘는다. 그러므로 테이블은 길수록 좋으며 의자에 앉아서 공연하기 때문에 피곤하지 않아서 좋다. 테이블 아래를 가리도록 테이블을 완전히 앞뒤로 덮을 수 있는 천이 있으면 좋다. 동대문 시장에 검은천 4m에 4만원을 하므로 한번 사다놓으면 인형극뿐만 아니라 여러모로 활용할 수 있다.

인형극을 하기 위해 긴 테이블을 운반하고 여러모로 불편하다면 요즘은 흰 플라스틱으로 접었다 폈다 하는 들고 다닐 수 있는 테이블이 나왔다. 그것도 큰 것 말고 중간 것이 인형극을 하기에 좋다. 대부분 흰 플라스틱으로 된 큰 테이블이 있는 교회도 많은데 테이블이 너무 넓어 인형극을 하는데 효과가 덜하다. 왜냐하면 내가 공연하는 부자 인형이 뱉는 침을 무대 아래서 어린이들이 맞을 수 없기 때문이다. 인형극을 할 때 몇 사람이 할지 배역을 정해 의자에 앉는 것도 순서를 정해야 한다.

6) 마이크 목걸이

인형극을 할 때 마이크가 필요하다. 보통 헤드 무선마이크가 한 대가 있는 경우가 많고 줄 마이크나 무선 마이크가 있는데 마이크를 보조교사가 잡아주거나 마이크 대를 설치해도 여간 불편한 것이 아니다. 이를 위해 소문난 인형극 선교회에서는 목에 걸고 사용하는 마이크 목걸이를 인형극을 할 때나 어느 때든지 사용하도록 세계 최초로 개발하여 보급하고 있는데 가격도 저렴하여 매우 편리하다.(값: 10,000원)

6. 손 인형을 움직이는 방법

손 인형은 집게 손가락이 머리에 있는 턱을 움직이고 엄지손가락은 인형 왼손을, 새끼손가락은 인형 오른손을 움직이도록 꽉 끼운다. 장지와 약지는 오무려야 하는데 처음에는 이것이 훈련이 안되어 자신도 모르게 두 손가락이 펴져서 인형이 앞 곱추가 되어 튀어 나오는 경우가 많다. 이 경우는 익숙할 때까지 많이 연습해야 한다. 대부분이 장지 손가락으로 손 인형 오른손에 끼우는 경우가 많은데 이러면 손인형의 어깨가 한쪽으로 기울어져 보여 새끼 손가락으로 하는 것이 바른 자세로 보이게 된다.

7. 인형이 출연할 때 자연스럽게 나오는 방법

팔꿈치를 책상에 대고 마치 걸어 나오듯이 이리저리 움직이며 나와야지 자연스럽게 보인다. 콩콩 거리거나, 깡총깡총 뛰어서 나오게 되면 인형극의 흥미가 떨어진다. 그러므로 이것 역시 거울을 보고 책상에 앉아 자연스러울 때까지 피나는 연습을 해야 한다. 그리고 인형극을 할 때 인형들이 대화를 할 때 자주 청중들을 향해 봐야지 인형들끼리만 서로 마주보며 얘기하면 지루함을 줄 수 있으므로 자주 청중들에게 질문을 던져야 지루하지 않고 흥미가 더하는 인형극에 빠져드는 은혜로운 인형극이 된다.

미국에 있는 남가주사랑의 교회에서 유치부 어린이 150명을 어른들이 진행하는 부흥회가 끝날 때까지 두시간이 넘게 삼일 연속으로 공연을 두편씩 했다. 두 시간을 때우기 위해 얼마나 질문을 어린이들에게 많이 했는지 어린이들이 나중에는 얼마나 소리를 질렀는지 모두 목이 쉴 정도였다. 이처럼 인형들이 청중들을 대상으로 하다보면 시간이 가는줄 모르게 됨을 알고 청중을 향한 은혜로운 인형극이 되게 하라.

8. 목소리 성대모사

인형극에서 최고의 흥미를 끌게 하는 것은 무엇보다 출연하는 인형들의 성대모사이다. 인형들의 목소리가 모두 같다면 시시하게 여겨지는 인형극이 되고 만다. 그러므로 등장인물의 모습에 맞게 목소리를 내주어야 재미가 더하는 인형극이 되는 것이다.

요즘 복화술이 인기이지만 이것은 상당한 기술이 필요하며 교회에서 하는 인형극을 굳이 복화술까지 배워 할 필요는 없다. 혼자서 하기 힘들면 여럿이서 여러 가지 목소리로 내어도 효과적인 인형극을 할수 있는 것이다. 이전의 집팔한 책에도 소개된 바 있지만 이 책을 처음 대하는 이들을 위해 인형극의 성대모사를 가르쳐 주고자 한다.

1) 부자: 목에 힘을 줌으로 거만하게

(예: 거기 밖에 누구야? 웬 거지가 아침부터 찾아와 문을 부수고 난리야?)

2) 거지 나사로: 슬픈 표정을 지으며 불쌍한 음성으로(표정에 따라 음성이 달라진다)

(예: 아저씨.계세요? 거지가 배가 고파서 왔어요. 밥 좀 주세요. 네?)

3) 마귀 또는 골리앗: 목에 힘을 주고 부자보다 더 우렁차게 큰소리로

(예: 우하하하하하. 나는 지옥의 대왕 마귀님이시다./나는 골리앗이다./나는 강도님이시다)

4) 아브라함,할아버지: 혀를 위로 말고서 목에서만 낸다.

(예: 욕심장이 부자야. 나는 믿음의 조상 아브라함이니라/애들아. 00교회 여러분!)

5) 할머니: 코에서 내는 소리

(예: 애들아. 00교회 여러분!)

6) 하나님, 예수님, 천사: 의젓하고 위엄있게 낸다.

(예: 아브라함아, 아브라함아/철이라니, 나는 철이를 모른다.)

7) 남자 어린이: 턱을 당기고 혀를 약간 짧게 하여 낸다.

(예: 안녕하세요? 여러분, 나는 다윗이에요/여러분, 안녕하세요? 나는 찬양이 너무 좋아요.)

8) 아빠,전도사,아저씨: 남자처럼 조금 굵은 목소리로 낸다.

(예: 애들아. 안녕. 혹시 철이 못봤니?/예수님. 저 김동팔 집사입니다/애들아. 반말하지마)

9) 여선생님,엄마,여자 어린이: 여자면 자신의 목소리로 남자면 가성을 내면 된다. 여자 어린이는 어리게 내면 된다

(예: 어린이 여러분!/야! 수동아. 왜 그러니?/야! 민석아, 너 여기서 뭐하니?)

10) 사자,곰: 목소리를 바꾸어서 동물에 따라 다르게 내면 된다.

(예: 사자: (큰소리로 우렁차게) 크르렁! 나는 동물의 왕 사자다./곰: (말을 천천히 바보처럼 낸다) 뭐야? 내 친구 사자가 죽었다구?

11) 신하,게하시: 간사스럽게 할머니 목소리처럼 코에서 낸다.

(예: 전하. 대책 의논을 하고 오는 길입니다요./크, 큰일났습니다. 엘리사 선지자님)

9. 입이 움직이는 손인형 만들기

1) 손인형의 뼈대인 얇은 장판을 구한다. 외국에서는 장판이 없으므로 일반 패트병으로 한다.

2) 입이 움직이도록 가는 철사를 구입하는데 너무 가는 철사는 공연하는데 지장이 있다.

3) 장판인 경우 정사각형으로 가로 15cm * 세로 15cm가 되도록 오린다(인형이 필요한만큼)

4) 머리뼈대는 두루마리 화장지 봉의 굵기만큼 둥글게 만뒤 테이프를 붙인다.

5) 입뼈대는 정사각형으로 오린 장판을 이등분하여 자른 뒤 집게 손가락이 헐겁게 들어가도록 둥글게 만 뒤에 테이프로 붙인다.

6) 완성된 머리뼈대는 밑부분 1cm를 남겨두고 가위로 원통 부분을 7-8cm정도 반달 모양으로 오린다.

7) 패트병으로 머리뼈대를 만들 경우 위의 간격으로 반달 모양으로 오린다. 입구가 좁아 손가락이 헐겁게 되도록 촛불이나 열을 가하여 안을 티스푼이나 드라이버로 크게 넓힌다.

8) 손가락이 들어갈 입뼈대는 요쿠르트 병으로 만들면 된다.

9) 가는 철사를 오린 원통부분의 중간이나 조금 아래 부분에 구멍을 뚫어 기역자로 꺽은 뒤에 입뼈대의 3분의 2지점에 구멍을 뚫어 연결한 뒤에 가로 5cm * 세로 5cm 로 완성시키고 철사 연결부분은 앞이 뾰족한 펜치로 휘어 움직이지 않도록 고정시킨다.

10) 완성된 뼈대를 입이 잘 움직이는지 확인한 후 인형수에 맞추어 뼈대를 만든다.

11) 인형 뼈대에 신문을 길게 둘둘말아 풀을 칠하여 인형 뼈대에 감는다. 이때 풀은 집에서 밀가루로 풀을 묽게 만드는 것이 좋다.

12) 인형은 신문 3장이 적당하고 골리앗만 4장을 만드는데 4장도 인형이 무거워 공연하기 힘들므로 골리앗도 될수록 3장을 하되 그위에 투구를 만들어 커버하면 된다.

13) 둘둘 말은 인형뼈대에 신문지를 청테이프 넓이로 길이는 10cm로 자른 신문지 테이프로 그위에 모양이 나오도록 한겹씩 붙인다.(일명 신문지 테이프)

14) 뼈대 목 뒷부분은 신문을 두껍게 접이 기부스를 하듯이 받침대를 만들어 붙여주어야 목이 뒤로 꺽이지 않는다. 역시 그위에 신문지 테이프를 원통안과 입안으로 신문지 테이프를 붙여주어야 떨어지지 않는다.

15) 뼈대 밑부분은 신문을 밑부분 크기로 두껍게 접어 원통을 감싸듯이 붙이고 그위에 잘라둔 청테이프 넓이로 만든 신문지 테이프로 떨어지지 않도록 붙인다. 특히 맨 밑부분을 신문지 테이프 세장으로 도너츠처럼

밀아 붙여 그위에 신문지 테이프를 붙인다. 그 이유는 인형옷을 고무줄로 감아 걸이가 되기 때문이다.

16) 입뼈대는 신문 반장 크기로 하여 둘둘 길게 말아 입뼈대에 붙인후 신문지 테이프로 입뼈대 안과 밖을 감싸주듯이 붙여주어야 떨어지지 않으며 입뼈대 밖과 입뼈대 안을 한번에 신문지 테이프로 감싸준다. 입이 아래턱이 반달모양이 되도록 윗부분을 아래로 눌러 반달 모양이 되게 한다.

17) 완성된 뼈대위에 눈썹,눈,코를 만들어 붙이고 그위에 신문지 테이프를 붙인뒤 귀도 만들어 붙이는데 잘 떨어지므로 신문지 테이프를 두겹으로 붙이는 것이 좋다.

18) 긴머리나 머리위에 쓰는 터반같은 경우 신문을 반크기로 두껍게 머리털만큼 접어 그위에 신문지 테이프를 붙인다.

19) 인형손은 입뼈대 원통크기로 만들고 신문 한 장을 풀로 적셔 탁구공 크기로 만들어 벙어리 장갑 손모양을 만든뒤 원통에 들어갈 부분은 좁게 만들어 원통에 끼우고 신문지 테이프로 감싸며 두장을 붙여준다. 다른 부분도 붙여준다.

20) 얼굴이 완성되면 신문지 테이프를 둘둘 길게 말아 윗입술을 만들어 코밑인 윗턱에 붙여주고 아랫입술은 입뼈대 입 윗부분에 둥글게 말아 붙여준다. 이때 수염을 원하면 입뼈대 턱부분에 수염모양으로 접어서 붙인 뒤에 신문지 테이프로 붙이면 된다.

21) 다 완성된 머리는 미리 오려둔 청테이프 넓이인 키친타올 테이프로

그위에 붙인다.

22) 작업이 다 끝난 인형 머리는 햇볕이 잘드는 곳에 말려야 하루 만에 말릴수 있다.

23) 다 마른 인형 머리는 페인트로 색을 입히면 예쁜 손인형으로 완성된다. 색칠한 인형 역시 햇볕이 잘드는 곳에 말린다.

24) 면류관은 신문지 테이프 크기로 두껍게 둘둘 머리위에 말아 붙인뒤 면류관 윗부문과 측면에는 신문지 테이프를 작게 공처럼 말아 붙인뒤에 그위에 신문지 테이프로 붙인다.

25) 다윗에게 씌워주는 사울왕의 투구는 큰 컵라면 용기위에 신문지 테이프와 키친타올 붙여말린뒤 스프레이 금색을 입히면 되고 골리앗의 투구는 골리앗의 투구는 골리앗의 머리위에 장판머리 뼈대를 올리거나 두루마리 화장지 봉을 사용하여 신문지 테이프와 키친타올 테이프를 붙여 말린뒤 색칠하면 완벽한 투구가 된다.

26) 골리앗의 창은 키친타올 봉을 뽑아 자른뒤 통을 좁게 말아 스카치 테이프를 붙인뒤에 그 위에 키친타올 테이프를 붙인 뒤 창모양을 만들어 말린뒤에 페인트로 색칠한다. 방패는 찍찍이 야구놀이 세트인 원통 글러브를 사용한다.

10. 입이 움직이지 않는 두루마라 화장지 인형 만들기

1) 화장지 봉을 뺀다음 화장지를 봉 주위에 계속 크게 감는다.

2) 다 감았으면 그 위에 물병이나 주전자로 물을 붓는다.

3) 물이 화장지에 스며들도록 손으로 주물러 준다.

4) 목부분은 2cm 정도 남겨 두어야 인형옷을 끼울수가 있다. 밑부분은 고무줄울 끼울수 있도록 화장지를 두껍게 도너츠처럼 말아 붙인뒤 그위에 화장지를 두세겹 접어 물 을 살짝 뿌리면 붙는다.

5) 머리가 완성되었으면 눈,코,입술을 화장지로 모앵을 만들어 얼굴에 붙인뒤에 화장지를 두세겹 접어 그 위에 덮은 뒤 물을 살짝 뿌리면 붙는다.

6) 다 완성된 인형머리를 햇볕에 말린 뒤에 그위에 키친타올 테이프로 붙인다.

7) 다 마른 후에 페인트로 색칠을 한다(물감보다 더 광택이 나기 때문이다)

8) 다 말린후 고무맨드로 인형옷과 손을 끼운다.

11. 인형극이 공연이 아닌 인형극 부흥회가 되게 하는 비결

대부분이 인형극을 주일학교 경우 2부 시간에 하는 경우가 많은데 이는 올바른 모습이 아니라고 본다. 이러다보니 인형극이 어른들에게 보여주기가 애들 수준이라 장년부에게 보여 줄수 있는 수준높은 인형극이 못되는 것이다. 나도 처음에는 인형극을 2부 순서에 하는줄로 알았는데 신학생이 되고 나서야 인형극이야말로 보여주는 설교가 됨을 알고 이때부터 설교를 대신하여 인형극을 하게 되었고 미국에 가서야 여름성경학교때 인형극을 본 부모들이 은혜 받는 모습을 통해 "인형극이 어른들에게도 은혜를 끼치는 전천후 부흥회"가 됨을 알고 장년들이 봐도 모두 동감하고 은혜받는 업그레이드 된 인형극을 개발함으로 드디어 LA전지역의 이름있는 대형교회에 초청이 있는 교회마다 전교인 모두 모여 은혜받는 인형극을 통한 부흥회가 되게 하였다. 일반 인형극은 공연으로 끝나지만 인형극 부흥회는 부흥회처럼 인형극에 맞는 성경 본문과 찬양들을 준비해야 한다. 그리함으로 인형들과 다같이 손뼉을 치며 찬양을 하며 인형극이 끝난후에 찬송을 부르며 기도회를 가지는데 놀라웁게도 기도회를 통해 울부짖고 통곡하는 역사가 일어난다. 바로 이것이 인형극 부흥회인 것이다. 나는 인형극 부흥회를 전국은 물론 전미주 한인교회에 인도함으로 유일한 "인형극 부흥사"가 되었다.

전에 집필한 책과는 다르게 이번에 새로 집필한 책은 전에 있던 내용에 부흥회로 다듬어 만들어져 지금까지 여러 인형극 책이 출판돼 나왔어도 부흥회로 꾸며진 책은 처음이라고 본다. 그동안 인형극 공연이 아닌 부흥회로 인도한 것을 이 책을 통해 인형극을 하는 이들마다 이제는 어느 부서든지 공연이 아닌 부흥회로 인도하면 은혜가 넘치는 평생 잊지 못할 간증의 시간이 되리라고 본다.

제 4 장

스킷 인형극과 드라마

제4장

스킷 인형극과 드라마

스킷 인형극은 설교를 위하여 보여 주는 인형극이다. 설교자의 설교 내용을 인형극으로 먼저 보여 주고 이후에 설교자가 나와서 설교하는 것인데 열린 예배의 형식이라고 할 수 있다.

이 스킷 인형극은 매우 간단하면서도 핵심만 보여 주어야 하는데 전문적인 테크닉이 있어야 한다. 일반 인형극이 설교를 대신하여 보여 주는 인형극이라면 스킷 인형극은 설교를 위한 인형극이므로 시간도 짧아야 할 뿐 아니라 설교자와 장단이 맞아야 한다. 그러므로 잠언 25장 11절의 말씀처럼 "경우에 합당한 말은 아로 새긴 은쟁반에 금사과니라"고 한 것처럼 설교의 최대의 효과를 불러일으킬 수 있다. 미주판 중앙일보 종교란에 미국의 교회 중에 빌하이벨즈 목사가 담임하고 있는 윌로우크릭 커뮤니티교회가 1위가 되었다고 기사가 나왔는데 그 이유는 이 교회는 다른 교회와 달리 스킷 예배가 뛰어나기 때문이다. 스킷 예배로 감동을 줄 뿐 아니라 예배의 말씀의 재미를 더하는 시청각 교육이 설교를 보고 듣고 싶어하는 기대감을 갖게 하기 때문이다. 요즘 목회자들의 가장 큰 고민 중의 하나가 어떻게 하면 설교 시간에 졸지 않게 설교를 하는가이다. 그래서 유머도 들어

가고 설교 노트도 나누어 주어 기록하게 하고 멀티버젼으로 설교의 내용을 요약하여 보여 주는 등 갖가지 수단과 방법을 동원하여서라도 설교 시간을 즐겁고 은혜롭게 만들려고 애쓰고 있다.

서울의 목동에 있는 큰 교회에서 예배를 참석한 적이 있는데 설교 시간이 되자 갑자기 조명이 꺼지면서 영화를 보여 주는 것이었다. 내용은 최민수가 소방관이 되어 주인공으로 나오는 119구조대였는데 불 속에 뛰어 들어가서 사람을 구출하여 끄집어내는 것으로 영화가 끝이 나면서 화면이 정지되었다. 그러더니 조명이 켜지면서 담임목사님이 나와서 "여러분! 잘 보셨지요? 전도는 바로 이렇게 하는 것입니다. 죄악된 세상의 불속에 뛰어 들어가서 죽어가는 영혼을 구원하는 것이 우리가 해야 할 영적 소방관의 역할입니다."하고 증거하는데 나의 가슴에 말씀이 깊이 박히는 것이 "영상예배"의 위력을 거기서 깨달았다. 이것이 바로 영상으로 보여 주는 스킷 예배인 것이다.

오늘날 현대교회가 세상보다 앞서 가려면 세상 문화보다 더 앞서가야 한다. 386세대들의 어린 시절인 교회가 세상문화 보다 앞서 있어서 교회에서 보여 주는 융판 그림이나 슬라이드 환등기 성경이야기는 TV가 귀했던 그 시절에 아이들을 교회로 몰려오게 만들었다. 주일학교 오후 시간에도 교회로 동네 아이들이 몰려왔고(이때 교회 안나오면 왕따 취급 받았다) 여름성경학교 때는 동네가 대난리가 나는 천국잔치였다.

그러나 오늘은 어떠한가? 교회마다 주일학교 전도가 안된다고 난리요 애들이 교회에 나와도 세상문화보다 뛰어난 것을 보여줄 수가 없는 실정이 되었다. 어린이들이 교회에 왔다고 해도 말씀을 통해 은혜를 받지 못하고 천국이나 예수님이나 지옥 같은 것을 깨우쳐 주지 못한다면 결국 교회는 놀이터가 되고 말며 친구초청잔치에 애써 모은 아이들은 철새와 같이 선물만 받고 더 나은 곳으로 떠나버리게 되는 것이다. 그러므로 예배시간이 생동감 있고 교사들이 하나가 되어 은혜로운 예배가 되게 하려면 스킷 예배를 잘 준비하여 드리도록 하면 효과적인다. 그리하면 준비하는 교사들도 즐거운 마음으로 팀웍이 되어 스킷 드라마팀이 생겨나서 준비하게 되고 무엇보다 아이들이 재미있어 하고 은혜 받는 모습에 큰 보람을 느끼게 될 것이다.

스킷 인형극의 실례를 5편 실어 놓았는데 참조하여 이와 같은 방식으로 매월 두 번씩 드려 보라. 스킷 인형극이 어렵다면 드라마로 해도 효과적이다. 주일학교 아이들에게도 친구들을 데려오게 만드는 전도의 기회가 될 것이다. '우리 교회에서 선생님들이 재미난 드라마(인형극)을 하는데 보러와"하며 인쇄된 초청장을 돌리게 해보라. 선생님이 전도하는 것 보다 더 큰 전도의 효과를 가져온다. 왜냐하면 양이 양떼를 더 쉽게 몰고 올 수 있기 때문이다.

이렇게 은사가 있는 선생님들과 지도 교역자들이 마음을 다하여 준비하면 386세대들이 겪었던 그때 그 시절의 주일학교 부흥의 회복운동이 일어날 것이라고 확신한다. 스킷 인형극이나 드라마가 끝나면 설교자는 그것을 토대로 설교를 마무리를 잘 해야 한다. 그래서 스킷 인형극과 드라마에 맞는 본문말씀과 설교내용을 준비를 잘하여 은혜를 받도록 해야지 스킷은 잘했는데 마무리 설교가 시원치 않으면 아무런 효과가 없이 스킷만 보여 준 것에 불과다. 그러므로 설교자는 설교가 짧을지라도 핵심을 깨우쳐주며 은혜를 끼칠 때 스킷을 통한 인형극과 드라마는 더욱 빛을 발하는 것이다. 스킷을 마친 후 설교가 나와 있으므로 많은 도움이 되리라고 실어났으니 활용하여 큰 은혜를 끼치기 바란다.

1. 거듭나면 가는 나라

(어린이 회개 부흥회 인형극)

1. 거듭나면 가는 나라

◈ 등장인물 : 민이, 영호, 마귀, 예수님

◈ 성경 : 요한복음 3:1-5

◈ 준비 찬양 : "돈으로도 못가요"를 개사한 "예배 싫어하면 못가요", "좋으신 하나님"도 개사한 찬양(마무리기도 아래에 있다)

◈ 주의 사항 : 예배 전에 부르는 찬양은 위의 준비찬양만 부른다.

◈ 지시 사항 : 인형극을 하기 전에 어린들에게 인형들이 질문하면 반드시 대답을 해줄 것과 "제1막, 제2막"할때 마다 "와!"하고 큰소리를 지르며 박수를 지르게 한다.

◈ 해설

지금부터 인형극을 시작하겠습니다. 인형극이 시작될 때 다같이 "예배 싫어하면 못가요" 찬양을 1절만 손뼉을 치며 부르겠습니다(찬양 인도자가 나와 인도한다. 마친후) "인형극의 제목은 "거듭나면 가는 나라 제1막 박수" (막이 오른다)

◆ 제 1 막 ◆

◈ 배경 : 교회 앞(그림 삽입)

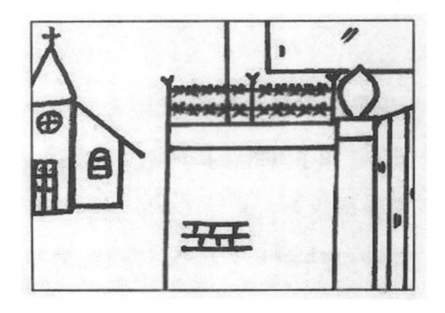

민 이 : (찬양을 부르며 등장한다) "예배 싫어하면 못가요 하나님 나라 천
국 못 믿어도 못가요 하나님 나라 거듭나면 가는 나라 하나님 나라
믿음으로 가는 나라 하나님 나라" 여러분! 안녕하세요? 나는 여러
분처럼 교회에 다니는 민이예요. 난 교회에 나가는 것이 너무 좋아
요. 여러분들도 그렇죠?(네) 더구나 천국에 갈 수 있다고 생각하니
까 너무너무 좋아요. 오늘 전도사님께 말씀을 배웠는데 거듭나지
않으면 결코 천국에 갈 수 없다고 예수님이 그러셨는데 열심히 기

도하고 교회에 나와 말씀대로 순종하여 거듭난 사람이 되기로 했어

요.(이때 영호가 등장한다)

영 호 : 웃기고 있네 뭐? 거듭나서 천국 간다구? 그런 엉터리가 어디 있냐?

민 이 : 어? 넌 영호 아냐? 아까 예배 시간에 너 나가던데 어디 갔다 오는

거야?

영 호 : 예배 시간이 재미 없어서 바깥에서 놀다가 온다.

민 이 : 뭐라구? 너 교회에 나와서 예배는 안드리고 밖에서 놀면 어떡해?

영 호 : 재미가 없으니까 그렇지. 차라리 집에서 컴퓨터 게임이나 인터넷

하는 것이 낫겠다. 역시 교회는 지긋지긋해.(애들을 향해) 그렇지 애

들아?(아니) 치! 아니긴 뭐가 아니야?

민 이 : 너 그러다가 천국에 못가면 어떡하려고 그래?

영 호 : 자식. 순진하기는, 천국이 어디 있냐? 그건 죽어봐야 아는 거야!

민 이 : 아냐! 천국은 있어. 그렇죠? 어린이 여러분!(네) 그것 봐! 여기있는

친구들도 있다고 하잖아.

영 호 : 그러니까 너나 여기 있는 애들은 모두 한심한 바보들이라니깐. 그

렇지? 애들아(아냐) 치. 아니긴. 너희가 천국을 봤냐? 봤어?(봤다!)

뻥까고 있네. 너희가 언제 죽었었냐? 그러니까 너희들은 모두 거짓

말쟁이들이야.

민 이 : 영호야. 너는 너의 아빠 엄마가 모두 집사님이라면서 어떻게 그런

말을 하냐?

영 호 : 내가 우리 엄마, 아빠 때문에 할 수 없이 교회 나와 주는 거지 어디

나오고 싶어서 나오는 줄 아냐?

민 이 : 너 자꾸 그러면 하나님께 벌 받아.

영 호 : 하나님 좋아 하네. 나 하나님 같은 거 하나도 안 무서워. 지옥? 갈 테면 지금이라도 가 줄게. 얼마나 재미있겠냐? 번지 점프 같은 것도 할 거야. 지옥은. 야! 생각만 해도 재미있다.

민 이 : 참, 너 답답하구나. 예수님이 우리를 위해 십자가에 달리신 것을 생각해 봐.

영 호 : 그게 무슨 상관인데? 예수님이 십자가에 달려서 죽은 건 나쁜 사람 들이 죽인 거지 나와는 상관없는 일이야.

민 이 : 너 정말 왜 그러니?

영 호 : 왜 그러긴 사실을 말했을 뿐인데.

민 이 : 그러니까 전도사님이나 선생님이 속상해 사시는 거야.

영 호 : 치, 속상해 하라구 해. 난 하나도 맘에 안 드니까.

민 이 : 너 그러지 말고 이제 부터라도 예수님 잘 믿어.

영 호 : 너나 실컷 믿어라. 난 이대로 살 테니까. 자 그럼 난 먼저 간다.

　　(요즘 유행하는 노래를 부르며 퇴장한다.)

민 이 :(기도한다) 하나님 아버지! 영호가 예수님을 바로 믿도록 믿음을 주 세요. 예수님의 이름으로 기도합니다. 아멘, 여러분! 여러분도 영호 같은 친구 있으면 꼭 기도해 주세요. 알았지요?(네) "예배 싫어하면 못가요 하나님 나라"(찬송하며 퇴장한 후 영호 등장한다.)

영 호 : 어휴! 지겨운 민이 녀석 가버렸구나. 그런데 왜 아빠 엄마는 안나오

는거야 아빠 차를 타고 집에 가야하는데, 그렇다고 걸어갈 수도 없고. 에이. 다음부터는 교회를 나오지를 말던지 해야지. 어휴~ 지겨워(이때 마귀가 나타난다)

마 귀 : 야! 영호야 교화 나가는 거 지겹지?

영 호 : 그래 지겹다. 어떡하면 교회 안 나갈까 고민 중이다. 그런데 넌 누구냐? 어디서 많이 본 얼굴인데 너 붉은 악마인 월드컵 응원단이냐?

마 귀 : 우하하하하. 나는 너 같은 애들을 무척 좋아하는 마귀란다
영어로는 "사탄"이라고 하고 한국말로는 '마귀'라고 하지

영 호 : 뭐? 마귀? 저, 정말 마귀가 있잖아. 그, 그럼 네가 아담과 하와도 꼬시고 예수님도 시험하였던 마귀야?

마 귀 : 어쭈구리! 성경을 알기는 잘 아는구만. 그렇다. 바로 그 마귀다.

영 호 : 그, 그럼 천국도 지옥도 있는 게 사실이냐?

마 귀 : 넌 그걸 믿니? 그건 다 사람을 겁먹게 하려고 꾸민 이야기지 사실이 아냐.

영 호 : 그래? 그런데 넌 왜 나한테 온거야?

마 귀 : 그, 그건 너를 데리고 갈 곳이 있어서 왔지.

영 호 : 거기가 어딘데? 재미있는 데야?

마 귀 : 그럼. 네가 무척이나 좋아할 거야. 자! 날 따라와 봐.

영 호 : 그래 알았어. 아빠 엄마는 어떻게 하고?

마 귀 : 무슨 걱정을 그렇게 해? 그건 나중에 생각하고 빨리 따라와 봐.

영 호 : 어차피 금방 올 건데 뭘, 따라가 보자.(퇴장하며 막이 내린다.)

여러분! 잘 보셨어요?(네) 영호는 교회를 다니면서도 믿음이 없이 행동하다가 결국 어리석게도 누구를 따라 갔어요?(마귀요) 네, 장난으로도 마귀를 따라 가면 안돼요. 영원히 돌아오지 못할 사망의 길을 따라 가고 말았어요. 영호는 과연 어떻게 되는지 제2막을 살펴보도록 하겠습니다. 2막이 준비되는 동안 다같이 "예배 싫어하면 못가요" 찬양을 3절까지 부르겠습니다(이때 찬양 인도자가 나와 인도한다. 마친후) 지금부터 "거듭나면 가는 나라 제2막"을 시작하겠습니다. 다같이 제2막이 시작되기 전에 힘차게 "예배 싫어하면 못가요" 1절을 손뼉을 치며 부르겠습니다(찬양 인도자가 나와 인도한다. 마친후) 지금부터 거듭나면 가는 나라 제2막"을 시작하겠습니다. "거듭나면 가는 나라 제2막 박수" (막이 오른다)

◈ 배 경 : 불타는 지옥의 그림(그림 삽입)

영 호 : 여, 여기가 어디야? 으악, 사, 사람들이 불에 타고 있다.

마 귀 : 우하하하하. 잘 왔다. 영호야. 여기가 바로 지옥이다.

영 호 : 뭐? 지, 지옥이라구? 네가 재미있는 곳에 데려다 준다고 했잖아.

난 싫어! 무서워.

마 귀 : 싫다구? 누구든지 지옥에 한 번 들어오면 빠져나갈 수 없다는 걸

모르냐?

영 호 : 구, 구경시켜 준다고 했잖아. 난 싫어. 난 갈거야(나가려 한다).

마 귀 : (붙들며) 이 녀석이 나를 우습게 아는 모양인데 어딜 너 마음대로

나간다는 거야?

영 호 : 제발 나 좀 여기서 나가게 해 줘.

마 귀 : 무슨 소리? 너 지옥에 가면 재미 있겠다고 그랬지?

영 호 : 내가 언제? 난 그런 소리 안 했어.

마 귀 : 뭐? 안 했다구?(애들을 향해) 애들아! 영호가 지옥에 가면 재미있겠
　　　다고 했냐? 안했냐?(했어) 보아라. 애들이 했다고 하잖아.

영 호 : 내가 언제 했어?(민이한테 했잖아) 웃기지마. 그, 그건 장난으로 그
　　　냥 한 말이지 진짜로 한 게 아니야

마 귀 : 뭐? 장난으로 한거라구? 우하하하하, 그러니까 너 같은 놈은 지옥
　　　의 불 맛을 봐야해. 자! 들어가라. 뜨거운 불 못으로. 에잇! (집어넣
　　　는다)

영 호 : 제, 제발 살려 줘! 우리 아빠 엄마는 집사님이란 말이야.

마 귀 : 우하하하하, 이런 한심한 놈을 봤나? 너희 부모가 집사인 것이 무
　　　슨 상관이야? 누구든지 예수를 안 믿는 자, 믿어도 너 같이 엉터리
　　　로 믿고 거듭나지 못한 자들은 이곳에 오게 되지.

영 호 : 그, 그럼 이제부터 예수님 잘 믿을 테니까 나 좀 여기서 꺼내줘. 제
　　　발~

마 귀 : 이 녀석이 장난치나? 지옥에 오면 네 마음대로 다른 곳에 왔다갔
　　　다 할 줄 아는 모양이지? 자, 들어가라. 에잇!(머리를 밀어 넣는다.)

영 호 : 으~악 사, 살려줘요. 으악~ 뜨거워. 아빠! 엄마! 살려줘요! 으~악!
　　　뜨, 뜨거~

마 귀 : 어떠냐? 지옥의 뜨거운 불 맛이, 영원토록 고통 속에서 살아라. 우
　　　 하하하하.

영 호 : 살려줘요. 제발요. 누가 나 좀 살려주세요.(이때 예수님이 무대 오
　　　 른쪽 옆 가리개 위에서 나타난다.)

예수님 : 영호야. 나를 아느냐?

영 호 : 어? 누구세요?

예수님 : 난 예수님이란다.

영 호 : 네? 예, 예수님이 시라구요? 예수님! 나 좀 살려주세요. 나 좀 꺼내
　　　 주세요. 네?

예수님 : 영호야. 난 너의 죄를 위하여 십자가에 몸 버려 피 흘렸건만 너는
　　　 나를 믿지 아니하고 내가 너의 마음속에 들어가려 하였으나 너는 나
　　　 를 너의 마음속에 받아들이지 아니하였단다.

영 호 : 예수님. 잘못했어요. 다시는 안 그럴게요. 예수님 잘 믿을게요. 제
　　　 발 저를 이곳에서 꺼내 주세요.

예수님 : 영호야. 안타깝게도 지옥에 있는 자는 어느 누구든지 꺼내줄 수
　　　 가 없단다.

영 호 : 네? 저 그러면 어떡해요? 아빠와 엄마는 어떻게 만나요?

예수님 : 그러므로 세상에 있을 때에 내게 죽도록 충성하는 자가 천국에 올
　　　 뿐만 아니라 생명의 관을 받는 것이란다.

영 호 : 예수님! 그래도 제가 교회에 나갔잖아요. 가끔 교회에서 장난치고
　　　 예배드리기 싫어서 도망간 것뿐인데 제발 용서해 주세요.

예수님 : 내게 작은 일에 충성하는 자가 큰일도 할 수 있듯이 영호는 교회에서 하나님께 예배드리는 것조차도 우습게 여긴 죄가 크므로 도저히 용서받을 수 없느니라.

영 호 : 으흐흐흑! 이럴 줄 알았으면 거듭나는 건데, 민이 말을 듣지 않은 것이 어리석었어. 엉엉. 난 바보야.

예수님 : 00교회 어린이들아!(네) 너희들도 영호처럼 거듭나지 아니하면 결단코 천국에 들어갈수 없음을 알고 열심을 다하여 믿음생활을 잘하여라. 알겠느냐?(네) 그리하면 너희들 이 천국에 올 때 큰 상을 주리라.(퇴장한다)

영 호: 엉엉. 어떡하면 좋아. 이곳을 빠져나갈 수도 없고...여러분! 여러분도 나처럼 지옥에 오지 말고 꼭 거듭나서 천국에 가는 사람이 되셔요. 알았지요?(네) 악~ 뜨거워. 살려줘요 아악~(쓰러질 때 막이 내린다)

◈ 해설

여러분! 잘 보셨지요? (네) 결국 영호는 어디에 갔지요?(지옥에요) 네. 지옥에 갔어요. 영호가 함부로 말한대로 결국 지옥에 가고 말았어요. 이처럼 지옥에 가면 아무리 후회하고 회개해도 소용이 없어요. 오직 영원히 꺼지지 않는 뜨거운 유황불과 무서운 고통 밖에 없는 너무나 끔찍한 심판의 형벌 밖에 없어요. 이 시간에 어느 누구도 어리석은 영호처럼 지옥에 가겠다는 친구는 아무도 없을 거예요. 이 시간에 우리 다 같이 무서운 지옥에 가지 않도록 기도해요. "좋으신 하나님"을 찬송하면서 마음 문을 열고 간절한 마음으로 기도하기 바랍니다.(가사를 불러주며 3절 까지 부른 뒤에 인도자의 인도에 따라 반주가 끝날 때까지 기도회를 인도한 후 마무리 기도를 다같이 따라하게 하며 마친다.)

◈ 마무리기도

하나님 아버지 감사합니다 / 이 시간 인형극을 통해 지옥에 간 영호를 보았어요 / 저도 영호처럼 행동할 때가 많았는데 용서해주세요 / 이제부터 예수님만 잘 섬기겠어요. 약속할게요 / 무서운 지옥에 안가고 예수님이 계시는 천국에 가도록 도와주세요 / 예수님의 이름으로 기도합니다. 아멘 /

◈ 준비 찬양

"돈으로도 못가요"를 개사한 찬양
1. 예배 싫어하면 못가요 하나님 나라 천국 못 믿으면 못가요 하나님 나라 거듭나면 가는 나라 믿음으로 가는 나라 하나님 나라
2. 죄 짓고는 못가요 하나님 나라 회개 안하면 못가요 하나님 나라 거듭나면 가는 나라 믿음으로 가는 나라 하나님 나라
3. 교회만 나간다고 못가요 하나님 나라 거듭나지 못하면 못가요 하나님

나라 거듭나면 가는 나라 믿음으로 가는 나라 하나님 나라

"좋으신 하나님"을 개사한 찬양

1. 좋으신 하나님 좋으신 하나님 참 좋으신 나의 하나님

2. 아름다운 천국에 인도해 주시는 참 좋으신 나의 하나님

3. 무서운 지옥에 안가게 하시는 참 좋으신 나의 하나님

2. 천국에 들어가는 자

(전교인 인형극 부흥회)

2. 천국에 들어가는 자

◈ 등장인물 : 철이, 철이 아빠, 전도사님, 반석, 마귀, 예수님

◈ 성경 : 마태복음 7:21

◈ 준비찬양 : 돈으로도 못가요를 개사한 찬양(마무리기도 아래에 있다),손을 높이들고 주를 찬양,하나님의 나팔소리(1절),웬일인가 내형제여(1-4)

◈ 주의 사항 : 예배 전에 부르는 찬양은 위의 준비찬양만 불러야지 다른 찬양을 부르면 드라마 부흥회를 진행할 때 어색해져 안따라 부르게 되므로 준비찬양만 부르도록 지도한다.

◈ 지시 사항 : 드라마를 하기 전에 교인들에게 출연자들이 질문하면 반드시 대답을 해줄 것과 "제1막, 제2막, 제3막"할때 마다 "와!"하고 큰소리를 지르며 박수를 지르게 한다.

◈ 해 설

지금부터 드라마를 시작하겠습니다. 다같이 "세상노래 좋아하면 못가요" 찬양을 1절만 손뼉을 치며 힘차게 부르겠습니다. "천국에 들어가는 자 제1막 박수"(찬양 인도자가 나와 인도한다. 마친후 철이 아빠가 등장한다)

◈ 배 경 : 노래방이 보이는 동네 앞(영상으로 띄운다)

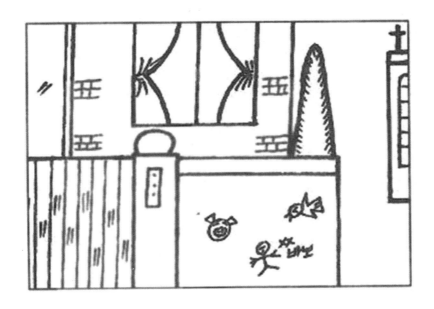

철이아빠 : (유행가를 부르며 등장한다) "세월아 너는 어찌 돌아도 보지 않
느냐 고장난 벽시계는 멈추었는데 저 세월은 고장도 없네" 우하하
하하. 역시 교회에서 부르는 찬송가 보다는 트로트가 더 신나고 재
미있다니깐. 그렇지요? 여러분?(아뇨) 아니라구요? 여러분도 트로
트가 더 좋지 찬송가가 더 좋습니까?(더 좋아요) 찬송가가 그렇게
좋으면 여러분이나 실컷 부르세요. 나는 오늘 노래방에 가서 백점
이나 받았으니까 인생 최고의 날이라 이거야! 우하하하하.(이때 전

도사가 등장한다)

전도사 : 안녕하십니까? 아저씨. 예수님 믿으세요.

철이아빠 : 예? 예수님을 믿으라고요? 실은 저, 저도 교회에 나갑니다.

전도사 : 그, 그러세요. 어느 교회 나가시는데요?

철이아빠 : 네. 이 동네의 OO교회 나갑니다. 실은 집사인데요.

전도사 : 그러시군요. 그런데 어디 다녀 오시나보죠?

철이아빠 : 네. 노 노래방에 좀, 아차! 실수! 노래방이 아니고 놀이방에 허
　　　　　허허. 그런데 선생님은 누구시죠?

전도사 : 저는 OO교회 전도사입니다.

철이아빠 : 허허. 그래요? 젊은 분이 수고가 많으시구만. 전 이만 바빠서..
　　　　　어휴! 큰일날뻔 했네(퇴장한다)

전도사 : 거참 이상하다. 어찌해서 집사님이란 분이 트로트나 부르고 입에
　　　　서는 술 냄새가 나고 예수님이 보시면 뭐라고 하실까? 여러분! 예수
　　　　님을 바로 믿읍시다. 알았지요?(네) 그럼 또 다른데로 가서 전도해
　　　　야지.(손을 흔들며) "예수님 믿으세요"(퇴장한다)

철 이 : (트로트 노래를 부르며 나타난다) "세월아 너는 어찌 돌아도 보지
　　　　않느냐 고장난 벽시계는 멈추었는데 저 세월은 고장도 없네" 히히
　　　　역시 노래는 트로트가 최고야. 나도 정동원처럼 유명한 인기가수가
　　　　되야지. 아빠가 고장난 벽시계를 노래를 제일 좋아하는데 아빠 앞
　　　　에서 잘 불러서 용돈을 타야지. 찬송가는 너무 시시해서 재미없어.
　　　　그렇지 애들아?(아니) 치! 아니긴 뭐가 아냐. 난 하나도 재미없는데.

(이때 반석이가 찬송을 부르며 등장한다)

반 석 : "손을 높이 들고 주를 찬양 높은 곳을 향해 주를 찬양 모든 만물들은 주를 찬양하라" 어? 너 철이 아냐? 너 여기서 뭐하고 있니?

철 이 : 반석이구나. 야! 넌 밖에 나와서도 찬송가를 부르니? 창피하게?

반 석 : 찬송가를 부르는 게 뭐가 창피하냐?

철 이 : 야! 찬송가는 교회에서나 불러. 뭐냐? 교회 나간다고 티 내냐?

반 석 ; 찬송은 하나님께 무르는 거야. 그래서 어디서든지 부르는 거룩한 노래야.(애들을 향해) 그렇죠 여러분?(네) 거봐. 그렇다고 하잖아

철 이 : (애들을 향해) 그렇긴 뭐가 그러냐? 너희들도 반석이하고 똑 같구 나. 너희들끼리 재미없는 찬송 실컷 불러라. 난 내가 좋아하는 트로 트 노래나 부를 테니까.

반 석 : 철아. 예수님이 널 보시면 뭐라고 하시겠니?

철 이 : 예수님 같은 소리 하고 있네. 난 이 세상에서 할 것 다 하다가 천국 가면 되니까 걱정마. 더구나 우리 아빠는 집사님인데 뭘.

반 석 : 천국은 교회나간다고 다 가는 것이 아니고 거듭나는 사람만이 간다 고 했어.(애들을 향해) 그렇죠?(네) 거봐! 그렇다고 하잖아.

철 이 : 웃기고 있네. 그럼 교회를 왜 나가냐? 교회 나가서 헌금 많이 내고 착하게 살면 무조건 천국은 가게 되어 있는 거야. 내가 그동안 낸 헌 금이 얼마나 많은데.

반 석 : 예수님이 거듭나지 아니하면 천국에 못 들어간다고 니고데모에게 말씀하신 것 생각안나?

철 이 : 야. 그런 시시한 얘기 나한테 하지마. 너 지금 니네 아빠처럼 나한테 설교하냐?

반 석 : 그래. 들을 귀 있는 자는 들으라고 전한다. 그럼 난 간다. "거듭나면 가는 나라 하나님 나라 믿음으로 가는 나라 하나님 나라"(찬양을 부르며 퇴장한다)

철 이 : 어휴, 바보같은 반석이 녀석. 꼴도 보기 싫어. 뭐? 거듭나야 천국 간다구? 전도사님 아들이라고 혼자서 잘난 체하기는, 장래 희망이 목사님이 되겠다나? 한심한 녀석.(이때 마귀 나타난다)

마 귀 : 우하하하하. 철이야. 너의 말이 맞아.

철 이 : 어? 넌 누구냐? 그러고 보니까 지난 축구경기 때 많이 본 붉은 악마구나. 어디에서 축구 경기가 또 열리냐? 나도 응원하러 가게.

마 귀 : 우하하하하. 나는 축구 응원하는 붉은 악마가 아니라 너의 마음속에 오랫동안 자리잡고 있는 제일 친한 친구란다.

철 이 : 뭐라구? 제일 친한 친구라구? 내가 제일 친한 친구는 정현이와 종국이 밖에 없는데.

마 귀 : 우하하하하. 그런 친구는 상대가 안 될 정도로 난 오랜 친구인걸.

철 이 : 난 너 같은 오랜 친구는 모르겠는데 넌 누구냐?

마 귀 : 날 모른다구? 너를 죄 짓게 만들고 지옥 가게 만드는 나를 모르다니 넌 참 바보 같은 놈이로구나.

철 이 : 뭐? 내가 바보라구? 도대체 넌 누군데 그래?

마 귀 : 우하하하하. 이 어리석은 놈아. 난 마귀다. 월드컵의 응원단의 이름

처럼 붉은악마라고도 하지

철 이 : 뭐라구? 마, 마귀라구? 저, 정말 마귀가 있었구나. 나 마귀 싫어.
저리가.

마 귀 : 뭐야? 저리 가라구? 내가 누구 맘대로 저리 가냐? 이제 내가 너에게
직접 이렇게 나타난 것은 너를 지옥으로 끌고 가려고 왔다.

철 이 : 지옥이라구? 나 지옥 안갈 거야. 제발 살려줘.

마 귀 : 그래도 지옥은 겁내는구나. 아무리 그래도 소용없다.

철 이 : 지옥에 안 데려가면 뭐든지 시키는 대로 다 할게. 제발 살려줘.

마 귀 : 역시 넌 어리석은 놈이구나. 너 같은 놈은 어서 속히 지옥으로 데려
가야겠다. 자! 어서 가자.

철 이 : 싫어. 아빠! 살려줘요. 아빠!

마 귀 : 엉터리 같은 믿음을 가진 너의 아빠를 아무리 불러봐도 소용이 없
다. 네 이놈. 가자!

철 이 : 으~악! 사, 살려줘요.(쓰러진다)

아 빠 : (목소리만)아니 밖에서 뭔 소리야? 우리 철이 소리 같은데..어휴. 집
에서 술을 많이 마셨더니 정신이 없네. 그래. 나간다(나온다) 철아!
철아! 어디에 있냐? 아니, 처, 철아. 이게 어떻게 된거야? 철아! 여
보! 119 불러요 철아! 정신차려. 철, 철아! 으~윽~ 갑, 갑자기 머리
가....(쓰러질 때 막이 내린다)

◆ 해설

여러분! 잘 보셨어요?(네) 철이와 철이 아빠는 예수님을 제대로 믿었나요?(안믿었어요) 그래요. 이처럼 아무리 교회를 다니고 교회의 직분을 맡은 가정이라도 예수님을 제대로 믿지 아니하고 철이네 처럼 믿으면 이처럼 부끄러운 모습으로 세상을 뜨고 만답니다. 이렇게 하여 철이는 심장마비로 철이 아빠는 고혈압으로 같은 날 세상을 뜨고 말았습니다. 과연 이들의 영혼은 어떻게 되었는지 제2막을 살펴보기로 하겠습니다. 2막이 준비되는 동안 다같이 "세상노래 좋아하면 못가요" 찬양을 3절까지 부르겠습니다(이때 찬양 인도자가 나와서 인도한다.마친후) 지금부터 "천국에 들어가는 자" 제2막을 시작하겠습니다. "천국에 들어가는 자 제2막 박수"하면 다같이 "하나님의 나팔소리" 찬송 1절을 손뼉을 치며 부르겠습니다. "천국에 들어가는 자 제2막 박수"(찬송 인도자가 나와 인도할 때 막이 오른다)

◈ 배 경 : 천국 그림(영상으로 띄운다)

철 이 : (기어서 나온다.) 야! 여기가 어디야? 부, 분명히 마귀에게 끌려 온
　　　 것 같은데? 처, 천국이다. 내가 천국에 오다니. 와! 반짝반짝 빛나
　　　 는 황금성이구나. 정말 성경 말씀대로구나. 예수님이 이 천국 안
　　　 에 계시겠지? 히히.예수님을 불러봐야지. 예수님! 철이가 왔어요.
　　　 예수님!

예수님 : (목소리만) 철이라니? 철이가 누구냐? 난 철이를 모른다.

철 이 : 네? 저를 모른다고요? 예수님 잠깐만 나와 보세요. 저 교회에 나간

철이예요. 보시면 모르실리가 없을 거예요

예수님 : (등장한다) 어느 누구든지 내 아버지이신 하나님 뜻대로 살지 않
는 자는 나와 아무 상관이 없느니라.

철 이 : 네? 예수님! 제가 그동안 교회에 나갔었잖아요.

예수님 ; 철이, 너는 그동안 교회에 나갔다마는 장난이나 치고 예배를 방
해하고 세상 것들이나 즐기고 살지 않았느냐? 내가 십자가에서 몸
버려 피 흘려 죽은 것은 너의 죄를 용서해주기 위함이었는데 오히
려 너는 나를 더 욕되게 하였단다. 더구나 너는 교회만 나갔지 너의
마음에는 나를 모시지 않았기 때문에 너를 결코 이 천국 안으로 들
여보낼 수 없느니라.

철 이 : 예수님! 제발 살려주세요. 천국에 들어가게 해 주세요.

예수님 : 내가 뭐라고 하였느냐? 누구든지 나더러 주여주여 하는 자마다
다 천국에 들어갈 것이 아니요. 다만 내 하나님 아버지의 뜻대로 하
는 자라야 이 천국에 들어갈 수 있다고 하지 않았느냐? 너를 바로
지옥으로 보낼 수 있었으나 천국을 보여주는 것은 나 예수를 바로
믿지 않는 자는 천국은 볼 수 있으나 들어가지 못함을 보여 주기 위
해서니라.

철 이 : 예수님. 이제부터 예수님 잘 믿을게요. 네? 예수님. 살려주세요.
엉엉.

예수님 : 철이를 이 천국문 앞에서 당장 쫓아버려라. 영원히 꺼지지 않는
유황불이 있는 지옥에서 영원토록 후회하리라.

철 이 : 으악~ 사, 살려줘요(이때 천사들이 끌고 사라진다)

철이아빠 : (기어 나온다) 아이고. 여, 여기가 어디야?(뒤를 돌아보며) 여기
가 바로 천국 아야? 우하하하하. 내가 기어코 천국에 왔구나. 교회
에서 잡사 역할을 해도 자동적으로 천국은 들어오는구면. 어디 그
럼 예수님을 불러볼까? 어험. 예수님. 김집사입니다. 예수님!

예수님 : (목소리만) 김집사라니 김집사가 누구냐? 나는 김집사가 누군지
모른다.

철이 아빠 : 하기야 김집사가 워낙 많아서 모르시는 모양인데 이름을 대면
아실거야. 히히. 제가 바로 김동팔 집삽니다. 아시겠지요?

예수님 : (목소리만) 김동팔 집사라니, 나는 도무지 생각이 나지 않는구나.

철이아빠 : 예, 옛? 아니 저를 모르시다니 어쩌면 그러실 수가 있습니까?
교회 나가서 봉사잘하고 십일조와 헌금 잘 내고 앞으로도 장로도
될 수 있었던 저를 모르시다니요. 그리고 주님을 위해 제가 얼마나
충성을 다했는데요. 정말 섭섭합니다.

예수님 : 내 아버지 뜻대로 내 계명대로 행하지 않은 자는 나와는 아무 상
관이 없느니라.

철이 아빠 : 네? 제가 하나님 아버지 뜻대로 산 것이 얼마나 많은데요 이
거 너무하십니다.

예수님 : 너는 집사라고 하면서 세상 것을 모두 즐기고 살지 않았느냐? 술
이나 마시고 노래방에 가서 유행가나 부르면서 세상의 빛과 소금
이 되지 못하고 도리어 너로 인하여 전도의 문마저 막히게 하지 않

았더냐?

철이아빠 : 아~그거야 세상 살다 보면 어떻게 천사처럼 살 수 있습니까? 스트레스 풀기 위해서 취미와 오락으로 즐긴 것 뿐인데요

예수님 : 너는 내게 말로만 주여주여 하였지 행실로는 나의 뜻대로 살지 못한 껍데기 신앙만 가졌느니라.

철이아빠 : 아이고~ 예수님 용서해 주십시오. 제가 이제부터는 주님 말씀대로 살겠습니다. 제발 이 천국에 들어가게 해 주세요

예수님 : 너는 나를 믿는다고 하였지만 나를 마음에 받아들이지 아니 하였고 내 뜻대로 산 것이 하나도 없기에 결단코 천국에 들어 올 수 없느니라.

철이아빠 : 아이고~ 어떡하면 좋습니까? 제발 용서해 주십시오. 이렇게 빕니다.

예수님 : 죽은 후에 제 아무리 용서를 빌고 회개를 해도 아무 소용이 없느니라. 저자를 속히 이 곳 천국 문에서 쫓아버려라. 지옥의 구덩이에서 영원토록 후회하리라.

철이아빠 : 으악~ 사,살려줘요! 제발~(천사들이 끌고 사라진다.)

예수님 : (청중들을 향해) 잘 보았느냐?(예) 너희들도 내가 일러준 뜻대로 살지 못하고 입으로만 믿는 자들은 저렇게 되느니라. 그러므로 말씀대로 살다가 천국에 들어와야 하느니라. 알겠느냐?(네) 그럼 꼭 천국에서 만나도록 하자.(퇴장한다.)

여러분! 잘 보셨어요?(네) 철이와 철이 아빠는 천국에 들어갔나요?(못갔어요) 네, 예수님을 믿어도 저렇게 엉터리로 믿으면 천국에 들어가지 못한답니다. 과연 이들은 무서운 지옥에서 어떻게 고통을 받는지 제3막을 살펴 보도록 하겠습니다. 3막이 준비되는 동안 다같이 "세상 노래 좋아하면 못가요" 찬양을 3절까지 부르겠습니다.(찬양 인도자가 나와 인도한다.)

지금부터 "천국에 들어가는 자 제3막"을 시작하겠습니다. 제3막하면 다같이 웬 일인가 내 형제를 찬송하겠습니다. "천국에 들어가는 자 제3막 박수" 하면 찬송을 부를 때 막이 오른다.

◈ 배경 : 불타는 지옥(영상으로 띄운다)

마 귀 : (목소리만) 우하하하하. 여기가 지옥이란 사실은 다 알고 있겠지? 이 지옥은 실컷 죄만 짓는 것들만 오는 것이 아니라 예수를 믿어도 엉터리로 믿는 것들도 온다는 사실을 알아라. 지금 철이 녀석이 오 게 되어 있는데 왜 이렇게 늦는거야?

철 이 : 여, 여기가 어디야?(영상을 보며) 어? 무서운 지옥이다. 으아~ 싫 어. 싫어. 지옥은 싫어. 엉엉.(이때 마귀가 등장한다)

마 귀 : 뭐가 싫어? 지옥이 싫은 녀석이 엉터리로 예수를 믿으래? 이 지옥

에 왔으니 뜨거운 영원히 꺼지지 않는 불맛을 보아라. 보너스로 구더기 선물도 주마. 에잇!(옷속에 뿌린다. 이때 구더기는 새우깡을 사용하면 된다.)

철 이 : 으악~ 살려줘요. 구, 구더기다. 저리가. 악~ 나를 깨문다. 부, 불이 너무 뜨겁다. 아악~ 살려줘요.(쓰러진다.)

마 귀 : 우하하하하. 어떠냐? 지옥의 불맛이? 누구든지 이곳에 와서는 아무리 후회해도 소용이 없다. 불이 꺼지지 않는 지옥에서 영원토록 살아라. 우하하하하. 이녀석 아비도 오게 되어 있는데 왜 이렇게 안 오는거야?

철이 아빠 : (기어 나온다) 여, 여기가 지, 지옥인가? 아니야. 내가 지옥에 왔을리가 없어.

마 귀 : 뭐라구? 네가 지옥에 들어 올 리가 없다고? 네가 웃기는구나.우하하하하.

철이 아빠 : 너, 너는 누구냐?

마 귀 : 내가 누구냐구? 바로 마귀님이시다.

철이 아빠 : 뭐? 마, 마귀라구? 그럼 사, 사탄?

마 귀 : 그렇다. 집사라고 알기는 잘 아는구나.

철이 아빠 : 사탄아. 무, 물러가라!

마 귀 : 우하하하하. 니가 점점 나를 웃기는구나. 네 이놈. 여기가 어디라고 나를 보고 물러가라 하느냐? 에잇. (때린다.) 너 같은 녀석은 내가 가만히 둘 수 없다. 자. 가장 뜨거운 지옥의 밑바닥으로 내려가

라. 에잇!(누른다.)

철이 아빠 : 으악~ 사,살려줘. 으악~ 뜨, 뜨거워.

마 귀 : 보너스로 구더기 선물도 주마. 에잇!(옷속에 새우깡을 뿌린다)

철이 아빠 : 으악~ 구더기가 나, 나를 깨문다. 떠, 떨어지지도 않는구나.
　　　　　　사, 살려줘요. 으악~

마 귀 : 어떠냐? 지옥의 고통의 맛이. 자! 그럼 지옥에 끌고 올 녀석들을 또
　　　　데리러 가야겠다.(애들을 향해) 내기 너희들도 언젠가는 가만히 두
　　　　지 않으리라. 다음에 지옥에서 꼭 만나자. 우하하하하.(사라진다.)

철 이 : (목소리만)아~ 살려줘요 이럴 줄 알았으면 예수님을 잘 믿는건
　　　　데.(나온다.) 으악. 뜨거워!

철이 아빠 ; 으악~ 뜨, 뜨거워 살려줘.! 으악~ 아, 아니 넌 누구냐? 넌 철
　　　　　　이가 아니냐?

철 이 : 아빠.(안긴다.) 너무 무섭고 괴로워요. 어떡하면 좋아요? 엉.엉.

철이 아빠 : 내가 이럴 줄 알았다면 예수님을 잘 믿을 것을. 이 지옥에 오고
　　　　　　나서야 후회가 되니 어쩌면 좋단 말이냐? 으흐흐흐흑. 철아.

철 이 : 여러분! 여러분도 나와 같이 지옥에 오지 않도록 예수님을 끝까지
　　　　잘 믿고 천국에 꼭 들어가세요. 알았지요?(예) 으악~ 뜨,뜨거워. 살,
　　　　살려줘.(몸부림을 치며 쓰러진다.)

철이 아빠 : 여러분! 제발 부탁입니다. 여러분도 우리 부자처럼 지옥에 오
　　　　　　지 않도록 예수님을 잘 믿으세요. 알았지요?(네) 으악~ 뜨거워. 사,
　　　　　　살려줘! 으~악! (쓰러질 때 설교자가 나온다.)

여러분! 잘 보셨지요? 나와 우리 식구들은 과연 어디에 갈 수 있다고 보나요? 천국에 모두 갈 수 있다고 보나요? 이 시간 다같이 두 눈을 감고 두 손을 모아 보세요(이때 '웬 일인가 내 형제여' 반주가 흐른다) 혹시 여러분의 식구들 중에 누가 철이처럼 혹은 철이 아빠처럼 지옥에 갈 것 같은 사람은 없어요? 만일 없다면 다행이지만 그렇지 않다면 너무나 기가 막히고 큰일입니다. 그러나 아직 늦지 않았어요. 지금이라도 이 시간에 내가 기도하며 예수님께 간절히 매달리면 되니까요. 다같이 우리 식구들을 위해 아직까지 예수님을 믿지 않는 친척과 이웃과 내가 아는 친구들을 위해 간절히 기도해 봅시다. 다같이 "웬 일인가 내 형제여"를 찬송하면서 이들을 위해 기도하겠습니다.(3절까지 찬송한 후에 인도자의 재량에 따라 기도회를 인도한 후 마무리 기도를 따라하게 하고 마친다.)

◈ 마무리 기도

하나님 아버지 감사합니다. '천국에 들어가는 자' 드라마를 통해 / 저희들도 어쩌면 철이네처럼 예수님을 바로 믿지 않았음을 회개합니다 / 예수님보다 세상오락을 더 좋아하고 말로만 주여 주여 하였습니다 / 예수님이 보시기에 칭찬보다는 책망만 받는 자녀는 아닙니까? / 이죄인을 용서하여 주시고 천국에 들어가게 변화시켜 주십시오. / 아직까지 거듭나지 못한 가족이나 친구들과 친척들과 이웃들이 / 예수님을 믿고 천국 가도록 전도할 수 있게 도와주세요 / 예수님의 이름으로 기도합니다.아멘 /

1. 세상 노래 좋아하면 못가요 하나님 나라 세상오락 좋아하면 못가요 하나님 나라 거듭나면 가는 나라 하나님 나라 믿음으로 가는 나라 하나님 나라

2. 주여주여 한다고 못가요 하나님 나라 껍데기 신앙으로 못가요 하나님 나라 거듭나면 가는 나라 하나님 나라 믿음으로 가는 나라 하나님 나라

3. 빛과 소금 안되면 못가요 하나님 나라 직분 맡아도 못가요 하나님 나라 거듭나면 가는 나라 하나님 나라 믿음으로 가는 나라 하나님 나라

3. 마음속의 마귀들을 쫓아버려요

(어린이 전도 회개 인형극 부흥회)

3. 마음속의 마귀들을 쫓아버려요

◈ 등장인물 : 동수, 요한, 전도사님, 호랑이, 뱀, 공작, 마귀, 예수님

◈ 성경 : 마태복음 15:16-20)

◈ 준비 찬양 : 네 눈이 보는 것을 조심해, 나갔네 나갔네, 오늘 내가 예수님 만나면, 예수님 만나고 싶어요

◈ 지시 사항 : 인형극을 하기 전에 청중들에게 인형들이 질문하면 반드시 대답을 해줄 것과 "제1막, 제2막" 할 때 마다 "와!"하고 큰소리를 지르며 박수를 지르게 한다.

◈ 주의 사항 : 예배 전에 부르는 찬양은 준비찬양만 부른다.

◈ 해설

지금부터 인형극을 시작하겠습니다. 인형극의 제목은 "마음속의 마귀들을 쫓아버려요. 제1막 박수" 다같이 "네 눈이 보는 것을 조심해" 1절만 찬송하겠습니다.(찬양 인도자가 나와 인도한다. 마친 후 막이 오른다.)

◆ 제 1 막 ◆

◈ 배경 : 교회 앞(그림 삽입)

동 수 : 아이! 심심해. 오늘은 이상하게도 아이들이 하나도 보이질 않네.
　　　 모두 어디로 놀러갔지? 요것들이 그러고 보니 모두 교회에 갔구나.
　　　 괘씸한 것들. 내 허락 없이 교회를 가? 만나기만 해봐라. 모두 혼내
　　　 줄 거다. 도대체 교회를 왜 나가는 거야? 교회에서 맛있는 거라도
　　　 주나? 아니면 컴퓨터보다도 더 좋은 게임이라도 하는 건가? 도대체
　　　 알 수가 없네. 그리고 하나님인지 예수님인지를 믿는다는데 도대체
　　　 하나님이 어디 있어? 바보들. 참, 여기 있는 애들한테 물어보면 되

겠구나. 애들아. 하나님이 있냐?(있어) 너희들도 바보들이구나.(아니야) 하나님이 어딨냐? 하나님은 없어.(있어) 없어.(있어) 너희들이 하나님을 봤나? 봤으면 나한테 보여줘 봐. 그것 봐. 못 보여주니까 너희들은 바보야.(아니야) 그럴 테지. 어디 바보가 자기를 바보라고 생각하겠냐? 지금 예배 끝날 신간이 된 것 같은데 여기에다 함정을 파 놓고 숨어야지.(함정을 파놓고 숨는다. 이때 요한이 찬송하며 나타난다.)

요 한 ; "돈으로도 못가요 하나님 나라 힘으로도 못가요 하나님 나라 거듭나면 가는 나라 하나님 나라"(넘어진다.) 아악~ 누, 누가 함정을 파 놓았잖아? 누가 그랬지?

동 수 : 우하하하하. 어떠냐? 함정에 빠진 맛이? 뭐? 돈으로도 못가고 힘으로도 못 간다구? 그런 엉터리가 어디 있냐 ? 이 바보야.

요 한 : 어? 도, 동수 아냐? 쟤는 우리 친구들을 못살게 괴롭히는 소문난 앤데 어쩌지?

동 수 : 너 지금 뭐라 그랬어? 내가 뭐 어떻다구?

요 한 : 그, 그게 아니라 저, 저...

동 수 : 야. 임마. 너 내가 교회 안 나간다고 나 무시하는거야?

요 한 : 그게 아니고 난 그냥...

동 수 : 날 그냥 나쁜 놈으로 봤다 이거지?

요 한 : 아냐. 그건.

동 수 : 아니긴 뭐가 아냐? 난 교회 나가는 녀석들이 그래서 싫은거야. 너

교회 끝나고 가는 모양인데 너 헌금하고 돈 남은 것 있냐?

요 한 : 응. 엄마가 준 용돈이 있는데. 왜?

동 수 ; 몰라서 묻냐? 너 그 돈 나한테 바치고 가지 않으면 절대 집에 못

간다.

요 한 : 니가 강도냐? 남의 돈을 뺏게? 너 그러다 하나님한테 벌 받는다.

동 수 ; 하나님 좋아하네. 하나님이 어딨냐? 그까짓 하나님한테 벌 받는 거

하나도 안무섭다. 그렇지 얘들아?(아냐) 아니라구? 너희들도 요한이

자식 때려주고 난 뒤, 인형극 끝나고 모두 혼내줄 거야 에잇! 팍!(요

한이 쓰러진다.) 히히. 여기 돈이 있구나. 고맙다. 잘쓸게. 빠이빠이

요 한 : (울면서)엉엉. 내가 너 전도사님한테 이를거야.(퇴장하며 이때 동

수 등장한다.)

동 수 : 히히. 역시 뺏은 돈으로 사먹으니까 더 맛있다. 애들아 너희들도 친

구들이나 동생들 돈 빼앗아 사먹어 봐. 진짜 짱이야. 알았지?(싫어)

아휴! 한심한 놈들.

전도사님 : (목소리만) 뭐? 우리 교회 앞에서 동수라는 녀석이 돈도 뺏아갔

다구? 그렇잖아도 학교에서도 우리 애들 괴롭힌다고 소문이 났던

데 이제는 교회까지 와서 괴롭혀? 이 녀석을 가만히 두면 안되겠어,

당장 나가서 혼을 내 줘야지.

동 수 : 어? 도산지 뭔지 어, 어른이잖아. 저기 나무 뒤에 가서 숨어야지.

야! 너희들 내가 여기 숨었다고 얘기하지마.(할 거야) 얘기하면 너

희들 가만히 안둘거야.(숨는다.)

전도사님 : (등장하며) 아니, 동수 녀석이 교회 앞에 있다고 하던데 어디
로 갔지? 여러분! 동수라는 애 혹시 못봤어요? (봤어요) 봤다구요?
지금 어디에 있어요?(저기 나무 뒤에 숨었어요)]나무 뒤에 숨었다
구요? 거기 나무 뒤에 숨은 동수 당장 나와. 안나오면 내가 가서 끌
고 올테다. 셋을 셀 동안 나와라. 여러분! 같이 하세요. 시작! 하나,
둘, 셋.

동 수 : 에이. 저것들 때문에 걸렸네. 너희들 인형극 끝나면 모두 나한테
맞을 줄 알아. 내가 가만히 안 둘거야.

전도사님 : 뭐? 누구를 혼낸다구?(때리며) 야. 인석아. 어디 우리 교회 앞
에서 행패야. 행패가?

동 수 : 그건 교회 나가는 애들이 나를 무시하니까 그렇죠.

전도사님 : 뭐? 교회 나가는 애들이 너를 무시한다구? 그건 네가 하도 나쁘
게 구니까 그렇지. 약한 친구들 괴롭히고 때리고 그러는데 누가 너
하고 친구가 되겠냐?

동 수 : 그래도 나 친구 많아요. 내가 주먹대장이라 다른 애들은 모두 내 부
하들이라구요.

전도사님 : 네가 무슨 조폭이냐? 대장이게?

동 수 : 조폭이라고 놀리지 마세요. 그래도 우리 팀이 얼마나 우정이 있는
애들인데요.

전도사님 : 도대체 너 그러다가 나중에 뭐가 도려고 그러냐?

동 수 ; 저요? 걱정 말아요. 난 이 다음에 유명한 인기 스타가 될 거예요.

전도사님 : 인기스타가 된 다구? 인기 스타는커녕 나쁜 사람이나 안 되면 다행이다.

동 수 ; 나 무시하지 말아요. 다음에 나한테 싸인 해달라고 부탁할지 모르니까요.

전도사님 : 어이쿠! 나 원 기가 막혀서. 도대체 네 마음속에 무엇이 들어 있는 줄 아니?

동 수 : 내 마음 속에요? 천사가 들어 있겠죠.

전도사님 ; 네 마음속에 천사가 들어 있다고? 하하하. 지나가는 개도 웃겠다. 여러분! 동수 마음속에 천사가 들어 있을까요?(아뇨) 봐라. 여기 있는 00교회 친구들도 아니라고 하잖아.

동 수 : 치! 웃기지마. 내 마음 속엔 천사가 있어.(없어)

전도사님 ; 과연 그럴까? 내가 보기엔 마귀들이 꽉 차 있는데.

동 수 : 치! 마귀 같은 게 어디 있어요? 그러 다 꾸민 얘기예요

전도사님 : 과연 그럴까? 내가 너의 마음속에 있는 마귀들을 보여줄테니 따라와 봐.

동 수 : 에이! 나를 혼내줄려고 그러죠?

전도사님 : 아니야.(퇴장하며 부른다) 뭐하고 있냐? 빨리 따라오지 않고?

동 수 ; 에이! 교회에 들어가려니까 부담되네. 네 알았어요.(퇴장하며 막이 내린다)

여러분! 잘 보셨어요? 과연 동수의 말대로 마음에 천사가 들어 있을까요?(아니요) 네. 동수의 마음에는 전도사님이 말 한 대로 마귀들이 꽉 차 있을 것입니다. 과연 동수의 마음에는 얼마나 많은 마귀들이 가득 차 있는지 제2막을 살펴보도록 하겠습니다. 2막이 준비되는 동안 "내 눈이 보는 것을 조심해" 찬송을 끝까지 부르겠습니다.(찬양 인도자가 나와서 인도한다.) "마음속의 마귀들을 쫓아 버려요" 제2막을 시작하겠습니다. 박수.(막이 오른다)

◈ 배경 : 마음속 그림(그림 삽입)

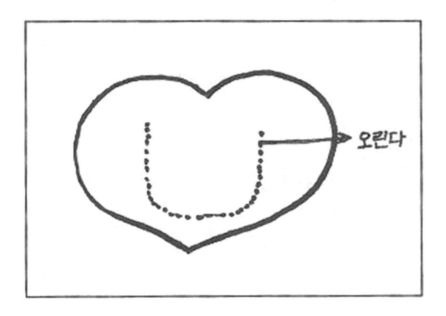

전도사님 : (목소리만) 동수야. 뭐 하냐? 빨리 들어오지 않고?

동 수 : 예. 들어가요.(등장한다.) 그런데 뭐가 있어요? 아무것도 안 보이
　　　　는데.

전도사님 : 뒤를 돌아보아라. 이것이 너의 마음의 문이란다. 네 마음속에
　　　　무엇이 들어있는지 불러 보아라.

동 수 : (뒤돌아보며)에이. 무슨 마음 문이 이래요? 아무튼 내 마음 속에는
　　　　천사가 나올 거야. 마음아, 내 마음아, 천사를 내보내봐.(이때 마음

속에서 싸움 마귀인 호랑이가 나타난다)

싸움마귀 : 우하하하하. 반갑다. 동수야. 난 너의 친한 친구란다.

동　수 : 어? 넌 누, 누구야? 왠 호랑이야?

싸움마귀 : 나는 호랑이가 아니라 네 마음속에 들어있는 싸움마귀다.

덩　수 : 뭐? 싸움마귀라구? 그게 뭔데?

싸움마귀 : 누구든지 내 마음을 품으면 화내고 싸우고 욕하고 미워하게 되
　　　　　 지. 어디 그 뿐인가? 약한 동생들이나 친구들을 괴롭히고 왕따 만드
　　　　　 는 게 재미있게 되지.

동　수 : 저리 가. 난 네가 싫어. 썩 꺼지란 말이야.

싸움마귀 : 뭐라구? 나보고 꺼지라구? 이런 나쁜 놈이 있나? 이제와서 나
　　　　　 를 배반하다니. 그럴 테지. 혼자서 지옥에 가는 것이 싫을 테니까.
　　　　　 그렇다면 여기에 있는 00교회 아이들과 같이 보내주마. 애들아. 너
　　　　　 희들도 동수처럼 나 싸움마귀를 마음에 품고 살아라. 알았느냐?(싫
　　　　　 어) 뭐? 싫다구? 그렇다면 할 수 없지. 다음에 다시 찾아오는 수 밖
　　　　　 에. 나대신 다음 친구를 보내마.(퇴장한다)

동　수 : 뭐 저런 게 다 있어? 싸움마귀라고? 저건 다 거짓말이야 그렇지 애
　　　　　 들아?(아니)(이때 거짓말마귀인 뱀이 나타난다)

거짓말마귀 : 히히히히히. 그래 거짓말이야. 모두 다 거짓말이지.

동　수 : 으악! 배, 뱀이다. 아휴! 징그러워. 저리가.

거짓말마귀 : 왜 내가 니 마음대로 가? 절대로 그럴 수 없지. 히히히히히.
　　　　　　 나는 뱀이 아니라 거짓말마귀다.

동 수 : 뭐? 거짓말마귀?

거짓말마귀 : 그렇다. 누구든지 내 마음을 품으면 거짓말을 하게 되지. 철
이 너는 거짓말을 많이 했지? 아빠 엄마한테도 친구들한테도 얼마
나 많이 했는 줄 아느냐?

동 수 : 웃기지마. 난 지금까지 거짓말 같은 거 한 번도 안했어.

거짓말마귀 : 그것 봐라. 역시 그것도 거짓말이 아니고 뭐냐? 어제 엄마 몰
래 지갑에서 만원을 훔치고도 모른다고 했지?

동 수 : 그, 그건 혼, 혼날까봐 그런 거야.

거짓말마귀 : 그러니까 넌 거짓말쟁이야. 열심히 거짓말을 하다가 지옥으
로 들어와라. 너를 칭칭 감아 줄테니까. 여기 모인 00교회 여러분들
도 열심히 거짓말을 하여라. 알았지?(싫어) 싫다구? 흥 언젠가는 너
희들을 모두 거짓말쟁이로 만들어 버리고 말테다. 자! 그럼 다음에
또 보자. 히히히히히(사라진다)

동 수 : 어? 이게 어떻게 된거야? 왜 이런 게 내 마음 속에 있는 거지? 내가
얼마나 착한 앤데 애들아. 그렇지?(아니야) 치. 저것들은 계속 아니
래. 기분 나쁘게. 이번에는 좋은것이 내 맘속에 나올거야. 내 마음아
좋은 것 좀 보내봐.(이때 교만마귀인 공작이 나타난다.)

교만마귀 : 호호호호호. 동수야. 맞아. 너만 착한 애고 다른 애들은 모두 나
쁜 애들이야. 네가 세상에서 가장 잘난 사람이야.

동 수 : 어? 너, 넌 누구야? 왠 공작새야?

교만마귀 : 난 공작새가 아니고 교만마귀란다.

동 수 : 뭐? 교, 교만마귀? 그게 뭔데?

교만마귀 : 교만마귀는 나를 제일로 여기고 남을 깔보고 우습게 여기게 만
들지 누구든지 내 마음을 품으면 잘난 척하고 자기만을 자랑하게
되지. 동수. 넌 친구들 앞에서 힘세다고 또 잘 산다고 깔볼 때가 많
았지?

동 수 : 그, 그건 그 자식들이 나보다 못하기 때문에 그렇지.

교만마귀 : 바로 그게 교만한 마음을 가진 행동이란다. 나 교만마귀를 많
이많이 사랑하여라.

　　00교회 너희들도 알았지?(싫어) 뭐? 싫다구? 괘씸한 것들. 그렇지
만 나 교만마귀는 너희들을 계속 유혹할테다. 그래야 지옥에서 만
날테니까. 호호호호호(사라진다)

동 수 : 아니, 왜 자꾸만 내 마음 속에 이상한 마귀들만 나타나는 거야? 이
번에는 정말 좋은 것이 나타날거야.(이때 욕심마귀인 돼지가 나타
난다.)

욕심마귀 : 우하하하하. 꿀꿀. 난 욕심마귀다.

동 수 : 어? 너, 넌 왠 돼지야? 뭐? 욕, 욕심마귀라구? 그게 또 뭐야?

욕심마귀 : 누구든지 나 욕심마귀를 품으면 남에게 줄줄 모르고 남의 것도
슬쩍 훔치고 자기밖에 모르게 되지.

동 수 : 난 그런 적 없어. 저리 가.

욕심마귀 : 동수. 네가 그런 적이 없다구? 며칠 전에 동생하고 싸웠지? 그
것도 삼촌이 사온 선물을 너 혼자 다 갖겠다고 하고 또 용돈이 다 떨

어지니까 엄마 몰래 지갑에서 만원 꺼낸 것이 생각 안나냐?

동수 : 쉿! 조용히 좀 해. 제발~ 우리 엄마가 알면 혼나. 그, 그건 엄마가 용돈을 적게 주시니까 그런거야. 동생은 얄밉게 구니까 그런 거고.

욕심마귀 : 우하하하하. 그건 다 핑계지. 왜냐하면 나 욕심마귀의 마음을 품었기 때문에 그렇게 행동한거란 말이야. 나를 죽을 때까지 사랑 하여라. I love you!

동 수 : 싫어! 이 더러운 욕심 돼지마귀야. 저리 꺼지란 말이야

욕심마귀 : 우하하하하. 잠깐 자라져 주지. 그러나 들어가기 전에 여기 있 는 00교회 어린이들을 꼬신 뒤에 들어가겠다. 여러분! 복의 상징인 저 욕심마귀를 많이많이 사랑해 주세요. 알았지요?(싫어) 뭐? 싫다 구? 이런 괘씸한 것들을 보았나? 언제가는 반드시 너희들 마음속 에 들어가 욕심이 잉태하여 죄를 짓다가 사망에 이르게 만들겠다. 그럼 다음에 나오는 우리 대왕님을 보면 놀랄게다. 빠이빠이(사란 진다)

동 수 : 뭐? 우리 대왕님? 우리 대왕님이 누군데?(이때 마귀가 등장한다)

마 귀 : 우하하하하. 반갑다. 동수야. 널 무척이나 기다렸다.

동 수 : 으악~ 너, 넌 누, 누구야? 웬 도깨비야?

마 귀 : 뭐야? 도깨비라구? 이런 무식한 놈을 봤나?(머리를 때린다) 에잇! 이 한심한 놈 같으니라구.

동 수 : 왜 때려? 넌 누군데 날 때리는 거야?

마 귀 : 내가 바로 마귀들의 대왕마귀님이시다.

동 수 : 대, 대왕마귀라구? 저, 정말 마귀라는게 있잖아!

마 귀 : 이런 한심한 놈. 이제야 나를 알아보겠느냐? 내가 너를 영원히 꺼
　　　　지지 않는 불 못인 지옥에 끌고 가려고 이렇게 찾아왔다. 자! 가자!

동 수 : 싫어. 난 지옥에 안가. 그런데 가기 싫어.

마 귀 : 누구 맘대로 안가? 너는 이미 지옥에 가도록 되어 있는 몸인데?

동 수 : 싫어. 난 죽어도 못가.

마 귀 : 뭐라구? 죽어도 못 간다구? 야! 죽으면 당연히 갈 수 밖에 없는 곳
　　　　이 지옥이란 걸 모르느냐? 이 어리석은 놈아!

동 수 : 엉엉. 나 지옥 안갈테야. 나 이제부터 하나님 믿을 테야.

마 귀 : 우하하하하. 네가 하나님을 믿어? 말도 안되는 소리 하지마라.

동 수 : 아냐. 나 이제부터 죄 안 짓고 하나님 믿고 살테야. 저리가란 말이
　　　　야. 엉엉. 하나님 용서해 주세요.

마 귀 : 아니? 이 녀석이 자기가 지은 죄를 회개하고 있잖아. 이거 이러면
　　　　내 작전이 실패로 돌아가는데?

동 수 : 예수님! 살, 살려주세요. 예수님 잘 믿을게요. 엉엉.

마 귀 : 으~ 내가 제일 무서워하는 예수의 이름까지도 말하다니. 으악
　　　　~(사라진다)

동 수 : 예수님! 저의 죄를 용서해 주세요. 엉엉.(이때 예수님이 나타난다)

예수님 : 동수야. 안심하여라. 이제 너는 하나님의 자녀가 되었느니라.

도 수 : 어? 누, 누구세요? 예, 예수님이세요?

예수님 : 그렇단다. 나는 바로 너의 죄를 위해 십자가에 달렸던 예수님이

란다.

동 수 : 예수님이 내 죄를 위해 십자가에 달리셨다구요?

예수님 ; 그렇단다. 나는 너의 죄 뿐만 아니라 여기에 모인 00교회 친구들
　　　　의 죄까지도 용서하기 위해 십자가에 달렸단다.

동 수 : 그래서 예수님이 양손에 못 박히시고 양발에 못이 박히셨군요.

예수님 : 이제야 동수가 나를 바로 알아보는구나.

동 수 : 예수님. 이제부터 예수님 잘 믿을게요. 그리고 열심히 기도하고 전
　　　　도도 할게요.

예수님 : 이제야 동수가 새 사람이 되었구나. 내가 항상 네 맘속에 함께하
　　　　며 너를 천국에서 맞이하리라. 너희들도 동수처럼 새 사람 되어 천
　　　　국에서 나를 만날 수 있도록 하여라. 알겠느냐?(네) (사라진다)

동 수 : 어? 예수님. 예수님이 어딜 가셨지? 예수님! 여러분! 예수님이 어
　　　　디 가셨어요?(마음속에) 네? 내 마음 속에 계신다구요? 그런데 전
　　　　도사님은 어디 계신거야? 전도사님. 어디 계세요(이때 전도사님이
　　　　나타난다)

전도사님 : 동수야. 누구를 찾니? 동수가 예수님을 만난 모양이로구나.

동 수 : 네. 예수님께서 제가 새 사람이 되었다고 천국에서 만나 주신다고
　　　　했어요.

전도사님 : 그래? 그러면 동수가 새 사람의 모습으로 예수님을 더 잘 믿어
　　　　야 되겠구나.

동 수 : 네. 이제부터 다시는 마귀와 친구가 되지 않도록 예수님만 모시고

살거예요. 지금 가서 교회 안 나가는 친구들을 데리고 올게요.

전도사님 : 정말 우리 동수가 완전히 달라졌네. 그렇죠, 여러분?(네) 우리
　　　　　그럼 동수와 함께 예수님을 찬양해요. 다같이"오늘 내가 예수님 만
　　　　　나면"을 찬양합시다.(찬양한 후) 여러분! 다음에 다시 만날 때까지
　　　　　안녕!(손을 흔들며 퇴장할 때 막이 내린다)

◆ 해설

　여러분! 잘 보셨어요?(네) 동수의 마음 속에 무엇이 들어 있어요?(마귀들
이요)네. 여러 가지 마귀들이 가득 차 있었어요. 어쩌면 여러분도 마음 속
에 호랑이 같은 싸움마귀나 뱀 같은 거짓말마귀나 공작 같은 교만마귀나
돼지같은 욕심마귀와 마귀의 왕인 대왕마귀가 자리잡고서 마귀가 원하는
대로 살았는지 모릅니다. 이 시간에 우리 모두 다같이 내 맘 속에 있는 마
귀들을 예수님의 이름으로 기도하여 쫓아냅시다. 다같이 "예수님 만나고
싶어요"를 찬양　한 뒤에 기도하겠습니다.(전주 나온다) 두 손을 모으로
눈을 감고 다같이 부르겠습니다.

　"예수님 만나고 싶어요 예수님 만나고 싶어요 손을 모아 기도할 때 응답
해주세요"(두 번을　부른 뒤에 인도자의 재량에 따라 반주가 끝날때까지
기도회를 인도하고 마무리 기도는 따라　하게 한 후 "오늘 내가 예수님 만
나면" 찬양으로 마친다

◈ 마무리기도

하나님 아버지 감사합니다 / 인형극을 통해 내 마음을 보았어요 / 나도 동수처럼 여러 가지 마귀의 마음을 / 가진 것을 회개하오니 변화시켜 주세요 / 동수처럼 새사람이 되게 해주세요 / 예수님 이름으로 기도합니다. 아멘 /

4. 새사람이 된 삭개오

(어린이 회개 인형극 부흥회)

4. 새사람이 된 삭개오

◈ 등장인물 : 삭개오, 시몬, 마르다, 요한, 예수님

◈ 성경 : 누가복음19:1-10

◈ 준비 찬양 : 삭개오(네이버에 들어가면 악보와 함께 나온다),예수님 찬양(1절), 예수님 만나고 싶어요

◈ 지시 사항 : 인형극을 하기 전에 청중들에게 인형들이 질문하면 반드시 대답을 해줄 것과 "제1막, 제2막, 제3막"할때 마다 "와!"하고 큰소리를 지르며 박수를 지르게 한다.

◈ 주의 사항 : 예배 전에 부르는 찬양은 위의 준비찬양만 부른다.

◈ 소품 준비물 : 뽕나무(작은 중간 크기 크리스마스트리에 인조 나무잎을 붙이면 된다)

◈ 해설

지금부터 인형극을 시작하겠습니다. 인형극이 시작될 때 다같이 힘차게 손벽을 치며 찬양을 하겠습니다(찬양 인도자가 나와 인도한다. 마친후) 인형극의 제목은 "새사람이 된 삭개오 제 1막 박수"(막이 오른다)

◆ 배경 : 삭개오 집 앞(그림 삽입)

삭개오 : (노래를 부르며 왼쪽에서 등장한다)"이 세상에 돈이 없으면 무
슨 재-미-로 해가 떠도 돈이 달이 떠도 돈이 돈이- 최고야" 우하하
하하. 그렇죠? 여러분? (아뇨) 뭐? 아니라구? 너희들이 돈을 몰라서
그러는 모양인데 돈이 있어야 맛있는 피자도 사 먹고 장난감도 사
고 놀이공원에 놀러갈 수도 있는거야. 돈이 없어 봐라. 교회에서 헌
금도 못하지 당장 굶어 죽을거야. 그러니까 돈이 세상에서 최고야.
그렇지?(아뇨) 뭐야? 아니라고? 아! 그리고 보니 너희들 모두 교회에 나가는 애들이구나. 어쩐지 돈을 싫어한다고 했어. 그럼 나부터 소개하겠다. 내 이름은 영어로 "ZACHAEUS"(작캐우스), 한국어로 번역한다면 "삭개오"라고 하지. 내 직업은 영어로 "Tex Collector"인데 세금을 거두는 세리중에 왕초인 세리장이지. 자! 그래서 나는 돈이 많은데 누구든지 내 말을 따라 하는 자는 만원을 줄테니까 따라해 봐. "하나님은 없다"(있다) "천국도 없다"(천국도 있다) "지옥도 없다"(지옥도 있다) 아니? 이것들이 그래도 내 말을 안 따라 하다니? 좋다. 그렇다면 너희들이 원하는 최신형 핸드폰을 모두 사주겠다. 자. 어쩌냐? "하나님은 없다"(있다)"천국도 없다"(있다)"지옥도 없다"(있다) 어쭈구리? 이런 정신병자 같은 것들을 봤나? 관둬라. 돈이 싫다는 인간들은 모두 거짓말쟁이들이다. 아휴, 배고파. 괜히 저것들과 싸우는 바람에 배만 고프잖아. 지금 우리 집에서 맛있는 양념치킨 파티가 있는데, 너희들한테 한 쪽도 안 줄거야. 아휴! 배고파.(이때 시몬이 나타난다).

시 몬 : 아이고! 사, 삭개오 나리가 아니십니까?

삭개오 : 아니? 자넨 시몬이 아닌가?

시 몬 : 네. 네.(혼잣말로 중얼거리며) 이거 어떡하지? 세, 세금을 못냈는데....

삭개오 : 자네 나한테 빚진거 있지?

시 몬 : 네? 네? 빚진거라뇨? 무, 무슨 말씀을 하시는 건지 모르겠는데요.

삭개오 : 지난번에 세금이 세 달씩이나 밀렸던데 그걸 모른다구?

시 몬 : (굽신거리며) 사, 삭개오 나리. 그, 그건 돈, 돈이 없어서 내지 못했습니다. 돈이 되는대로 곧 내겠습니다.

삭개오 : 뭐야? 돈이 되는대로 내? 그 말을 또 믿으라구? 자넨 세금이 세달씩이나 밀린 죄로 오백만원을 내야 해. 알았지?

시 몬 : 네? 네? 오, 오백만원이라고요?

삭개오 : 그렇지. 계산 하나는 잘하는구만.

시 몬 : (삭개오를 붙들며) 삭개오 나리. 이번 한 번만 용서해 주세요 무슨 일을 해서라도 돈을 갚겠습니다요.

삭개오 : (뿌리치며) 이거 놔. 네 말을 어떻게 믿어?

시 몬 : 세금이 모두 50만원인데 오백만원이라뇨? 너, 너무 하십니다요.

삭개오 : 뭐가 너무해? 억울하면 돈을 가져오면 될 거 아냐?

시 몬 : (삭개오를 붙잡고 매달리며) 삭개오 나리. 이번 한 번만 봐 주세요.

삭개오 : 이거 안놔? 어디 더러운 손으로 이 비싼 옷을 만져. 에잇!(때린다) 네 이놈! 돈을 가져올 때까지 어디 한 번 맞아봐라. 에잇. 팍! 팍!(때린다)

시 몬 : 아이쿠! 나리.(쓰러진다)

삭개오 : (시몬의 멱살을 잡고) 애들아! 내가 이놈을 때릴까? 말까?(말아요) 때리지 말라구? 나는 너희들이 말한 것을 반대로 한다. 때리라면 안때리고 때리지 말라면 때린다 자. 어떠냐? 때릴까? 말까?(때려요) 에잇! 팍!(때린다)

시 몬 : 어이쿠! 나리. 왜 때립니까요?

삭개오 : 저기 있는 애들이 때리라고 해서 때린다. 애들아. 내 말을 믿냐? 이 바보들아. (시몬을 향해) 나를 원망하지 말고 저기 있는 애들을 원망해라. 에잇! 팍!(때린다)

시 몬 : 아, 아이고! 사람 죽네. 사람 살려.(도망친다)

삭개오 : 우하하하하. 역시 사람을 때리는 게 제일 재미있어. 그렇지?(아뇨) 뭐? 아니라구? 이놈들아. 아니긴 뭐가 아니야? 이렇게 나처럼 사람을 잘 때려야 싸움대장이 되고 인기짱도 될 수 있는거야.(이때 마르다가 등장한다)

마르다 : 어머! 삭개오 아저씨가 아니세요?

삭개오 : 뭐? 삭개오 아저씨? 감히 나한테 삭개오 아저씨가 뭐야?

마르다 : 그럼 뭐라고 불러요?

삭개오 : 삭개오 나리라고 불러야지, 삭개오 아저씨가 뭐야? 아저씨가?

마르다 : 호호호호호. 당신을 삭개오 나리라고 부르라고요? 어디 나리 같아야 나리지. 당신은 돈 밖에 모르는 욕심꾸러기에다가 세금을 안 냈다고 사람들이나 때리고, 게다가 키도 작고 못생긴 사람이 무슨 나리예요? 나리가?

삭개오 : 으~ 이 여편네가 보자보자 하니까 안되겠구만. 너에게도 세금을 많이 불러 버릴테다.

마르다 : 마음대로 하지. 내가 그까짓 세금 때문에 겁 날줄 알아요?

삭개오 : 으이그~ 이걸 그냥. 남자 같았으면 어디 한 방 먹일텐데. 이거 속상해서. 으이그~

마르다 : 그래서요? 어디 때려봐요. 때려봐?

삭개오 : 어휴! 재수없게 스리. 저, 저리 비켜 이 여편네야.

마르다 : 뭐예요? 재수 없다고요? 재수는 오히려 내가 재수가 없네. 저 인
간 때문에 이 여리고 동네를 떠나든지 해야지. 어휴! 재수없어. 흥!(
퇴장한다)

삭개오 : 으이그~ 어제밤에 꿈자리가 뒤숭숭하더니 오늘은 재수 없는 일
만 생기네 그려. 에이! 재수없어. 여기 모인 00교회 애들을 처음 만
났을 때부터 재수가 없더니 계속 재수없는 일만 생기네. 에이! 집에
들어가기 전에 애들한테 침이나 뱉고 들어가야겠다. 에잇! 퉤. 퉤.
퉤. 어떠냐? 내 침 맛이? 집에 들어가서 양념치킨이나 먹어야겠다.
어험!(들어간다. 이때 요한이 노래를 부르며 등장한다)

요 한 : (왕왕왕 나는 왕자다 곡조에 맞추어)"삭개오는 욕심꾸러기 여리고
동네에 욕심꾸러기 돈밖에 모르는 욕심꾸러기 그러기에 사람들이
싫어하지요" 여러분, 안녕하세요? 내 이름은 요한이예요. 우리 여리
고 동네에 삭개오라는 아저씨가 있는데요.(집을 가르키며)바로 이
집이에요. 돈밖에 모르고 욕심꾸러기여서 사람들이 모두 싫어해요.
그래서 우리 어린이들은 이렇게 놀려대는 노래를 부른답니다. "삭
개오는 욕심꾸러기 여리고 동네에 욕심꾸러기 돈밖에 모르는 욕심
꾸러기 그러기에 사람들이 싫어하지요" 히히. (이때 삭개오가 소리
치는 소리가 들린다)

삭개오 : (목소리만) 이게 무슨 소리야? 뭐? 삭개오가 돈밖에 모르는 욕심

꾸러기라구? 어떤 놈이 그런 노래를 부르는 거야? 어디 나가 봐야 겠어. 나가면 어떤 놈인지 혼이 날 줄 알아라. 어험(등장한다) 네 이 놈! 너 뭐라고 그랬어?

요 한 : 어? 사, 삭개오다.

삭개오 : 뭐? 삭개오?(때리며) 이놈아! 어른보고 삭개오가 뭐야? 삭개오가?

요 한 : 아야! 왜 때려요? 내가 뭘 잘못했다고 때려요?

삭개오 : 뭐? 잘못한게 없어? 네 놈이 지금 아저씨를 놀리는 노래를 불렀 잖아.

요 한 : 아저씨는 돈밖에 모르는 욕심꾸러기니까 그렇죠.

삭개오 ; 뭐야? 돈밖에 모르는 욕심꾸러기라구?(때리며) 이놈아! 세상에서 돈이 최고지, 돈이 없어봐라. 당장 거지되고 무시당하지.

요 한 : 아녜요. 아저씨처럼 돈밖에 모르면 욕심꾸러기예요.

삭개오 : 이놈이 보자보자 하니까 정말 못봐주겠구만.(멱살을 잡으며) 네놈 의 아버지 이름이 뭐냐? 당장 가자.

요 한 : 우리 아버지는 시몬이예요

삭개오 : 뭐야? 시몬이라구? 이놈의 아비는 세금을 세 달씩이나 밀려서 안 내고 아들 녀석은 나를 놀려대는 노래나 불러? 너 어디 혼나봐라. 에잇! 팍!(때린다)

요 한 : 앙앙. 우리 아빠한테 이를거야.(퇴장한다)

삭개오 : 우하하하하. 오늘은 너무나 기분이 좋은 날이다. 어른도 때리고 애도 때리고. 우하하하하. 여러분도 이렇게 많이많이 때리세요. 알

앗지요?(아뇨) 아니라구? 이따가 너희들도 인형극 끝나고 한 놈도 남김없이 모두 때려 버릴테다. 우하하하하.(퇴장하며 막이 내린다)

◆ 해설

여러분! 잘 보셨지요?(네) 이처럼 삭개오는 여리고 동네에서 소문이 난 나쁜 사람이었습니다. 이런 삭개오가 어느날 갑자기 새사람으로 바뀌어 졌답니다. 어떻게 해서 새사람으로 바뀌었을까요? 새 옷을 입어서 일까요?(아뇨) 그럼 목욕을 깨끗이 해서일까요?(아뇨) 아! 그럼 수술을 해서일까요?(아뇨) 그것도 아니라면 그 이유가 무엇인지 제2막을 살펴보도록 하겠습니다. 2막이 준비되는 동안 "삭개오"찬양을 부르겠습니다(찬양 인도자가 나와 인도한다. 마친후) 지금부터 인형극을 시작하겠습니다. "새 사람이 된 삭개오 제2막 박수" (막이 오른다)

◆ 배경 : 사람들이 동네 길가에 모여 있다.(뽕나무도 갖다 놓는다)

마르다 : (목소리만)어머머머. 여러분! 우리 동네에 예수님이 오신대요. 빨

리 나가봐야지.(등장한다. 배경의 그림을 바라보며) 어머나! 오늘

따라 왠 사람들이 이렇게 많대.(어린이 들을 향하여) 여러분! 안녕하

세요? 나는 여리고에 사는 마르다예요. 글쎄 오늘 우리 동네에 예수

님이 오신대요. 여러분들도 예수님이 오신다니까 너무나 좋죠?(네)

예수님이 오시는 곳에는 병자들도 낫고 죽은 자도 살아나고 더구나

우리 같이 가난하고 불쌍한 죄인들도 사랑해 주신대요. 그나저나

시몬 아저씨는 어딜 간 거야? 시몬 아저씨. 어디 계세요?

시 몬 : (등장한다)아이고! 마르다 아줌마! 여기 계셨구만요. 허허허허. 소
　　　식 들으셨어요? 우리 여리고 동네에 예수님이 오신대요.

마르다 : 그럼요. 우리 여리고 동네에는 물론이고 여기 모인 00교회 애들
　　　도 다 아는 사실인걸요.

시 몬 : 어허. 그래요? 애들아! 너희들도 예수님이 오신다는 소식 들었
　　　니?(네) 허허. 예수님이 오신다는 소식이 온 동네에 다 퍼졌구만
　　　그랴.

마르다 : 시몬 아저씨, 예수님을 본 적이 있으세요?

시 몬 : 그럼요. 지난번에 봤지요. 소경 바디매오를 고친 것을 이 두눈으로
　　　똑똑히 보았지요.때 우리 여리고 동네가 발칵 뒤집어졌어요. 예수
　　　님은 그 모습이 하나님의 아들처럼 생기셨는데 그 모습만 봐도 은
　　　혜가 철철 넘쳐요. 그래서 어떤 죄인도 예수님만 만나면 거듭나게
　　　되어 있지요.

마르다 : 어머. 그래요? 빨리 예수님을 만났으면 좋겠어요. 그런데 어쩌지
　　　요? 이렇게 사람들이 많으니...

시 몬 : 내가 그렇지 않아도 저 앞자리에 요한을 시켜서 자리를 잡아 두었
　　　어요. 빨리 가서 앞자리에 앉았다가 예수님이 오시면 먼저 달려가
　　　서 만납시다.

마르다 : 네, 그래요? 여러분! 그럼 이따 만나요. 알았지요?(네)

시 몬 : 여러분들도 예수님이 나타나시면 많이 환영해 주세요. 자! 그럼 빨

리 앞자리로 갑시다. 영차. 영차.(배경그림을 향해) 여러분! 저리 좀 비켜줘요.(퇴장한다)

(이때 삭개오의 목소리만 들린다)

삭개오 : (목소리만) 뭐야? 우리 여리고에 예수님이 오신다구? 그렇잖아도 예수님이 어떤 분인가 무척 궁금했는데. 도대체 어떻게 생긴 분일까? 소문을 들으니 나 같은 죄인도 사랑해 주신다고 했는데 오늘은 무슨 일이 있더라도 만나봐야겠어.(등장한다) 어이구. 왠 사람들이 이렇게도 많아?(그림을 향해) 여보세요. 거, 자리 좀 비켜줘요. 이것 참! 사람들이 그림처럼 꼼짝도 않네. 이거, 어떡한다?(뽕나무를 바라보며) 그렇지. 여기 뽕나무가 있구만. 여기 뽕나무에 올라가서 예수님을 보면 되겠구나.(올라간다) 야! 여기 뽕나무 위에 올라오니까 다 보인다. 저기 00교회 애들도 선생님들도 다 보이네그려. 자! 그럼 여기에서 기다리고 있으면 예수님이 오시겠지? (이때 예수님의 목소리가 들린다)

제 자 : (목소리만) 예수님이 오십니다. 자리 좀 비켜주세요. 물렀거라. 훠이! (이때 예수님이 등장한다)

예수님 : 허허허허. 역시 여리고에 오니까 참 좋구나. 내가 여리고에 온 것은 놀러 온 것이 아니라 잃어버린 자를 찾아 구원하러 왔느니라.

삭개오 : 바로 저 분이 예수님이시구나. 정말 하나님의 아들처럼 생기셨네 그려.

예수님 : (뽕나무 위의 삭개오를 바라보며) 삭개오야! 어서 내려오너라. 오

늘 내가 너의 집에 머물러야겠다.

삭개오 : 네? 네? 제 집에 머무시겠다고요? 이게 왠 경사?(급히 내려오다가 나무에서 떨어진다) 아이쿠! (엎드리며) 예수님! 빨리 저희 집에 가시지요. 예수님을 위해 큰 잔치를 준비하겠습니다.(예수님과 함께 퇴장한다)

마르다 : (시몬과 함께 등장하며) 어머나! 예수님이 하필이면 저 못된 죄인 삭개오의 집에 가신다고 하실까요?

시 몬 : 그러게 말이예요. 나도 이해할 수가 없어요.

마르다 : 삭개오는 우리 동네 여리고에서 어느 누구도 싫어하는 왕따인데 저런자가 뭐가 좋다고 예수님이 가셨는지 나도 이해가 안돼요.

시 몬 : 예수님이 죄인을 사랑하신다는 건 소문을 들어서 알지만 저런 못된 삭개오 같은 죄인 중의 왕초같은 자를 만나 그의 집에 가서 식사를 하신다니 말도 안되네요.

마르다 : 예수님이 왜 삭개오의 집에 가셨는지 우리도 가서 보십시다.(같이 퇴장한다)

◈ 해설

여러분! 잘 보셨어요?(네) 왜 예수님은 삭개오의 집에 가셨을까요? 여리고에서 가장 잘사는 부자라서 대접을 잘 받으려고 가셨을까요?(아뇨) 그럼 삭개오에게 선물을 받으려고 가셨을까요?(아뇨) 그게 아니면 무엇 때문에 삭개오의 집에 가셨는지 제3막을 살펴보기로 하겠습니다. 3막이 준비되는 동안 다같이 "오늘 내가 예수님 만나면" 찬양을 부르겠습니다(찬양 인도자가 나와 인도한다. 마친후) 지금부터 "새사람이 된 삭개오 제3막을 시작하겠습니다. "새사람이 된 삭개오 제3막 박수" (막이 오른다)

◆ 제3막 ◆

◈ 배경 : 삭개오의 집안(상에 음식들이 차려있다)

삭개오 : 예수님! 저는 죄인입니다. <u>으흐흐흐흑</u>.

예수님 : 삭개오야. 왜 우느냐?

삭개오 : 네. 그동안 저는 돈밖에 모르는 욕심 꾸러기었습니다. 예수님께
서 저를 부르실 때 나같은 못난 죄인도 사랑해 주심을 알았습니다.
이제 제가 모은 재산의 절반을 가난한 자들에게 주고 강제로 때리
고 뺏은 것은 네 배로 갚겠습니다. 용서해 주세요.

<u>으흐흐흐흑</u>.

예수님 ; 역시 삭개오도 아브람함의 자손이구나. 그래서 인자는 삭개오와 같이 잃어버린 자를 찾아 구원하러 왔느니라.

삭개오 : 예수님! 정말 저 같은 죄인도 죄를 용서받고 구원받을 수 있나요?

예수임 : 그렇단다. 누구든지 나 예수를 만나 믿는 자는 어떤 죄든지 용서를 받고 구원받을 수 있느니라.(어린이들을 향하여) 너희들도 삭개오처럼 새사람이 되어야 한다.

알겠느냐?(네)

삭개오 : 예수님! 고맙습니다. (어린이들을 향하여) 여러분!(네) 우리 모두 다같이 새사람이 되게 하신 예수님을 찬양합시다. 알았지요? (네) 그럼 다같이 "예수님 찬양"을 힘차게 부릅시다. (이때 찬양 인도자가 나와 인도한다) "예수님 찬양 예수님 찬양 예수님 찬양합시다. 이때 삭개오와 예수님은 찬양에 맞추어 어린이들을 바라보며 양손을 잡고 찬양을 한다. 찬양이 마친후) 여러분! 다시 만날 때까지 안녕! (손을 흔든다)

예수님 : 너희들 모두 천국에서 꼭 만나도록 하자. 알았느냐?(네) (삭개오와 함께 손을 흔들며 퇴장할 때 막이 내린다)

◈ 해설

여러분! 잘 보셨어요?(네) 여러분도 삭개오처럼 새사람이 되어야겠지요? 새사람이 되기를 원하는 친구들은 이 시간에 다같이 기도하겠습니다. 다같이 눈을 감아 보세요.(이때 "예수님 만나고 싶어요" 반주 나온다. 여러분은 그동안 교회에 나와도 새사람이 되지 못하고 삭개오처럼 죄인의 모습으로 살 때가 많았을 거예요. 이 시간에 삭개오가 예수님을 만나 새사람이 된 것 같이 새사람이 되도록 다같이 기도합시다.(반주와 함께 찬송한다. 가사를 불러 주되 될수록 눈을 감고 두 손을 모으게 하고 2번 정도 부른 뒤에 인도자의 재량에 따라 기도회를 인도하고 마무리 기도를 따라서 하게 한 뒤 "삭개오' 찬양을 부른 후 마친다)

◆ 마무리기도

하나님 아버지 감사합니다 / 새사람이 된 삭개오를 통해 / 예수님이 어떤 죄인도 사랑하심을알았어요 / 저도 삭개오처럼 돈밖에 모르는 욕심꾸러기였어요 / 용서해주시고 삭개오처럼 새사람이 되게 해 주세요 / 예수님의 이름으로 기도합니다. 아멘 / (기도후에 "오늘 내가 예수님 만나면" 찬양으로 마친다)

5. 거듭난 수동이

(어린이 회개 인형극 부흥회)

5. 거듭난 수동이

◈ 등장인물 : 수동, 민석, 영이, 용이, 동수엄마, 마귀, 전도사, 예수님

◈ 성경: 사도행전 2:37-42

◈ 준비찬양 : 가라가라 세상을 향해, "돈으로도 못가요"를 개사한 "교회만 다니면 못가요"찬양과 "우리에게 향하신" 개사한 찬양은 마무리기도 아래에 있다.

◈ 지시 사항 : 인형극을 하기 전에 청중들에게 인형들이 질문하면 반드시 대답을 해줄 것과 "제1막, 제2막, 제3막"할때 마다 "와!"하고 큰소리를 지르며 박수를 지르게 한다.

◈ 주의 사항 : 예배 전에 부르는 찬양은 위의 준비찬양만 부른다.

◈ 해 설 : 지금부터 인형극을 시작하겠습니다. 인형극을 하기전에 먼저 다같이 "가라가라 세상을 향해" 찬양을 부르겠습니다(찬양 인도자가 나와 인도한다. 마친후) 인형극의 제목은 "거듭난 수동이 제1막 박수"(막이 오른다)

◆ 배 경 : 교회 건물이 보이는 주택 앞

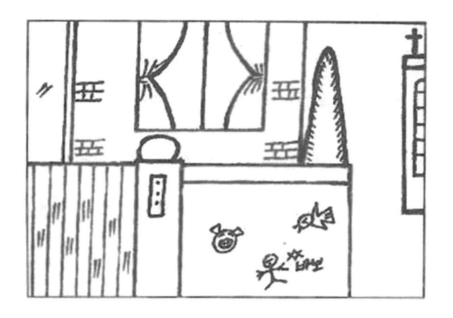

수 동 : 치- 전도사님은 맨날 전도하라고만 해. 애들이 모두 다른 교회 다
니고 있는데 어떻게 전도하란 말이야? 더구나 요즘은 얼마나 전도
하기가 어려운데, 애들아 안 그러냐?(아니야) 웃기고 있네. 너희들
전도해 봤어?(그래) 전도하기 쉬워? 안쉬워?(쉬워) 뻥치고 있네. 전
도하기가 쉬운데 왜 너희 교회는 애들이 이것 밖에 없어? 순 거짓
말쟁이들. 뭐? 전도상이 하늘에서 가장 크다고? 치-그까짓 상 같은
것 안받으면 어때? 난 죽어도 전도 같은 것 안할거야. 전도는 유치

부 애들이나 하는거지. 안그러냐?(아니야) 너희들 자꾸 내가 하는 말에 반대만 할래? 성질나게 스리. 이따가 인형극 끝나고 봐. 가만히 안 놔둘거야(나간다)

민 석 : (찬송을 부르며 등장한다) "가라가라 세상을 향해 가라가라 말씀가지고 가라가라 온 땅을 향해 가라 가라는 예수님 명령" 어린이 여러분 안녕하세요? 나는 민석이라고 해요. 어? 그리고 보니 여러분도 교회에 나가는 친구들이군요. 반가워요. 오늘 전도사님이 설교하셨는데 전도는 예수님의 명령이요 하늘나라에서 가장 큰 상이라고 하셨어요. 그래서 나는 오늘부터 열심히 전도할거예요. 작년에는 다섯명밖에 못했는데 올해는 열명이 넘도록 해야지. 여러분도 열심히 전도하세요. 알았지요?(네)

　　　(이때 영이가 등장한다)

영 이 : 어? 너는 우리 학교에 같은 반인 민석이구나. 야! 민석아. 너 여기서 뭐하니?

민 석 : 아니? 넌 영이 아냐? "하나님 영이를 전도하게 해주세요"(기도한다) 참 반갑다. 어디갔다 오는 중이니?

영 이 : 응! 엄마 심부름 갔다 오는 길이야.

민 석 : 그래? 너 교회 나가니?

영 이 : 아니. 교회 안나가. 우리 집은 원래 조상 대대로 불교 집안인데 난 절에 나가서 절하는 것이 너무너무 싫어.

민 석 : 그래. 그것은 우상숭배야. 하나님이 가장 싫어하시는 죄인데 나중

에는 무서운 지옥에 떨어지게 된단다.

영 이 : 뭐? 그럼 어떻게 해야 지옥에 안 가는데?

민 석 : 지옥에 안가기 위해서는 내 죄를 위해 피흘려 죽으신 예수님을 믿
　　　 어야 해. 예수님을 바로 믿으려면 교회에 나가면 되지. 지금 나하
　　　 고 교회 나갈래?

영 이 : 나 같은 애도 교회 나갈 수 있는 자격이 되니? 죄를 많이 지었는
　　　 데도?

민 석 : 예수님은 죄인을 부르러 오신 분이야. 나도 죄인이었는걸. 그런데
　　　 엄마한테 안가도되니?

영 이 : 응. 괜찮아. 심부름 다 끝났는걸 뭐.

민 석 : 너 혹시 교회 갔다 왔다고 혼나는 건 아니겠지?

영 이 : 얘는, 괜찮아. 우리 엄마는 그런 일로 나를 때리거나 혼내지 않으셔.

민 석 : 괜히 쓸데없는 걱정을 했네. 자! 그럼 빨리 교회에 가자.(기도하며)‘
　　　 하나님 감사합니다. 영이를 전도하게 해 주셔서 감사합니다“(같이
　　　 퇴장하고 나면 용이가 등장한다)

용 이 ; 내사마 이 동네가 어디가 어딘지 잘 모르겠는기라. 이사와서 어디
　　　 가 어딘지 잘 모르겠는데 OO교회가 어디재?(이때 수동이가 트로트
　　　 를 부르며 나타난다)

용 이 : 야! 말 좀 묻겠는데 OO교회가 어디재?

수 동 : 뭐? OO교회가 어디냐구? OO교회는 우리 교회인데 왜 찾냐?

용 이 : 나는 부산에서 이사 왔는데, 거기서 교회를 다니다가 이곳에 온기

라. 니 그 교회 나가나?

수 동 : 이 자식 보니까 완전히 시골 촌뜨기구나. 이런 촌놈이 우리 교회
에 온다는 것은 교회 망신이지. 당연하지. 우리 교회는 우리 아빠
가 건축헌금 가장 많이 내서 지은 교회이고 더구나 우리 아빠는 장
로님인데.

용 이 : 니 뭐라꼬 중얼거리나? 퍼뜩 교회 가르쳐 주래이.

수 동 : 그 교회는 알지만 너 같은 촌뜨기한테는 가르쳐 줄 수가 없어.

용 이 : 뭐, 뭐라꼬? 나보고 촌뜨기라고? 그럼 니는 서울 뺀질인가?

수 동 : 뭐? 내가 뺀질이라고? 이 자식이 보자보자 하니까 이거 우리 동네
의 매운 맛을 보여줘야겠구나. 에잇! 퍽!(때린다)

용 이 : 아이고! 니가 사람쳤데이. 그럼 나도 가만히 있을 수 없데이. 에잇!
퍽!(때린다)

수 동 : 어이쿠! 이 자식이 보통이 아니네. 야! 인마. 그 교회는 우리 교회야.
너같은 놈은 절대로 우리 교회에 못 들어오게 할거야.

용 이 : 너희 교회라꼬? 니 같은 깡패같은 놈이 모이는 교회는 절대로 안
갈끼라. 우리 부산에서는 교회 나가는 애들 중에 니 같은 놈은 없데
이. 치! 못된 놈의 자슥.(나간다)

수 동 : 잘 가라! 이 촌뜨기야. 어이구! 녀석 주먹 한번 되게 세네. 지금도 얼
굴이 얼얼하네. 참, 하필이면 저런 녀석이 걸릴게 뭐야? 저런 놈은
열명이 아니라 백명이 와도 소용없어. 그렇지? 애들아?(아니) 아니
라고? 그러고 보니 너희들도 촌뜨기구나. 멍청한 것들.

전도사 : (목소리만) 오늘 부산에서 내 친구 아들 용이가 오기로 했는데 왜 아직 안오지? 교회에 갔다고 하던데.(등장한다) 참 이상하네.

수 동 : 이크! 전, 전도사님이다. 일단 이곳에 숨어야지. 애, 애들아! 전도 사님이 나오면 나 여기 있다고 말하지마!(말할거야) 쉿! 말하지마. 인형극 끝나고 맛있는 것 사줄게.(싫어) 관둬라. 이 촌뜨기들아. 빨리 숨어야지.

전도사 : 거참. 우리 교회를 모를 리가 없을텐데. 아! 여기00교회 친구들에 게 물어보면 되겠구나. 어린이 여러분! 안녕하세요? 나는 전도사님 인데, 혹시 부산에서 올라온 경상도 말씨를 쓰는 용이를 못 보셨어 요?(봤어요) 네? 봤다고요? 지금 어디 있지요?(수동이가 때려서 갔 어요) 네? 수동이가 때려서 갔다구요? 참, 그 수동이 녀석은 장로님 아들이면서 못된 행패를 다 부리고 게다가 전도는커녕 오히려 교회 에 나오는 친구를 내쫓아내? 오늘은 내가 용서할 수 없다. 지금 수 동이가 어디에 있어요?(저쪽에 숨었어요) 저쪽에 숨었다구요? 야! 거기 숨어있는 수동이. 이리 나와! 너 거기 숨어 있는 줄 다 알아.

수 동 : 에이! 저것들 때문에 걸렸네. 너희들 인형극 끝나고 다 나한데 혼 날 줄 알아.

전도사 : 수동아! 너는 어째서 교회에 오면 말썽만 피우냐? 여기가 너네 집 인 줄 알아?

수 동 : 네. 우리 집이나 다름없어요. 왜냐하면 우리 아빠가 건축헌금 몽땅 드려서 다 지었는데 당연히 우리 집이죠.

전도사 : 뭐라구? 너희 아빠가 헌금 드려서 지었다고 너희 집이라고? 야! 이 녀석아. 교회는 아무리 내가 전 재산을 바쳐 지었다고 해도 내 것이 아니야. 그것은 하나님의 것이지.

수 동 : 치- 그런게 어디 있어요? 그건 목사님이나 전도사님이 이 교회를 가지려고 꾸민 얘기예요.

전도사 : 뭐? 꾸민 얘기라구? 이놈아! 예수님께서도 성전을 내 아버지 집이라고 하셨고 기도하는 집이라고 하셨는데 그것이 왜 꾸민 얘기야?

수 동 ; 그것은 예수님이니까 그렇게 말씀하신 것이지 목사님이나 전도사님이 뭐 예수님이세요?

전도사 : 이 녀석이 점점? 너 나중에 커서 뭐가 될려고 이러니?

수 동 : 나요? 나는 정동원처럼 유명한 트로트 가수가 될 거예요.

전도사 : 그래서 교회 마이크란 마이크는 다 고장이 났던 것이 바로 네 장난 때문이었구나.

수 동 : 그래요. 그게 얼마나 재미있는데요? 더구나 장기자랑 연습하는 장소는 교회가 최고예요.

전도사 : 예배시간에 장난만 치고, 게다가 설교시간에는 핸드폰 게임이나 하고 너 그러다가 어떻게 천국 가려고 그러니?

수 동 : 천국요? 천국 안가면 어때요? 나중에 할아버지 돼서 잘 믿다가 가면 되지요. 그렇지 애들아?(아니) 아니긴 뭐가 아니야. 저것들을 그냥 팍!

전도사 : 아무래도 너 안되겠다. 네 마음속에 마귀가 꽉 차 있으니 나하고

이 시간에 같이 기도하자. 자! 이리와.

수 동 : 내 마음속에 마귀가 꽉 차 있다고요? 어디 내 마음속에 있는 마귀
　　　 잡아 보세요.

　　　 메-롱! 엉터리 도사님.

전도사 : 아니, 이 녀석이? 너 이리 안 올래? 너 잡히면 혼난다.

수 동 : 하하하하하. 날 잡아봐요. 나 잡으면 용치. 나는 슈퍼맨이다. 슈~
　　　 욱!(도망친다)

전도사 : (기도하며)오! 주님. 저 수동이를 변화시켜 주세요. 새사람이 되게
　　　 해 주세요. 으흐흐흐흑.(막이 내린다)

◈ 해설

　여러분! 잘 보셨어요?(네) 수동이는 예수님을 제대로 믿는 어린이인가
요?(아니요) 네. 아니지요? 이런 말썽꾸러기 수동이가 변화되어 새사람이
되었는데 무엇이 수동이를 변화시켰는지 궁금하지요? 그것은 수동이가 그
날 밤 이상한 꿈을 꾸게 되어서랍니다. 과연 수동이는 어떤 이상한 꿈을 꾸
었을까요? 제2막을 살펴보겠습니다. 2막이 준비되는 동안 다 같이 "교회
만 다니면 못가요"를 3절까지 찬양하겠습니다(찬양 인도자가 나와 인도한
다. 마친후) 지금부터 거듭난 수동이 제2막을 시작하겠습니다. 다같이 "교
회만 다니면 못가요"를 1절을 부르겠습니다.(찬양 인도자가 나와 인도한
다. 마친후) "거듭난 수동이 제2막 박수" (막이 오른다)

◆ 제 2 막 ◆

◈ 배경 : 불타는 지옥

수 동 : (기어나온다) 어? 여기가 어디야? 애들아! 여기가 어디냐?(지옥)
뭐? 지옥이라구? 왜 내가 지옥에 와? 난 장로님 아들인데? 뻥치지
마.(뒤를 봐) 뒤, 뒤를 보라구? 어? 저, 정말 지, 지옥이다. 내가 왜
지옥에 왔지? 저기 저 사람들이 부, 불에 타고 있다. 사, 살려줘.(이
때 마귀가 등장한다)

마 귀 : 우하하하하. 살려 달라고? 게다가 왜 지옥에 왔냐고? 당연히 죄를
지었으니까 왔지. 이 한심한 놈아.

수 동 : 너, 너는 누구냐? 혹, 혹시 마귀 아냐?

마 귀 : 그렇다. 이놈아. 나는 마귀다. 아담과 하와도 죄 짓게 만들고 가인 에게도 동생 아베를 죽이는 나쁜 마음을 갖게 만들었던 마귀지. 어 디 그 뿐인가? 가롯유다 마음 속에도 들어가서 은삼십에 예수를 팔 게도 만들었지. 우하하하하. 누구든지 나한테는 당할 수가 없지. 오 직 예수만 빼고는.. 우하하하하.

수 동 : 그런데 내가 왜 지옥에 왔지? 이건 뭐가 잘못된 거야! 난 교회도 다 니고 게다가 우리 아빠는 장로님이시고 우리 엄마는 권사님이신데 말도 안돼.

마 귀 : 이것 참! 한심하고 미련한 놈 봤나? 야! 이놈아. 교회만 나가면 다 천국 가는 줄 아느냐? 네가 믿는 하나님 뜻대로 살아야 들어가지. 이 한심한 놈아.

수 동 : 싫어. 그래도 난 천국 갈거야.

마 귀 : 내가 지옥에 온 놈들 중에서 이렇게 바보같은 녀석은 처음 본다. 너같은 놈은 가장 뜨거운 지옥 밑바닥으로 보내야겠다. 에잇! 들어 가라.

수 동 : 악~뜨거워. 뜨거워. 살, 살려줘요. 다시는 안 그럴게요. 예수님! 예 수님! 엉엉. 잘못 했어요. 나는 나쁜 놈이었어요, 으~악. 너무 뜨거 워서 못살겠다, 아악~(이때 예수님이 무대 오른쪽 옆 가리개 위에 서 나타난다)

예수님 : 수동아.

수 동 : (예수님을 쳐다보며) 예수님! 제발 살려 주세요. 네? 다시는 안그
　　　　러게요. 예수님 말씀대로 살게요. 제발 지옥에서 꺼내주세요. 네?

예수님 : 네가 이제 와서 후회하느냐? 네가 장로의 아들이라고 큰소리치면
　　　　서 친구들을 괴롭히고 교회에서 말썽만 일으켜서 교회를 기도하는
　　　　집이 아니라 강도의 소굴로 만들었고, 전도의 열매는 커녕 교회에
　　　　나오는 친구조차 못 나오게 하였으니 너의 벌은 당연한것이다. 너
　　　　를 지금 당장이라도 지옥의 심판을 받게할 수 있지만, 내가 너를 십
　　　　자가의 피로 값 주고 산몸이기에 내가 너를 사랑하여 꿈속에서라도
　　　　너에게 회개할 수 있는 기회를 주겠노라.

수 동 : 예수님! 이제부터 정말 예수님 잘 믿을게요. 한번만 용서해 주세
　　　　요. 예수님! 엉엉. 앞으로 기도도, 전도도 잘 할게요. 말씀대로 순종
　　　　하며 살게요. 엉엉.

예수님 : (애들을 향해) 너희들도 수동이처럼 부끄러운 신앙생활을 하지
　　　　말고 칭찬받는 신앙생활을 해야 한다. 알겠느냐?(네) 그럼, 꼭 천
　　　　국에서 기쁜 얼굴로 만나도록 하자. 알겠느냐?(네) (사라질 때 막
　　　　이 내린다)

　◈ 해설

　여러분! 잘 보셨어요? (네) 다행히 수동이는 지옥에 가서 몸부림치는 꿈
을 꾸게 되었어요 만일 꿈이 아니라 사실이었다면 얼마나 끔찍했을까요?
예수님이 말썽꾸러기 수동이를 사랑하셔서 회개의 기회를 꿈속에서라도

주신 것이 얼마나 감사한 큰 은혜인가요? 과연 수동이는 어떻게 변화되었을까요? 제3막을 살펴보도록 하겠습니다. 3막이 준비되는 동안 다같이 교회만 다니면 못가요"를 3절까지 부르겠습니다(찬양 인도자가 나와 인도한다. 마친후) 지금부터 "거듭난 수동이 제3막을 시작하겠습니다. "거듭난 수동이 제2막 박수"(막이 오른다)

◈ 배경 : 수동이의 방

수 동 : (인형이 보이도록 반은 보이도록 몸부림친다) 제, 제발 살려 주세

　　　요. 예수님! 엉엉

엄 마 : (이때 엄마가 등장하며) 야! 수동아. 왜 그러니? 무슨 꿈을 꾸었어?

수 동 : 어? 꾸, 꿈이었어요?

엄 마 : 왜? 무슨 꿈을 꾸었길래 이렇게 땀이 흠뻑 젖었니?

수 동 : 엄마! 내, 내가 지옥에 갔었어요.

엄 마 : 뭐라고? 지옥에 갔었다고? 오- 주여. 그런데 어떻게 됐어?

수 동 : 그건 나중에 말씀드릴게요. 엄마! 지금 몇시예요? 오늘 무슨 요일

이지?

엄 마 ; 지금 새벽 네시란다. 그리고 오늘은 월요일이야.

수 동 : 엄마! 나 오늘부터 새벽예배에 나가겠어요. 그리고 열심히 전도

할 거야.

엄 마 ; 아니, 네가 새벽예배를 나가겠다구? 정말 웬일이니? 애가 지옥 꿈

을 꾸더니 어떻게됐나?

수 동 : (기도하며) "하나님 아버지! 저를 사랑하셔서 꿈에라도 지옥을 보여

주시고 회개할 수 있는 기회를 주신 것 감사해요 이제부터는 예수

님을 잘 믿고 열심히 기도하는 어린이가 되겠어요. 제가 그동안 교

회에서 말썽 피우고 못된 짓 한 것 용서해 주세요.

기도 시간에 눈 뜨고 장난치고 예배시간에 엉터리로 예배드린 것도

용서해 주세요. 나는 죄인이예요. 예수님의 이름으로 기도합니다.

아멘. 엉엉.

엄 마 : 수동아. 너의 기도를 하나님께서 반드시 들어 주실거야. 우리 수동

이가 이렇게 새사람이 되었으니 얼마나 감사한지 모르겠다. 지금

엄마와 함께 교회에 가도록 하자. 참, 새사람이 되었으니 감사하는

마음으로 감사헌금도 네 이름으로 드리도록 해라.

수 동 : 네. 엄마. 빨리 교회가요. 교회 갔다와서 날이 밝으면 학교 가서 열

심히 전도해야지. 참, 아빠는?

엄 마 : 아빠는 벌써 가셨어. 마침 이번 주가 특별 새벽기도회라서 일찍 나

가셨어. 녀석! 진작 이렇게 변할 것이지. 그동안 아빠 엄마가 기도
한 것이 이제야 응답을 받는구나. 그래. 빨리 가자.

수 동 : 여러분! 다음에 다시 만나요. 그럼 안녕!(손을 흔들며 퇴장할 때 막
이 내린다)

◆ 해설

여러분! 잘 보셨어요?(네) 여러분도 어쩌면 수동이와 같은 모습으로 교
회에 나오지 않았나요? 교회에 나와 민석이처럼 전도하고 찬송하고 하나
님이 기뻐하시는 예배를 드리기보다는 수동이처럼 장난치고 떠들기나 하
고 말썽만 피우면서 전도사님이나 선생님들께 속을 썩이지 않았나요? 심
지어 전도할 친구나 새로 나온 친구와 싸운 적은 없었나요? 만일 오늘 밤
에 하나님이 여러분을 불러가신다면 여러분은 어디에 가 있을거라고 생
가하세요? 수동이는 다행히도 꿈이었기에 망정이지 사실이었다면 얼마나
억울하고 후회가 막심하였을까요? 이 시간에 우리 모두 회개하는 마음으
로 "우리에게 향하신"을 찬송하면서 다같이 기도하겠습니다.(2절까지 인
도자가 가사를 불러주며 부른 후에 인도자의 인도로 기도회를 인도한 후
마무리 기도를 따라하게 한 뒤 "가라가라 세상을 향해" 찬양으로 마친다.)

◆ 마무리기도

하나님 아버지 감사합니다/거듭난 수동이를 보고 저도 수동이처럼 거듭
나지 못했어요/교회를 다녀도 죄만 짓고 살았어요/예배시간에도 장난만

쳤어요. 용서해 주세요/나도 수동이처럼 거듭나게 해 주세요/예수님의 이름으로 기도합니다. 아멘/

◈ 준비 찬양

"교회만 다니면 못가요"(돈으로도 못가요를 개사함)

1. 교회만 다니면 못가요 하나님 나라 기도만 잘해도 못가요 하나님 나라 거듭나면 가는 나라 하나님 나라 믿음으로 가는 나라 하나님 나라

2. 헌금 많이 해도 못가요 하나님 나라 봉사 많이 해도 못가요 하나님 나라 거듭나면 가는나라 하나님 나라 믿음으로 가는 나라 하나님 나라

3. 게임 잘해도 못가요 하나님 나라 공부 잘해도 못가요 하나님 나라 거듭나면 가는 나라 하나님 나라 믿음으로 가는 나라 하나님 나라

"우리에게 향하신" 개사 찬양

1. 우리에게 향하신 예수님의 인자하심이 크고 크도다 크시도다 크고 크도다 크시도다

2. 우리에게 향하신 예수님의 사랑하심이 영원 영원 영원하시도다 영원 영원 영원하시도다

6. 다윗과 골리앗

(어린이 기도 인형극 부흥회)

6. 다윗과 골리앗

◈ 등장인물 : 다윗, 사자, 곰, 사울왕, 신하, 골리앗

◈ 소품 : 다윗에게 씌워주는 사울왕의 투구(컵라면 큰 용기로 금색 락카를 뿌리면 된다) 물맷돌, 양 인형, 사자인형, 곰인형

◈ 성경 : 사무엘상 17:41-49

◈ 준비 찬양 : 하나님은 나의 목자시니(568), 기도할 수 있는데, 승리는 내 것일세(개사하여 만들었음, 마무리기도 아래에 있다), 오늘 집을 나서기 전 기도 했나요

◈ 지시 사항 : 인형극을 하기 전에 청중들에게 인형들이 질문하면 반드시 대답을 해줄 것과 "제1막, 제2막, 제3막"할때 마다 "와!"하고 큰소리를 지르며 박수를 지르게 한다.

◈ 주의 사항 : 예배 전에 부르는 찬양은 위의 준비찬양만 부른다.

◈ 해설 : 지금부터 인형극을 시작하겠습니다. 인형극을 하기전에 먼저 다같이 "하나님은 나의 목자시니" 찬송 1절을 부르겠습니다(찬양 인도자가 나와 인도한다. 마친후) 인형극의 제목은 "다윗과 골리앗 제1막 박수" (막이 오른다)

◆ 제 1 막 ◆

◈ 배경 : 양들이 있는 들판 그림

다 윗 : (노래를 부르며 등장한다)"하나님은 나의 목자시니 내게 부조함이
      없으링로다 나로 하여금 푸른 초장에 눕게 하시며 잔잔한 물가로
      인도하여 주시네" 히히. 안녕하세요? 나는 다윗이에요. 영어로 말
      하면"David(데이빗)"이에요. 내 직업은 영어로는 "shepherd(쉐퍼
      드)"인데 양을 치는 목동이에요.(그림을 가르키며)여기 보이는 양들
      이 모두 우리 거예요. 어제 갑자기 늑대가 나타나 양을 물어 가려고
      해서 내가 들고 있는 이 물맷돌로"에잇. 팡!"(무대 아래로 내려친다)

하고 늑대를 잡았더니 우리 동네에서 늑대 잡은 소년이라고 소문이

나서 어제 밤새도록 칭찬받느라고 잠을 못잤어요.

그래서 오늘은 너무너무 피곤하고 졸립거든요? 내가 여기서 잠을

자는 동안 무서운 동물이 나타나면 꼭 알려주세요. 여러분! 알았지

요?(네) 그럼 난 여러분들의 말을 믿고 자겠어요. 부탁해요. 아이!

졸려(고개를 숙이고 오른쪽 구석에서 잔다)

사 자 : (목소리만) 뭐야? 내 부하 늑대가 다윗한테 죽었단 말야? 내가 다윗

녀석을 가만히 안 둘거야. 내가 나가서 한 입에 물어 버릴거야. (등

장한다) 크르렁! 바로 저기에서 잠을 자고 있구나. 잘 됐다. 살짝 가

서 잡아먹어야지.(애들을 향해) 너희들 모두 조용히해! 만일 떠드는

애들은 내가 나가서 너희들도 잡아먹을 거야.(양을 집었다가 내려

놓으며) 이놈은 이따가 먹고 우선 더 맛있게 보이는 다윗부터 잡아

먹어야지. 살금.살금 (다윗에게 천천히 다가간다. 이때 아이들 모두

"사자야"하고 소리 지른다)

다 윗 : 에이! 왜 이렇게 시끄러운거야? 여러분 뭐예요? 뭐가 나타났어

요.(사자야) 예? 사자라고요?(사자를 쳐다보며) 와! 사, 사자다. (기

도한다)"하나님 도와주세요. 제가 사자와 싸워 이기게 해 주세요."

사 자 : 아니? 이놈이 뭐라고 중얼거리고 있는 거야? 네 이놈!

다 윗 : 사자야. 어디 덤빌 테면 덤벼봐라. 난 하나님이 함께 하시니까 하

나도 안 무섭다.

사 자 : 뭐라고? 이놈이 미쳤나? 네가 삼손이나 되는 모양이지? 삼손은 우

리 조상 사자의 입을 찢어 죽였다지만 너는 쪼그만 꼬마 주제에 감히 동물의 왕 사자를 우습게 알다니? 니가 내 부하 늑대를 어제 죽였지?

다 윗 : 그건 늑대가 우리 양을 잡아먹으려고 했기 때문이다.

사 자 : 그까짓 양 한 마리 때문에 내 부하 늑대를 죽여? 그래서 너에게 복수하려고 이렇게 찾아왔다. 이놈! 크르렁~

다 윗 : 좋다. 어디 덤벼봐라. 사자야.

사 자 : 이놈이 겁도 없이 까부는구나. 지금까지 사자와 싸워서 이긴 자는 아무도 없다. 너는 사자 밥이다. 이놈! 크르렁~(달려든다)

다 윗 : 아악! 사자가 내 팔을 물었다. "하나님! 힘을 주세요"(사자의 수염을 잡고 엎치락 뒷치락 한다) 에잇! 엎치락. 뒷치락. 엎치락. 뒷치락. 여러분! "다윗 이겨라"하고 응원해 주세요.("다윗 이겨라, 다윗 이겨라"소리친다)

사 자 : 어쭈? 이놈이 보통이 아니네. 그러나 이제 한 입에 삼켜 버릴테다.

다 윗 : 하나님! 사자를 한 방에 이기게 해 주세요.(물맷돌로 친다) 에잇! 받아라 팡!

　　　(이때 사자가 물맷돌에 맞아 쓰러진다)

사 자 : 우왕! 동물의 왕 사자가 저런 꼬마 다윗이 던진 물맷돌에 맞아 죽다니 너무 억울하다. 꽥!(쓰러진다)

다 윗 : 여러분! 박수(박수친 후에 기도한다) "하나님 감사해요. 제가 사자와 싸워서 이기게해 주셔서 감사해요. 아멘" 여러분! 내가 사자와

싸워 이겼지요?(네) 내가 기도해서 이겼지요?(네) 여러분도 나처럼 열심히 기도하여 이 사자와 같은 마귀나 세상과 싸워 이기세요. 알았지요? 히히. 오늘은 사자와 싸워 이겼다.(끌고 간다) 아빠. 오늘은 제가 사자와 싸워 이겼어요. 일곱명의 형님들! 빨리 나와 보세요. 여러분! 그럼 이따 다시 만날 때까지 안녕!"하나님은 나의 목자시니 내게 부족함이 없으리로다"(퇴장한다)

◆ 해설

여러분! 다윗이 뭘 잡았어요?(사자요) 네, 사자를 잡았지요? 사자를 기도해서 잡았지요? 자! 그럼 이번에는 다윗이 무엇을 잡는지 살펴보도록 하겠습니다.

다 윗 : "하나님은 나의 목자시니 내게 부족함이 없으리로다" 히히. 여러분 안녕하세요? 내가 어제 무엇을 잡았어요?(사자요) 네. 그래서 우리 동네에 큰 잔치가 밤새도록 벌어졌어요. "사자를 잡은 삼손 같은 소년"이라고요. 그래서 어젯밤에도 한잠도 못잤어요. 정말 오늘도 너무너무 피곤해요. 내가 자는동안 어제처럼 무서운 동물이 나타나면 알려주세요. 알았지요?(네) 그럼 여러분의 말을 믿고 또 잘게요. (구석에 엎드려 잔다) 쿨쿨- 드르렁.

곰 : (바보같은 목소리만) 뭐야? 나의 가장 친한 친구 동물의 왕 사자가 죽었다구? 그것도 쪼그만 꼬마 다윗한테? 내가 가만히 안둘거야. 늑

대도 사자도 다 죽고 심심하게 나만 남았잖아. 내 친구들을 죽인 원수를 꼭 갚고 말거야.(등장한다) 다윗 녀석이 저기 자고 있구나. 깨지 않도록 살살 기어가서 물어버려야지.(이때 양 인형을 집는다) 이놈은 이따가 먹고 저기 있는 다윗 녀석부터 잡아먹어야지.(애들을 향해) 너희들 모두 조용히 해. 조용히 안하면 너희들 모두 잡아 먹을거야. 살금, 살금 (이때 애들이 곰이다라고 떠든다,)

다 윗 : 무, 무슨 일이예요? 뭐가 또 나타났어요?(곰이요) 뭐라구요? 고, 곰이라구요? 와아! 곰이다.

곰 : 네 이놈! 니가 내 친구들을 모두 죽였지?

다 윗 : 그건 너희 친구들이 우리 양들과 나를 잡아먹으려고 했기 때문이야.

곰 : 그렇다고 내 친한 친구들을 모두 죽여? 용서하지 않겠다.

다 윗 : (기도한다)하나님 아버지! 어제 사자와 싸워 이긴 것 같이 저기 있는 곰과 싸워 이기게 해 주세요.

곰 : 아니? 이놈이 뭐라고 중얼거리는거야? 에잇! (엉덩이를 문다)

다 윗 : 와악! 곰이 내 엉덩이를 물었다. 하나님! 나를 도와주세요.

곰 : 네 이놈! 아무리 기도해도 소용이 없다. 너는 곰의 밥이다. 크르렁~

다 윗 : 하나님! 힘을 주세요 에잇!(수염을 잡고 늘어진다)

곰 : 어쭈? 이놈이 나를 우습게 여기고 덤벼?

다 윗 : 여러분!"다윗 이겨라" 하고 응원해 주세요.(다윗 이겨라) 에잇!(엎치락 뒷치락 한다)

엎치락 뒷치락. 엎치락 뒷치락. 엎치락 뒷치락. 하나님의 이름으로 물
맷돌을 맞아라. 에잇!(때린다)

곰 : (돌에 맞아 쓰러진다) 우악! 분하다. 저 꼬마 다윗한테 돌에 맞아 죽
다니.. 꽥!(쓰러진다)

다 윗 : 여러분! 박수!(기도하며)"하나님 감사해요. 오늘은 곰과 싸워 이기
게 해 주셔서 감사해요" 여러분! 내가 오늘은 곰과 싸워서 이겼지
요?(네) 이처럼 무슨 문제든지 기도하면 다 승리할 수 있어요. 여러
분도 저처럼 열심히 기도하세요. 알았지요?(네) 히히. 아빠! 형님들!
오늘은 제가 곰을 잡았어요. (곰을 때리며) 아무 것도 아닌 게 까불
고 있어. 이 곰은 배 안에 똥만 들어 있나봐. 꽹장히 무겁네. 자! 가
자.(끌고 간다)여러분! 이따가 또 다시 만나요. 알았지요? (네) "하
나님은 나의 목자시니 내게 부족함이 없으리로다".(퇴장하며 막이
내린다)

◆ 해설

여러분 잘 보셨지요?(네) 이렇게 다윗이 사자와 곰과 싸우면서 양떼를
지키고 있는 동안 이스라엘에는 큰 전쟁이 일어났습니다. 이웃나라 블레
셋이 키가 큰 거인 골리앗을 앞세우고 쳐들어 온 것입니다. 괴물 같은 골
리앗의 키는 3미터나 되고 그가 입은 갑옷과 무기는 보통 사람들이 도무
지 들 수 없을 정도였습니다. 과연 이스라엘은 어떻게 될것인지 제2막을
살펴보도록 하겠습니다. 2막이 준비되는 동안 다같이 "하나님은 나의 목

자시니" 찬송을 3절까지 부르겠습니다.(찬양 인도자가 나와서 인도한다.
마친후) 지금부터 인형극을 시작하겠습니다."다윗과 골리앗 제2막 박수"(
막이 오른다)

◆ 배경 : 왕궁 안

골리앗 : (목소리만) 이스라엘 놈들아. 항복해라. 너희들이 하나님을 섬긴 다구? 이런 바보 멍청이들아. 우리 블레셋이 섬기는 다곤신이 얼마 나 위대한데 눈에 보이지도 않는 하나님을 믿느냐? 하나님 같은 거 나와 보라구 해. 내가 이 큰손으로 박살을 내든지 내가 들고 있는 이 창으로 한방에 찔러 버릴테다. 우하하하하. 이스라엘 놈들아. 빨리 나와 상대할 놈을 내 보내라. 한 방에 날려 버릴테니까. 우하하하하. (이때 사울왕이 등장한다)

사울왕 : 아이고~ 이거 큰일났구나. 블레셋에서 가드사람인 저 무서운 골리앗을 앞세우고 쳐들어왔는데 아무도 상대할 사람이 없으니 어떡하면 좋단 말인가? 여봐라. 나는 이스라엘의 사울왕인데 누가 저 골리앗과 싸울 용사가 없느냐? 싸워서 이긴 자에게는 내 딸 공주와 결혼을 시키고 큰 상을 주겠노라.(애들을 향해) 너희들 중에 골리앗과 싸울 용사가 없느냐?(무대 아래를 붙든다) 으흐흐흐흑 (일어서서) 게 아무도 없느냐?

신 하 : (간사한 목소리로) 네-이. 부르셨습니까? 전하.

사울왕 : 넌 나라가 어지러운데 어디를 갔다 오느냐? 도망이라도 가려고 하느냐?

신 하 : 그, 그게 아니오라 다른 신하들과 대책 의논을 하고 오는 중인줄 아뢰오.

사울왕 : 오! 그래? 무슨 좋은 대책이라도 나왔느냐?

신 하 : (말을 더듬거리며 말한다) 그, 그러니까 임금님만이..

사울왕 : 그러니까 내가 어쩌란 말이냐?

신 하 : 임금님 혼자서 저 골리앗과 싸우시면 좋은 줄 아뢰오.

사울왕 : 뭐, 뭐라고? 나 혼자서 저 거인 골리앗과 싸워 죽으란 말이냐?

신 하 : 임금님은 혼자 죽으시면 괜찮지만 저희들은 모두 죽어야 하니까 안되는줄 아옵니다.

사울왕 : (신하의 머리를 때리며) 네 이놈! 그걸 말이라고 하느냐? 내가 죽으면 이 나라는 누가 다스리느냐?

신 하 : 제가 있지 않습니까요.

사울왕 : (또 때린다) 이놈아! 아무래도 너를 저 골리앗과 싸우도록 내보내야겠다.

신 하 : 아이고! 못나갑니다요. 저에겐 여우같은 마누라와 토끼 같은 자식들이 있습니다요.

사울왕 : 그럼 당장 나가서 저 골리앗과 싸울 용사를 찾아보도록 하여라.

신 하 : (뒤돌아서 나가며) 아무리 찾아봐도 우리 이스라엘에는 없다니까요.(퇴장한다)

사울왕 : (신하가 나간 방향을 가리키며) 저걸 내 신하라고 월급을 주는 게 아깝다. 당장 잘라버리든지 해여지.

다 윗 : (목소리만) 놔요! 내가 저 골리앗과 싸울거여요. 하나님을 욕하고 우리 이스라엘을 무시하는 골리앗을 내가 가만히 안 둘거여요.

신 하 : (목소리만) 야! 임마. 썩 꺼지지 못해? 여기가 무슨 전쟁놀이 하는 놀이터인 줄 알아? 빨리 집에 가. 너 빨리 안가면 이 신하 아저씨가 혼낸다.

다 윗 : (목소리만) 싫어요. 죽어도 안 갈거여요.

사울왕 : 아니, 밖이 왜 이렇게 시끄러운 소리냐? 무슨 일이냐?

신 하 : (목소리만) 예이. 임금님. 웬 꼬마 녀석이 어른들도 상대하지 못하는 거인 골리앗과 싸우겠다고 난리입니다요.

사울왕 : 뭐야? 왠 꼬마 녀석이 거인 골리앗과 싸우겠다고 난리를 펴? 미쳤군. 나라가 어지러우니까 이제는 어린아이까지 미쳤구나. 빨리 집

<u>으로 돌려보내라.</u>

신 하 : (목소리만) 예이. 너 빨리 집에 가. 안가면 신하 아저씨가 막 혼낸다.

다 윗 : (목소리만) 싫어요. 난 절대로 안 갈거여요.

신 하 : (목소리만)어허? 임금님. 이 녀석이 죽어도 안 간다는 뎁쇼.

사울왕 : 뭐야? 죽어도 안 간다구? 그 녀석이 어떤 녀석인지 내가 혼내줘
　　　　야겠다. 썩 들여보내라.

신 하 : (목소리만) 야! 사울 임금님이 너 궁전 안으로 들어오라신다. 넌 들
　　　　어가면 죽었다.

　　　　(이때 다윗이 등장한다)

다 윗 : 히히. 임금님. 안녕하세요? 전 목동 다윗이예요.

사울왕 : (머리를 때리면서) 네 이놈! 다윗이고 뭐고 당장 꺼지지 못할까?

다 윗 : 임금님. 왜 때리세요? 전 잘못한 게 없는데요?

사울왕 : 잘못한 게 없다구? 네가 어른들도 감히 상대하지 못하는 거인 골
　　　　리앗과 싸우겠다는데 왜 잘못이 아니란 말이냐?

다 윗 : 사울 임금님! 저는 미친 것이 아니예요. 여기 00교회 친구들도 아
　　　　는 사실이지만 제가 양을 치면서 사자와 곰과 싸워서도 이겼어요.
　　　　그렇죠? 여러분!(네) 봐요. 그렇다고 하잖아요.

사울왕 : 정말 다윗이 사자와 곰과 싸워서 이겼느냐?(네) 뗙! 너희들이 다윗
　　　　과 짜고서 거짓말을 하는거지?(아니요) 아니라구? 하기야 00교회
　　　　아이들이 거짓말을 하지는 않을 텐데.(애들을 향해) 정말이냐?(네)

다 윗 : 임금님. 정말이예요. 하나님께 기도하니까 하나님이 힘을 주셔서

이긴 거예요. 그렇죠, 여러분? (네)

사울왕 : 정말 그렇다면 내가 미안하게 되었구나. 그래서 너에게 선물을
　　　　준비했단다.

다　윗 : 선물이라고요? 그게 뭔데요? 과자요?

사울왕 : (투구를 들어 씌우면서) 과자가 아니라 바로 이 투구인데 이걸 쓰
　　　　고 나가야 골리앗과 싸워도 머리를 다치지 않는단다.

다　윗 : 아무 것도 안보여요. 답답해요.

사울왕 : (투구를 때리면서) 그래도 큰일을 당하지 않으려면 써야 한다.

다　윗 : (벗어 던지며) 싫어요. 이런 거 필요 없어요. 전 그냥 나갈 거예요.

사울왕 : 그래? 골리앗과 싸워 이길 특별한 무기라도 있느냐?

다　윗 : 이 작은 물맷돌로 "에잇 팡!"(인형무대 아래를 소리나게 때린다)하
　　　　고 던지면 골리앗은 쓰러질 거여요.

사울왕 : 이 작은 물맷돌로 골리앗을 쓰러뜨린다고? 어휴. 내가 사람을 잘
　　　　못 봤구나.

다　윗 : 아니예요. 내가 이 물맷돌로 늑대와 사자와 곰도 쓰러뜨렸어요.

사울왕 : 그건 동물이니까 그렇지, 골리앗은 큰 거인이요 사람이란다.

다　윗 : 그래도 괜찮아요. 하나님께는 골리앗 같은 거 아무것도 아니예요
　　　　그렇죠? 여러분?(네)

사울왕 : 좋다. 꼭 싸워서 살아서라도 돌아오기 바란다.

다　윗 : 아이! 무슨 그런 믿음 없는 말씀을 하세요? 임금님은 기도하시면서
　　　　저 산꼭대기에서 구경이나 하세요. 난 반드시 골리앗과 싸워서 승

리하고 돌아올게요. 사울 임금님! 여기모인 OO교회 친구들과 "기도
할 수 있는데"를 같이 찬양해요(찬양 인도자가 나와 인도한다) 임금
님! 어때요? 걱정이 사라지지요?

사울왕 : 정말 찬송을 부르니까 걱정이 사라지는구나.

다 윗 : 기도하면 걱정도 염려도 어떤 문제도 다 물리칠 수가 있어요.

사울왕 : 그래? 그렇다면 너의 기도하는 믿음으로 저 골리앗을 물리치고
돌아오면 내가 믿겠다.

다 윗 : 하나님은 우리의 기도를 들으시고 응답해주세요.(애들을 향해) 그
렇지요?(네) 보세요. 그렇다고 하잖아요. 사울 임금님! 그럼 골리앗
을 물리치고 돌아올게요(퇴장한다)

사울왕 : 과연 다윗이 잘 싸울 수 있을까? 너무나 궁금하구나.(애들을 향해)
너희들은 다윗이 골리앗과 싸워 이길 수가 있다고 보느냐?(네) 글
쎄. 아무리 생각해도 난 결과를 봐야 믿겠다. 지금 산꼭대기에 올라
가서 다윗이 이기는지 구경이나 해야겠다. (퇴장하며 막이 내린다)

◆ 해설

여러분! 잘 보셨어요?(네) 다윗이 누구와 싸우러 나갔어요?(골리앗이요)
네. 과연 다윗이 골리앗과 싸워 이길 수 있을까요?(네) 이길 수가 있다면 다
같이 두 손을 들고 아멘!(아멘) 여러분의 말대로 다윗이 골리앗과 싸워 이
길 수가 있는지 제3막을 살펴보도록 하겠습니다. 3막이 준비되는 동안 다
같이 "승리는 내 것일세" 찬양을 부르겠습니다.(찬양 인도자가 나와 인도

한   다. 마친후) 지금부터 인형극을 시작하겠습니다. 인형극의 제목은 "다윗과 골리앗 제3막 박수".(막이 오른다)

◈ 배경 : 산이 보이는 전쟁터

골리앗 : (목소리만) 우하하하하. 이스라엘 놈들아. 하나님이 어디 있느냐?

그까짓 하나님 나와 보라구 해라. 내가 상대해 줄테니까. 한 방에

날려 버릴테다. 우하하하하. 오늘 따라 술을 너무 마셨더니 눈에 뵈

는 게 없다. 꺼윽! 오늘은 어른이고 노인이고 누구든지 가만히 두지

않겠다.(등장한다) 우하하하하. 내가 바로 자이언트 거인 골리앗이

다. 이스라엘 놈들아. 빨리 나와 상대할 용사를 내보내라. 내가 한

방에 없애 버리겠다.(애들을 향해) 아니? 그러고 보니 여기에 웬 애

들이 이렇게 많은 거야? 오! 너희들도 이스라엘 놈들처럼 하나님을 믿는 놈들이로구나. 그렇지?(네) 우하하하하하. 좋다. 너희들 모두 이 골리앗 아저씨의 말을 따라 하면 내가 가지고 있는 이 창과 칼 그리고 방패를 선물로 주겠다. 자, 따라 해라. "하나님은 없다"(하나님은 있다) 뭐라구? 이것들이 감히 골리앗 아저씨의 말을 거역해? 좋다. 마지막으로 한 번의 기회를 주겠다."하나님은 없다"(하나님은 있다) "천국도 없다" (천국도 있다) "지옥도 없다" (지옥도 잇다) "하나님 보다 블레셋 다곤신이 더 크다"(하나님 보다 블레셋 다곤신이 더 작다) 에이! 내 이놈들을 모두 가만히 두지 않겠다. 너희들 모두 이 골리앗 아저씨가 집에도 못 가도록 모두 혼내주겠다.(이때 다윗이 등장한다)

다 윗 : "하나님은 있다" 아무것도 아닌 바보 같은 골리앗아.

골리앗 : 아니? 뭐라고? 내가 아무것도 아닌 바보라고 했냐? 넌 왠 꼬마 녀석이냐?

다 윗 : 난 꼬마 녀석이 아니라 이스라엘 용사 다윗이다. 너 골리앗이 바보 같은 것은 하나님이 없다고 했기 때문이다.

골리앗 : 우하하하하하. 이스라엘 놈들은 어린아이까지 미쳤구나. 저러니 하나님을 믿는 놈들은 모두 미친놈들이야.(애들을 향해) 애들아. 그렇지?(아니야) 아니긴 뭐가 아니야? 미쳤으니까 저런 꼬마같은 놈이 나오지.

다 윗 : 나는 미친 것이 아니라 너 골리앗을 하나님의 이름으로 쓰러뜨리

려고 나왔다.

골리앗 : 뭐라고? 나를 눈에 보이지도 않는 하나님의 이름으로 쓰러뜨리 겠다고? 좋다. 어디 한 번 쓰르뜨려 봐라. 내가 너를 꼬마라고 봐 줄 것 같으냐? 이놈! 니가 나를 개로 여기고 막대기를 가지고 나왔느 냐? 우리 블레셋의 신인 다곤신의 이름으로 저주하고 너의 시체를 공중의 새들과 들짐승들의 먹이로 주겠다.

다 윗 : 너는 칼과 창과 단창으로 내게 오지만 나는 니가 모욕하는 만군의 여호와의 이름 이스라엘 군대의 하나님의 이름으로 너에게 나간다.

골리앗 ; 쪼그만 놈이 입만 살아서 말만 잘하는구나. 내가 꼬마라고 봐줄 것 같으냐? 이리 오너라. 네 이놈!(달려든다)

다 윗 : (기도한다) 하나님 아버지. 제가 저기 있는 골리앗을 물맷돌 한 방 으로 쓰러뜨리게 해주세요. 아멘.

골리앗 : 아니? 이놈이 뭐라구 중얼거리는거야? 네 이놈!(달려든다. 이때 다윗이 물맷돌을 돌린다) 아니? 이놈이 뭘 돌리는 거야? 아이고! 어 리저워~(비틀거린다)

다 윗 : 만군의 여호와의 이름으로 맞아라. 에잇!(골리앗이 물맷돌에 맞아 쓰러진다)

골리앗 : 으악! 억울하다. 내가 저런 꼬마의 돌에 맞아 죽다니..켁!(쓰러진 다)

다 윗 : 여러분! 박수!(기도한다) "하나님 아버지. 감사해요. 하나님이 함께 하셔서 제가 거인 골리앗과 싸워서 이기게 해 주심을 감사드립니

다. 아멘. (애들을 향해) 여러분! 내가 거인 골리앗과 싸워서 이겼지요? (네) 모두 기도해서 이겼지요? (네) 여러분들도 저처럼 무슨 일이든지 꼭 기도하세요. 알았지요?(네) 그럼 사자나 곰이나 골리앗과 같은 어떤 문제나 마귀의 시험도 아무 것도 아니예요. (골리앗의 머리를 때리며) 아무것도 아닌 게 까불고 있어.(골리앗의 목을 끌어안고서) 가자! 골리앗. 어휴. 이건 머리도 무겁네. 히히. 사울 임금님! 보세요. 제가 거인 골리앗과 싸워서 이겼잖아요. 여러분! 그럼 다음에 만날 때까지 안녕! (손을 흔들며 찬송하며 퇴장한다)"하나님은 나의 목자시니 내게 부족함이 없으리로다"(막이 내린다)

◆ 해설

여러분! 잘 보셨어요? (네) 다윗이 사자와 곰과 골리앗을 모두 무엇을 먼저 해서 물리쳤나요?(기도요) 네. 기도해서 물리쳤지요?(이때 "기도할 수 있는데" 반주가 나온다) 이 시간 다같이 두 손을 모으고 눈을 감고 생각해 보세요. 여러분은 지금 어떤 문제로 고민하고 있나요? 혹시 집안에 문제가 있지 않나요? 사자나 곰과 골리앗과 같은 크고 어려운 문제나 마귀의 시험이 괴롭힌다고 할지라도 지금 이 시간에 다윗처럼 기도해 보세요. 기도가 물매돌이 되어 모두 물리쳐 버릴 거예요. 이 시간에 다같이 "오늘 집을 나서기 전 기도했나요"를 눈을 감고 찬송하면서 현재 내가 가진 문제와 내 가정에 가진 문제를 위해 기도겠습니다.(찬송을 인도자가 가사를 불러 주며 부른 뒤에 공연자의 인도에 따라 기도회를 은혜롭게 인도한 후 마무

리 기도를 따라하게 한 뒤에 "승리는 내 것일세" 찬양을 부른 후에 마친다)

◈ 마무리기도

하나님 아버지 감사합니다/이 시간 다윗과 골리앗을 통해 어떤 문제든지/기도를 통해서 이길 수 있음을 배웠어요/우리도 다윗처럼 기도로 사자나 곰이나 골리앗 같은/크고 작은 어떤 문제들도 기도로 모두 물리칠 수 있도록 도와주세요/예수님의 이름으로 기도합니다. 아멘

◈ 준비 찬양

승리는 내 것일세(개사함)

1. 승리는 내것일세 승리는 내것일세 하나님께 기도하면 승리는 내것일세 내것일세 승리만은 하나님께 기도하면 승리는 내것일세

2. 승리는 내것일세 승리는 내것일세 하나님께 기도하면 걱정도 사라지네 골리앗도 기도하면 승리는 내것일세

3. 승리는 내것일세 승리는 내것일세 하나님만 의지하면 승리는 내것일세 내것일세 승리만은 하나님만 바라보면 승리는 내것일세

7. 영적인 눈을 떠요

(전교인 기도 인형극 부흥회)

7. 영적인 눈을 떠요

◈ 등장인물 : 아람왕, 신하, 게하시, 엘리사

◈ 성경 : 열왕기하 6:8-17

◈ 준비 찬양 : 내가 산을 향하여, 찬양하라 내 영혼아(개사함, 마무리기도 아래에 있다),

◈ 지시 사항 : 인형극을 하기 전에 청중들에게 인형들이 질문하면 반드시 대답을 해줄 것과 "제1막, 제2막, 제3막"할때 마다 "와!"하고 큰소리를 지르며 박수를 지르게 한다.

◈ 주의 사항 : 예배 전에 부르는 찬양은 위의 준비찬양만 부른다.

◈ 해설

지금부터 인형극을 시작하겠습니다. 인형극을 시작하기 전에 다같이 "내가 산을 향하여"찬양을 1절만 부르겠습니다.(찬양 인도자가 나와 인도한다. 마친후) 인형극의 제목은 "영적인 눈을 떠요 제1막 박수" (막이 오른다)

◆ 배경 : 궁궐 안(그림 삽입)

아람왕 : 여봐라. 게 아무도 없느냐? 다들 어디 간 거야? 여기00교회 애들
　　　　만 모여 있고 신하들이 보이지를 않으니....애들아. 너희들 내 신하
　　　　들을 보았느냐?(못봤어요) 못봤다구? 어험! 내가 누구냐 하면 이스
　　　　라엘의 원수 나라인 아람왕이시다. 우리 아랍나라는 림몬이라는 신
　　　　을 섬기는데 이스라엘 놈들은 바보같이 눈에 보이지도 않는 하나님
　　　　을 믿는다고 하던데, 혹시 너희들도 하나님을 믿느냐?(네) 이, 이런
　　　　바보같은 것들을 보았나? 너희들 모두 나 아람왕의 말을 따라 하는

자는 특별히 임금이 주는 큰 상을 내리겠다. 너희들이 사고 싶고, 갖고 싶고, 먹고 싶어하는 것을 모두 주겠다. 알겠느냐? 자! 따라해라. "하나님은 없다"(하나님은 있다) "천국도 없다"(천국도 있다) "지옥도 없다" (지옥도 있다) 아니? 이것들이 감히 나 아람왕을 우습게 여겨? 왕이 주는 선물을 거절하다니...좋다. 너희들이 선물이 싫다면 누구든지 좋아하는 돈을 백만원씩 주겠다. 자! 따라 해라. "하나님은 없다" (하나님은 있다) (더 큰소리로)"하나님은 없다"(하나님은 있다) 아니? 그래도 이것들이 내 말을 무시해? 너희들도 이스라엘 놈들과 함께 모두 없애버리고 말겠다. 죽기 싫은 놈들은 지금부터 빨리 집으로 도망가는 것이 좋을 것이다. 알겠느냐?(아니) 이런 괘씸한 것들을 봤나? 너희들 모두 이따가보자. 가만히 두지 않겠다. 여봐라! 게 아무도 없느냐?

신 하 : 예이. 전하! 부르셨습니까?

아람왕 : 아니? 너는 도대체 이 궁궐 안에 있지 않고 어디를 갔다 오느냐?

신 하 : 아뢰옵기는 황공하오나 이스라엘 놈들이 희한하게도 우리가 쳐들어가는 곳마다 귀신같이 알아차려서 어떡해야 할지 다른 신하들과 의논을 하고 왔사옵니다. 전하!

아람왕 : 뭐야? 그럼 우리 아람 나라에 이스라엘에게 우리의 비밀을 알려주는 간첩이라도 있단 말이냐?

신 하 : 그게 아니오라 이스라엘에는 엘리사라는 선지자가 있어 대왕께서 침실에서 하신 말씀이라도 이스라엘 왕에게 알린다고 하옵니다.

아람왕 : 뭐야? 그까짓 엘리사 선지자라는 놈 하나 때문에 우리가 그동안 이스라엘 놈들을 물리치지 못했단 말이냐? 좋다. 그럼 엘리사 선지자라는 놈만 없애 버리면 되겠구나. 지금 그 놈이 어디에 있다고 하더냐?

신 하 : 예이. 지금 도단이라는 성에 있다고 하옵니다.

아람왕 : 도단성이라고 하였느냐? 그럼 오늘 밤에 당장 군사들을 이끌고 쳐들어가자. 내가 앞장 서겠다. 도단성을 쥐새끼 한 마리도 도망치지 못하도록 포위하여라. 엘리사 선지자 놈을 먼저 없앤 뒤에 여기 모인 00교회 애들도 모두 없애버리도록 하자. 알겠느냐?

신 하 : 예이. 너희들은 오늘 제삿날이로구나. 집에서 놀기나 할 일이지 괜히 교회에 나와서 죽음을 면치 못하다니. 쯧쯧 불쌍한 것들. 이따가 죽을 준비나 하여라.(퇴장할 때 막이 내린다.)

◈ 해설

여러분! 잘 보셨어요?(네) 지금 아람왕이 신하를 데리고 군대를 동원하여 누구를 없애려고 갔어요?(엘리사 선지자요) 과연 엘리사 선지자의 운명이 어떻게 되는지 제2막을 살펴보도록하겠습니다. 2막이 준비되는 동안 다같이 "내가 산을 향하여" 찬양을 부르겠습니다. (찬양 인도자가 나와 인도한다. 마친 후) "영적인 눈을 떠요 제2막 박수"(막이 오른다.)

◆ 제 2 막 ◆

◈ 배경 : 엘리사 선지자의 방(그림 삽입)

게하시 : (호들갑을 떨며 나타난다) 아이고! 크, 큰일 났다. 아, 아람군대가
       쳐들어왔다. 아이고고고고고! 하나님! 살려주세요. 이때 엘리사 선
       지자님은 도대체 어디를 가신 거야? 여러분! 혹시 엘리사 선지자님
       을 보셨어요?(못 봤어요) 못 봤다구요? 그럼 혹시 무서워서 나만 남
       겨두고 혼자 도망간 거 아냐? 아니지. 엘리사 선지자님은 그럴 분
       이 아니지. 엘리사 선지자님! 어디 계셔요? 네? (이때 엘리사 선지
       자가 나타난다)

엘리사 : 어험! 게하시야. 왜 이렇게 호들갑을 떨고 난리냐? 무슨 일이냐?

게하사 : 아이고! 엘리사 선지자님. 어디 계셨어요? 지금 밖에 나가 보세요. 아, 아람군대가 도단성을 포위하고 있어서 쥐새끼 한 마리도 빠져 나가지 못하도록 해 놨어요. 그리고 저 소리를 들어보세요.

아람왕 : (목소리만)이스라엘 놈들아! 엘리사 선지자란 놈이 이 도단성에 있는 것을 알고 왔다. 빨리 엘리사 선지자를 내보내지 않으면 너희들 모두 없애버리겠다. 엘리산지 장의산지 빨라 내보내라. 단칼에 목을 베겠다. 우하하하하. 너희는 포위 되었다. 독 안에 든 쥐다. 항복하기 싫으면 빨리 엘리사를 내보내라.

게하시 : 저, 저 소리가 안들리십니까요?

엘리사 : 하하하하. 그래서 게하시 너는 그렇게도 아람군대가 무서우냐?

게하시 : 그, 그럼요. 엘리사 선지자님은 죽는 게 안무서우세요?

엘리사 : 하나님이 우리와 함께 하시는데 죽는 게 뭐가 무서우냐? 더구나 우리의 하나님의 군대가 저들 보다 더 많이 있는데 무엇이 무섭단 말이냐?

게하시 : 네? 하나님의 군대가 더 많이 있다구요? 어디에 있다는 말입니까? (왼쪽과 오른쪽을 번갈아 보며 하늘과 아래도 쳐다본다) 내 눈에는 아무 것도 안 보이는데요. 여러분! 여러분도 하나님의 군대가 보여요? (안보여요) 보세요. 여기 있는 00교회 애들도 보이지 않는다고 하는데 무엇이 보인단 말입니까? 괜히 저를 안심시키려고 지금 거짓말을 하시는 거죠? 그렇죠?

엘리사 : 여러분도 안 보입니까? (네) 기도 많이 하세요. 기도를 안하니까 안 보이는 거여요. 지금까지 내가 너에게 거짓말을 한 적을 보았느냐?

게하시 : 아뇨. 한 번도 없습니다요.

엘리사 : 그런 내가 너에게 거짓말을 하겠느냐? 자! 이 시간에 나와 함께 기도하자.

게하시 : 아이고. 지금 기도할 시간이 어디 있습니까? 빨리 도망부터 가야죠. 언제 죽을지도 모르는데 기도가 무슨 소용이 있습니까?(애들을 향해) 그렇죠? (아뇨) 뭐? 아니라구? 너희들도 나 같은 상황이 되어 봐라. 기도가 나오나?

엘리사 : 너는 여기에 있는 00교회 애들의 믿음만도 못하구나. 더 이상 딴 말 말고 기도부터 하자.(게하시의 두 손을 붙들고 기도한다)

게하시 : 예, 예. 순종하겠습니다요. 할렐루야. 아멘.

엘리사 : "사랑하는 나의 하나님 아버지. 게하시의 눈을 열어 하나님의 군대를 보게 하옵소서. 눈을 열어 주옵소서. 아멘" 자! 게하시야. 이제 성 위에 올라가서 하나님의 군대를 보러 나가자.

게하시 : 예? 예? 지금 성 위로 올라가자구요? 그러다가 혹시 아람군대가 쏘는 화살에 맞으면 어떡하라구요?

엘리사 : 하하하하. 아람군대가 화살을 쏴? 하나님의 군대가 우리를 보호 할테니 아무 염려하지 말고 나가도록 하자. 따라 오너라.(퇴장한다)

게하시 : 좋아. 죽으면 죽으라지. 어차피 죽으면 천국 갈텐데 무슨 걱정이

야? 그렇죠? 여러분!(네) 자! 그럼 이따 다시 만나요. 안녕!(손을 흔들며 퇴장할 때 막이 내린다)

◈ 해설

여러분! 잘 보셨어요?(네) 지금 아람군대가 쳐들어와서 도단성을 포위하고 있는데 엘리사 선지자는 무엇을 믿고 두려워하지 않는지 정말 하나님의 군대가 얼마나 많이 있는지 제3막을 살펴보돌고 하겠습니다. 3막이 준비되는 동안 다같이 "내가 산을 향하여" 찬양을 3절까지 부르겠습니다.(찬양인도자가 나와 인도한다. 마친후) 지금부터 인형극을 시작하겠습니다. "영적인 눈을 떠요 제3막 박수" (막이 오른다)

◈ 배경 : 불말들의 그림(그림 삽입)

(엘리사가 왼쪽에서 먼저 등장한다)

엘리사 : 게하시야, 어서 나오너라. 뭐하고 있느냐?

게하시 : 네, 네. 그, 그런데 어디에 하나님의 군대가 보입니까요?

엘리사 : 너의 뒤를 돌아 보아라.

게하시 : 으악- 귀, 귀신이다.

엘리사 : 그건 귀신이 아니라 불말이란다.

게하시 : 예? 불말이라구요? 아, 아이고. 뜨거워. 살려줘요.

엘리사 : 허허허허. 뜨겁기는, 불말이 그렇게 보여도 하나도 뜨겁지 않단
다.

게하시 : 그, 그러고 보니 그렇네. 야. 참으로 신기하네

엘리사 : 게하시야. 이렇게 불말과 불병거가 온 산에 가득한데 아람군대와
비교가 되겠느냐?

게하시 : 이, 이제야 제가 귀로만 들었던 하나님의 군대를 눈으로 보게 되
었습니다요. 그까짓 아람군대 같은 거 이제는 하나도 안 무섭습니
다요.

엘리사 : 하하하하. 이제야 알았느냐? 그래서 사람이 육신의 눈만 가지고
는 이 세상을 살 수가 없단다. 하늘의 세계를 볼 수 잇는 영적인 눈
이 열려야 한단다.

게하시 : 영적인 눈이 열리려면 기도를 많이 해야 되지요?

엘리사 : 그렇단다. 기도도 밥 먹을 때와 교회에 나와서 예배 시간에만 해
서는 안 되고 어디서든지 열심히 기도할 때 영적인 눈이 열리게 되
어 있지.

게하시 : 그, 그럼 요즘 애들이 핸드폰 게임하고 캄퓨터에 시간을 보내는
만큼 그만한 시간에 기도하면 되겠네요.

엘리사 : 그렇지. 만일 전 세계의 교회 어린이들이 그렇게 기도한다면 세
계의 역사가 달라질거야.

게하시 : 저도 이제부터 열심히 기도하겠습니다. 여러분! (네) 여러분도 열
심히 기도하셔서 영적인 눈이 뜨여져 하나님의 군대도 천국도 볼 수

있도록 하세요. 알았지요?(네)

엘리사 : 허허허허. 이제야 우리 게하시가 영적인 눈이 열렸구나.

게하시 : 이게 다 하나님이 함께 하시는 엘리사 선지자님을 만난 덕분이지
요. 여러분!(네) 우리 모두 이럴 것이 아니라 다같이 "내가 산을 향
하여" 찬양을 부르며 영적인 눈을 뜨게 하시는 하나님을 찬양합시
다(찬양 인도자가 나와 인도한다. 마친후) 여러분! 그럼 다음에 다
시 만날 때까지 안녕!(퇴장하여 막이 내린다)

◈ 해설

여러분! 잘 보셨어요? 여러분들도 그동안 게하시처럼 영적인 눈이 뜨여
지지 못한 모습으로 살았을거예요. 기도함으로 영적인 눈이 뜨여진 게하
시처럼 우리도 이 시간에 영적인 두 눈이 뜨여지도록 힘을 다해 기도합시
다. 다같이 "기도하라 내 영혼아"를 가사를 생각하며 눈을 감고 찬양한 후
에 기도하겠습니다.(찬양 인도자가 나와서 찬송가 가사를 불러주며 인도
한다. 마친후) 반주가 끝날때까지 2~3분 동안 통성으로 기도하게 한 후 마
무리 기도를 따라하게 한 뒤에 마친다)

◈ 마무리기도

하나님 아버지 감사합니다 / 영적인 눈을 떠라 인형극을 통해서 / 우리
도 게하시처럼 영적인 눈이 뜨게 해주세요 / 이제부터 열심히 기도할게요.
변화시켜 주세요 / 예수님의 이름으로 기도합니다. 아멘 /

◈ 준비 찬양

1. 내가 산을 향하여 눈을 들리라 나의 도움이 어디서 올꼬 천지 지으신 여호와 나의 왕이여 영원 무궁히 지키시리로다

2. 내가 하늘 향하여 눈을 들리라 나의 도움이 어디서 올꼬 천지 지으신 여호와 나의 왕이여 영원 무궁히 지키시리로다

3. 내가 주를 향하여 눈을 들리라 나의 도움이 어디서 올꼬 천지 지으신 여호와 나의 왕이여 영원 무궁히 지키시리로다

"찬양하라 내 영혼아"를 개사한 찬양

1. 기도하라 내 영혼아 기도하라 내 영혼아 내속에 있는 모든 것들아 다 기도하라

2. 거듭나라 내 영혼아 거듭나라 내 영혼아 내속에 있는 모든 것들아 다 거듭나라

3. 눈을떠라 내 영혼아 눈을떠라 내 영혼아 내속에 있는 모든 것들아 다 눈을떠라

8. 부자와 거지 나사로(눅 16:19-31)

(전교인 전도 인형극 부흥회)

8. 부자와 거지 나사로(눅 16:19-31)

◆ 등장인물 : 부자, 부인, 거지 나사로, 변화된 나사로, 아브라함, 마귀, 강아지 인형

◆ 소품 : 하모니카 2개, 개 인형(작은 강아지 인형은 공연시 잘 안보임으로 큰 인형이 낫다)

◆ 성경 : 누가복음 16:19-31

◆ 준비 찬양 : 돈으로도 못가요, 예수님 찬양(1절), 예수 이름으로(1절), 내주를 가까이 하게함은(338,1,3,4절) 하나님의 나팔소리(180,1절), 좋으신 하나님(2,3절은 개사함), 웬일인가 내형제여(522,1,2,3절)

◆ 주의 사항 : 예배 전에 부르는 찬송은 준비 찬양만 부른다.(내주를 가까이 하게함은 찬송은 하모니키음과 반주음이 C코드라야 화음이 맞다)로

◆ 지시 사항 : 인형극을 하기 전에 청중들에게 인형들이 질문하면 반드시 대답을 해줄 것과 "제1막, 제2막, 제3막"할때 마다 "와!"하고 큰소리를 지르며 박수를 지르게 한다. 인형들이 질문을 하면 대답을 잘해줄 것과 3막에 마귀가 나오는데 마귀가 질문을 하면 "네"하지 말고 무조건 "왜"라고 대답하도록 지시한다.

◈ 해설 : 지금부터 인형극을 시작하겠습니다. 인형극을 하기전에 먼저 다같이 "돈으로도 못가요 하나님 나라" 1절을 부르겠습니다(찬양 인도자가 나와 인도한다. 마친후) 지금부터 인형극을 시작하겠습니다. 인형극을 시작하기 전에 다같이 "돈으로도 못가요" 찬양을 1절만 부르겠습니다.(찬양 인도자가 나와 인도할 때 막이 오른다. 마친후)인형극의 제목은 "부자와 거지 나사로 제1막 박수"(막이 오른다)

◈ 제 1 막 ◈

◈ 배경 : 부잣집 대문 앞(그림 삽입)

부자 : 꺼윽~ 취한다. 오늘 따라 왜 이렇게 사람들이 우리 집 대문 앞에 많
이 나와 있는거야? 아! 오늘 내 생일이라고 알고서 이렇게 많이들
모였구만. 난 사람들이 많이 모이면 저절로 노래가 나온다 이 말씀
이야. 오늘 노래방에 가서 백점 맞은 노래를 여러분들한테도 불러
보겠소. 우하하하하. "야 야 야 내 나이가 어때서 사랑엔 나이가 있
나요 세월아 비켜라 내 나이가 어때서 사랑하기 딱 좋은 나인데" 우
하하하하. 어때요? 여러분! 내가 노래 잘하지요?(아뇨) 뭐 아니라구
요? 내가 이래봬도 전국 노래자랑에 나가서 상도 탄 몸인데 노래를
못한다고 하니 여기 모인 사람들을 가만히 보니까 교회 나기는 사
람들이구만. 그렇지요?(네) 어느 교회에 나가시나?(○○교회요) 이런
한심한 사람들! 하나님이 어디 있어? 하나님은 없어(있어요) 좋소이
다. 누구든지 내말은 따라하는 자는 오만원씩을 주겠소. "하나님은
없다"(하나님은 있다) 하나님은 없다"(하나님은 있다) 아니? 그래도
내말을 무시해? 열 받았다. 나는 돈 밖에 없는 부자이니까 이번에
따라하는 자는 누구든지 십만원씩 주겠다. "하나님은 없다" (하나
님은 있다) "하나님은 없다" (하나님은 있다) 에이! 이래서 교회 다
니는 자들은 저렇게 고집이 세서 우리 애들도 교회에 안 보내는 거
야. 에이! 재수없어. 들어가기 전에 이들한테 침이나 뱉고 들어가야
겠다. 에잇. 퉤. 퉤. 우하하하하하. 어떠냐? 내 침맛이? 집에 들어가
서 맛있는 바베큐나 먹어야겠다. 여러분들 주나 봐라. 한사람도 안
준다. 여보! 문 열어.(들어간다)

(이때 나사로가 엉금엉금 기어 나온다)

나사로 : 어? 벌써 점심시간이 되었잖아? 여러분 안녕하세요? 나는 거지 나
　　　　사로예요. 나는 아빠 엄마가 어릴적에 돌아가셨어요. 게다가 내 몸
　　　　에는 이렇게 고름이 나서 동네의 개들이 와서 핥아주고 가기도 해
　　　　요. 여러분을 보니까 갑자기 아빠 엄마 생각이 더 난다.(인형을 왼
　　　　쪽을 가게하며 앞을 향해 외친다) 엄마! 으흐흐흑. 왜 나는 아빠 엄
　　　　마도 없는 거야. 여기 00교회 애들은 모두 있는데.. 아니야. 괜찮아!
　　　　하나님이 나의 아버지가 되시잖아. 그나저나 너무나 배가 고프다.
　　　　여러분! 아침 먹었어요? 점심도요? 나는 어제도 오늘도 하루종일 굶
　　　　었어요. 그랬더니 정신이 어찔어찔해요. 어? 그런데 이게 무슨 냄새
　　　　야? 어디서 맛있는 바베큐 냄새가 난다.(뒤를 돌아다 보며)와아! 바
　　　　로 이 집에서 난다. 우아! 되게 부자다. 차도 밴츠다. 밴츠. 와아! 집
　　　　에 수영장도 잇다. 지금 생일파티를 하나 봐. 여러분 모두 조용히 해
　　　　주세요. 문을 두드려 봐야지. (왼손에 낀 부자인형으로 소리가 나도
　　　　록 테이블을 두드리며 오른손에 낀 나사로 인형으로 대문을 두드린
　　　　다) 아저씨. 거지가 왔어요. 네? 이상하다. 왜 아무 소리가 안 나는
　　　　거야? 그렇다면 내 머리로 두드려 보자. (머리로 대문을 두드린다)
　　　　아저씨! 거지가 밥 달라고 왔어요. 네?(머리를 만지며) 아이쿠! 머리
　　　　야. 머리가 박살 나는 줄 알았네.

부　자 : (목소리만) 아니? 밖에 누구야? 누가 대문을 부수로 난리야. 거 누
　　　　구쇼?

나사로 : 네. 아저씨 거지예요. 밥 좀 주세요. 네?

부 자 : (목소리만) 뭐야? 거지라구? 요즘도 거지가 있나? 오늘이 내 생일
　　　　이라 초대한 손님부터 안오고 웬 거지부터 오고 난리야? 혼나기 전
　　　　에 당장 꺼져!

나사로 : (계속 문을 두드리며) 아저씨! 배가 고파서 그래요. 네?

부 자 : (목소리만) 아무래도 안되겠어. 저 녀석을 당장 나가서 혼을 내줘
　　　　야겠어.

부 인 : (목소리만) 여보. 웬만하면 저 거지에게 먹을 것을 줘서 보내요. 여
　　　　기 김밥하고 잡채하고 캔터키 치킨하고 바비큐랑 한 접시 갖다 줘
　　　　요.

부 자 : (목소리만) 뭐야? 이놈의 여편네가? 이러니까 살림을 말아 먹는거
　　　　야. 저리 비켜! 저런 놈은 혼내주지 않으면 습관이 돼서 또 온단 말
　　　　이야. 나간다. 넌 나가면 죽었다.(등장하며 나사로의 머리를 때린
　　　　다) 어! 허! 허! 나쁜 놈! 야! 인마! 너 여기 왜 왔어?

나사로 : (두 손을 모아 빌며) 아저씨. 배가 고파서 왔어요. 밥 좀 주세요.

부 자 : 야. 임마. 우리 집이 식당인 줄 알아? 배가 고프면 식당 가서 사 먹
　　　　으면 될거 아냐? 여기 00교회 근처에도 얼마나 식당이 많은데 하필
　　　　이면 우리 집에 와서 난리야? 난리가?

나사로 : 아저씨! 죄송해요. 너무 배가 고파서 그래요. 어제 하루 종일 아무
　　　　것도 못 먹었구요 오늘도 하루 종일 못 먹었어요.

부 자 : (나사로의 얼굴을 쓰다듬으며)새파랗게 젊은 녀석이 일을 하면 될

거 아냐? 어디 공짜로 거저먹으려고 해?

나사로 : 아저씨! 저는 장애인이라서요 아무 일도 못해요.

부 자 : 우하하하하. 누가 너보고 장애인이 되라고 그랬어? 빨리 가. 경찰
　　　　부르기 전에?

나사로 : (부자를 붙들며) 아저씨. 배가 고파서 그래요. 조금만 주세요. 네?

부 자 : 아니. 이놈이 어디 더러운 손으로 비싼 옷을 만져? 이거 안놔? 이게
　　　　얼마짜리 옷인줄이나 알아?(뿌리친다)

나사로 : 아저씨가 입은 옷이 얼마짜리 옷인데요?

부 자 : 세상에 하나밖에 없는 천 만원짜리 옷이다. 이놈아.

나사로 : 그러면 밥은 주실 줄 있잖아요. 아저씨! 먹다 남은 것도 좋아요.
　　　　조금만 주세요.

부 자 : 어허? 이놈이 곱게 말로 해서는 안되겠구나. 너 이리 좀 와봐.

나사로 : (가까이 간다) 네? 아저씨. 주신다고요?

부 자 : 그래. 밥대신 내 주먹이나 먹어라.(머리를 때린다) 에잇! 팍. 팍. 팍.

나사로 : (힘 없는 목소리로)아,저,씨,바,밥,좀, 주세요.(쓰러진다)

부 자 : (나사로의 멱살을 잡고) 그래도 밥을 달라고? 아직도 정신을 못차
　　　　렸구나. 먼저 여기모인 사람들한테 물어보고 때려야지. 여러분! 내
　　　　가 이 거지를 때릴까요? 때리지 말까요?(때리지 말아요) 나는 청개
　　　　구리 심보가 있어서 "때려요" 하면 안때리고 "때리지 말아요" 하면
　　　　안때릴테니까 잘 선택하기 바랍니다. 여러분! 내가 이 거지를 때
　　　　릴까요? 때리지 말까요?(때려요) 에잇.(얼굴을 때린다) 맞아라! 팍.

나사로 : 어저씨. 왜 때리세요? 안 때린다고 했잖아요.

부 자 : 여기 모인 00교회 사람들이 모두 "때려요"해서 때린다. 더 맞아라.
에잇. 퍽. 여러분이 경찰에 신고해도 CC TV에 다 여러분이 "때려
요"한게 나오니까 나는 아무 죄가 없소이다.

나사로 : 아,저,씨, 바, 밥, 좀 주세요

부 자 : 그래도 이놈이 헛소리를 하는군. (나사로를 잡아 일으키며) 야! 인
마. 다시 밥 달라는 얘기만 해보아라. 그땐 가만 두지 않겠다. 여러
분! 여러분도 나처럼 여러분 집에 거지가 온다든가 가난한 친구가
찾아오면 무조건 나처럼 때려야 다시는 안 와요. 알았지요?(싫어
요) 뭐? 싫다구요? 그러니까 여러분들은 모두 바보들이야. 그렇
지요?(아니요) 아니긴 뭐가 아니야? 멍청한 것들 같으니라구. 집에
들어가서 생일파티나 즐겨야겠다. (퇴장한다)

나사로 : (무대 왼쪽을 향해) 하나님! (무대 오른쪽을 향해) 하나님! (무대
아래 가리개를 붙들며) 너무 배가 고파요. 으흐흐흑. 괜찮아. 예수
님은 40일 금식도 하셨는데..그런데 분명히 저 부자 아저씨는 예수
님을 안 믿는 아저씨일텐데 저러다가 죽으면 지옥에 갈텐테 너무
불쌍하다. 그래. 전도하자. 저 부자 아저씨가 예수님을 믿든지 안믿
든지 난 전도해야겠어. (기도한다) "하나님 아버지. 제가 저 부자 아
저씨를 전도할 수 있도록 도와주세요. 힘을 주세요. 혹시 예수님을
전하다가 맞아 죽더라도 끝까지 예수님을 전할 수 있도록 도와주
세요. 예수님의 이름으로 기도드립니다. 아멘" 그래, 이제 다시 가

서 예수님을 전하자. 여러분! (네) 제가 부자 아저씨한테 가서 전도하기 전에 여러분과 함께 찬송하고 나서 전할 거예요. 여러분! 예수님 찬양과 예수 이름으로 찬양 알지요?(네) 우리 다같이 반주에 맞추어 힘차게 불러요.(찬양 인도자가 나와 인도한다(부른 후) 여러분과 함께 찬송을 부르고 나니까 막 힘이 생겨요. 부자 아저씨 하나도 겁이 안나요.(이때 개가 "멍.멍"하며 나타난다) 어? 해피 아냐? 빨리 집에 들어가. 아저씨한테 걸리면 너도 혼나. 빨리 가.(밀면 개가 "낑,낑"거리며 나간다)

저 해피는 내 몸에 난 고름도 핥어줘요. 아저씨한테 다시 예수님을 전해야지(문을 두드리며) 아.저.씨. 거지가 할 말이 또 왔어요? 네?

부 자 : (목소리만) 아니? 저 녀석이 오늘 죽으려고 환장을 했나? 넌 내가 나가면 오늘 제삿날인줄 알아라.(등장하며 나사로 머리를 때린다) 허, 허, 허. 나쁜놈! 야. 인마. 왜 또왔어?

나사로 : 아저씨! 밥 달라고 온 게 아니예요.

부 자 : 그럼 돈 달라구?

나사로 : 아뇨. 아저씨도 여기 있는 00교회 여러분처럼 예수님을 믿고 천국을 가시라구요.

부 자 : 우하하하하. (때린다) 미친놈.! 내가 여기 있는 00교회 사람들처럼 예수를 믿으라구? 이놈이 배가 고프니까 이제는 헛소리까지 하는군. 야! 인마. 내가 바보같이 왜 예수를 믿어? 예수 믿는 놈들은 모두 정신병자야 정신병자!

나사로 : 아니예요. 예수 믿는 사람들은 모두 착한 사람들이예요. 그렇죠? 여러분?(네) 보세요. 그렇다고 하잖아요.

부 자 : 무슨 소리를 하는 거야?(교인들을 향해) 예수 믿는 자들은 모두 정신병자다.(아니다) 아니긴 뭐가 아니야? 하나님이 어디 있어? 하나님은 없다(하나님은 있다) 아니? 이 사람들이 니를 놀려? 하나님이 있다면 나한테 보여주면 믿겠소. 거봐! 못보여주니까 엉터리들이지.

나사로 : 아니예요. 아저씨! 하나님은 우리 눈에 안보여도 계세요. 그래서 예수님을 보내주신 거여요. 그렇죠? 여러분!(네) 보세요. 그렇다고 하잖아요.

부 자 : 이놈아. 너나 여기 있는 자들이 모두 정신병자니까 그렇지.

나사로 : 아니예요. 아저씨! 예수님 믿으세요. 그렇지 않으면 지옥간단 말이예요.

부 자 : 뭐야? 지옥을 가? 지옥이 어디 있고, 천국이 어디 있어? 그건 모두 교회에서 헌금 많이 걷으려고 꾸민 얘기야.

나사로 : 아니예요. 여기 있는 00교회 여러분에게 물어보세요. 00교회 여러분! 천국 있죠?(네) 지옥도 있죠?(네) 그것 보세요. 있다고 하잖아요.

부 자 : 웃기지 마쇼. 천국은 없다.(있다) 지옥도 없다(있다) 어허? 이 사람들이 나를 약 올려?

나사로 : 아저씨! 정말 천국과 지옥은 있어요. 여기 있는 00교회 여러분은

거짓말을 안해요

부 자 : 뭐라구? 여기 있는 사람들이 거짓말을 안한다구? 우하하하하. 이
사람들이 생긴 것을보니 뺀질뺀질하게 생겼는데 거짓말을 안한다
구?(나사로의 멱살을 잡으며) 네 이놈! 너 나한테 어디 혼 좀 나봐라.

나사로 : 아저씨! 왜 이러세요?

부 자 : 몰라서 물어? 네놈이 여기 있는 사람들과 짜고 한 패가 돼서 내 생
일잔치를 망치게해? 너를 곱게 보내주려 했는데 안되겠어. 어디 내
생일날 죽어봐라. 내가 이래봬도 젊은 시절에 유명한 권투선수였
다. 넌 한방이면 간다. 에잇! 팍!(나사로 쓰러진다) 우하하하하. 어
떠냐? 내 주먹맛이?

나사로 : (힘 없는 목소리로 일어나서) 아, 저, 씨, 예수님,. 믿으세요, 으
윽!(쓰러진다)

부 자 : (쓰러진 나사로의 머리를 때리며) 그럼 지금부터 카운트 센다. 원,
투, 쓰리, 포, 파이브, 식스, 세븐, 에잇, 나인, 텐. 야! 내가 이겼
다.(두손을 번쩍든다) 그런데 이거지가 왜 안 일어나는거야? 혹시
죽은거 아냐?(귀를 대어본다) 아이고~ 큰일났다. 이거 완전히 갔네.
여기에 00교회 교인들이 다 봤잖아? 여러분! 혹시 경찰이 오면 내가
이 거지를 이랬다고 얘기 안해주면 십만원씩 드릴게요? 알았죠?(할
거야) 그럼 최신형 갤럭시 핸드폰 사줄게요. 알았죠?(할거야) 그렇
다면 도, 도망이다.(퇴장한다)

나사로 : (힘없이 비틀거리며 일어서서) 하, 하나님. 마. 마지막으로 찬, 찬

송 할게요.(무대 아래로 쓰러지며)하, 하모니카(하모니카를 집어서 나사로의 입에 끼우고) 여러분! 다같이 반주에 맞추어 "내주를 가까이 하게 함은"찬송1,3,4절을 불러요.(찬양 인도자가 나와 인도한다. 반주자는 C코드에 맞추어 하모니카 음에 맞추어 반주한다) 이 때 공연자의 입에도 하모니카를 대고 왼손으로 찬송가 "내주를 가까이 하게 함은"을 분다. 나사로 인형의 고개를 움직여 가며 불면 마치 나사로가 하모니카를 부는 것처럼 보여진다. 연주가 끝난 후 하모니카를 떨어뜨리고 하늘을 쳐다보며 하,나,님, 내 영혼을 받아 주세요. 으윽!(무대 아래로 쓰러다.)

◈ 해설

이렇게 하여 불쌍한 거지 나사로는 죽고 말았습니다. 욕심 많던 부자 아저씨도 그날 밤에 심장마비로 죽고 말았으니 과연 나사로와 여러분이 말한대로 천국과 지옥은 있는지 부자가 말한대로 천국과 지옥은 없는지 이들의 영혼은 어떻게 되었는지 제2막을 살펴보도록 하겠습니다. 2막이 준비되는 동안 다같이 "돈으로도 못가요" 찬양을 부르겠습니다.(찬양인도자가 나와 인도한다. 마친후) 지금부터 인형극을 시작하겠습니다. 인형극이 시작될 때 다같이 "하나님의 나팔소리"찬송을 손뼉을 치며 힘차게 부르겠습니다.(찬양 인도자가 나와 인도할 때 막이 오른다. 마친후)"인형극의 제목은 부자와 거지 나사로 제2막 박수"(막이 오른다)

◆ 제 2 막 ◆

◈ 배경 : 아름다운 천국(그림 삽입)

나사로 : (엉금엉금 무대 앞으로 기어 나오며)어? 여기가 어디지? 여러분!
여기가 어디예요? (천국이요) 네? 천국이라고요?(뒤를 돌아보며) 와
아! 정말 천국이다. 하늘에는 천사들이 나팔을 불며 날고 있고 성
은 너무나 아름다운 보석으로 꾸며져 있는데 성벽은 모두 황금이잖
아. 와아~ 길바닥도 번쩍번쩍 눈이 부신 정금으로 되어 있다.(두눈
을 가라며) 아이, 눈부셔.(생명나무가 있는 곳으로 다가간다) 바로
이 나무가 생명나무구나. 이 열매를 먹으면 영원히 죽지 않는다는

그 생명과일이야. (기도한다)"하나님 아버지. 감사해요. 제가 천국에 오게 해주셔서 감사합니다. 예수님의 이름으로 기도합니다. 아멘." 여러분! 이 천국 안에는 예수님이 계실 거예요. 내가 하나, 둘, 셋하면 다같이 큰소리로 "예수님" 하고 외쳐주세요. 알았지요?(네) 하나, 둘, 셋. 예수님! 이상하다. 왜 안 나오시는 거지? 여러분의 목소리가 작아서 그런가 봐요. 다시 한번 하나, 둘, 셋. 예수님!(이때 아브라함이 등장한다)

아브라함 : 허허허허. 나사로야

나사로 : 예수님이세요?

아브라함 : 나는 예수님이 아니라 믿음의 조상 아브라함이란다.

나사로 : 아브라함 할아버지라구요? 그럼 이삭의 아버지요 야곱의 할아버지세요?

아브라함 : 허허허허. 우리 나사로가 성경을 잘 아는구나.

나사로 : 아니예요. 그런 사실은 여기 있는 00교회 여러분들도 다 아는 사실이예요.

아브라함 : 오! 그래? 여러분. 여러분도 나 아브라함을 아십니까?(네) 내가 누구 아버지요?(이삭이요) 그렇다면 내가 누구 할아버지요?(야곱이요) 허허허허. 역시 나사로의 말대로 00교회 교인들이 성경을 잘 아는구나.

나사로 : 그것 보세요. 여기 00교회 000담임목사님이 워낙 잘 지도하셔서 교인들의 성경수준이 대단하네요.

아브라함 : 오! 그래? 하늘의 상이 모두 크겠구나.

나사로 : 그런데 왜 예수님은 안 나오시고 아브라함 할아버지가 나오셨어요?

아브라함 : 그것은 지금 예수님께서 나사로를 위해 천국잔치를 준비해 놓고 기다리고 계시기 때문이란다.

나사로 : 네? 예수님이 나를 위해 천국잔치를 준비해 놓고 계신다고요? 왜요?

아브라함 : 그것은 나사로가 부자에게 매를 맞아 죽어가면서도 예수님을 전하였기 때문이란다. 천국에서 가장 큰상이 바로 전도상인데 너는 내가 쓴 면류관보다도 더 아름다운 면류관을 받을 것이란다.(머리를 숙인다)

나사로 : (면류관을 가라키며) 네? 제가 아브라함 할아버지가 쓴 면류관보다도 더 아름다운 면류관을 받는다구요?

아브라함 : 그렇단다. 죽도록 충성하는 자에게 주는 생명의 면류관을 받을 것이야.

나사로 : 제가 생명의 면류관을 받는다구요?(손뼉을 치며) 와아! 감사합니다. 예수님.

아브라함 : 나사로야. 빨리 들어가자. 예수님이 많이 기다리시겠구나.

나사로 : 아브라함 할아버지. 천국에 들어가기 전에 여기 있는 00교회 여러분들과 찬송하고 싶어요.

아브라함 : 찬송을 하고 싶다구? 무슨 찬송을 하려느냐?

나사로 ; 좋으신 하나님을 찬송하고 싶어요.

아브라함 : 그 찬송은 나도 좋아하는 찬송이란다.

나사로 : 여러분! 좋으신 하나님 찬송 알죠? (네) 그럼 반주에 맞추어 다같
이 아브라함 할아버지와 함께 손뼉 치면서 찬송해요.(찬양 인도자
가 나와 인도한다. 두 인형은 손뼉을 좌우로 흔들며 찬송한다. 3절
까지 부른다)

아브라함 : (나사로의 어깨를 두드리며)허허허허. 그러고 보니 우리 나사
로가 찬송을 잘 하는구나.

나사로 : 아니예요. 여기 있는 00교회 모든 분들이 더 잘했는걸요.

아브라함 : 허허허허. 이렇게 겸손할 수가? 나사로야. 빨리 들어가자 예수
님이 많이 기다리시겠다.

나사로 : 네. 여러분! 여러분들도 나처럼 이 아름다운 천국에 꼭 들어와야
해요. 알았지요?(네) 그럼 천국에서 만날 때까지 안녕.(손을 흔든다)

아브라함 : 여러분들도 나사로처럼 열심히 전도하여 천국에서 만나야 합
니다. 알았지요?(네) 그럼 천국에서 만날 때까지 안녕! (손을 흔들며
나사로와 함께 퇴장할 때 막이 내린다)

◆ 해설

여러분! 잘 보셨어요?(네) 나사로는 어디에 갔어요?(천국이요) 네. 천국
에 갔지요. 나사로는 천국에서 무슨 상을 받게 되었나요?(전도상이요) 네.
전도상으로 무엇을 받게 되었죠?(생명의 면류관이요) 네. 여러분도 나사

로처럼 열심히 전도하여 생명의 면류관을 받겠다는 분들은 모두 손을 들고 아멘을 하시기 바랍니다.(아멘) 그럼 욕심많던 부자아저씨의 영혼은 어디로 갔는지 제3막을 살펴보도록 하겠습니다. 3막이 준비되는 동안 다같이 "돈으로도 못가요" 찬양을 3절까지 부르겠습니다.(찬양 인도자가 나와 인도한다. 마친후) 지금부터 인형극을 시작하겠습니다. 제3막이 시작될 때 다같이 "웬일인가 내형제여"1절을 부르겠습니다. "부자와 거지 나사로" 제3막 박수.(다같이 웬일인가 내형제를 부를 때 막이 오른다. 마친후)

◆ 제 3 막 ◆

◇ 배경 : 불타는 지옥(그림 삽입)

마 귀 : (목소리만) 내가 나가면 너희들은 누구든지 기절초풍을 하게 되어
있다. 심장 약한 애들과 어른들은 빨리 집으로 가는 것이 좋을 거야.
아니면 미리 119구급차를 부르던가.(배경막 밑에서 위로 올라온다)
우하하하하. 내가 바로 마귀다. 나를 자세히 봐라. 내가 이렇게 여
러분한테 직접 나온 것은 아담과 하와를 꼬셔서 죄를 짓게 만든 것
처럼 여러분 모두 시험하여 죄를 짓도록 하기 위해서 나왔다. 나는
사람의 마음속에도 동물의 마음속에도 얼마든지 들어갈 수가 있지.

그래서 뱀도 나의 도구가 되었고 가룟유다도 예수를 은 30에 팔아 버리는 배신자가 되게 한 것이다. 우하하하하. 그럼 지금부터 여러분들 시험하겠다. 00교회 여러분!(왜) 아니? 여러분이 나한테 왜라고 했냐? 어따 대고 반말이야? 왜라니? 내 나이가 몇 살인데. 다시 한 번 묻겠다. 00교회 여러분!(왜) 아니, 그래도 왜? 좋다. 여러분이 내 말이 무서워서 반말을 하는 모양인데 마귀 아이큐가 300이 넘는다는 것을 모르느냐? 내가 목소리를 바꾸어서 내면 반드시 분명히 내게 존댓말을 쓰게 될 것이다. 할아버지 목소리로 "여러분"(왜) 그럼 할머니 목소리로 "여러분"(왜) 이번엔 아저씨 목소리로 "여러분" 그럼 여집사님 목소리로 "여러분"(왜) 마지막으로 여선생님 목소리로 섹시하게 "여러분"(왜) 에이! 좋다. 여러분이 내게 반말을 하던 간에 모두 꼬셔서 지옥에 끌고 가면 되니까. 지금부터 묻겠다. 첫째로 난 여러분들이 교회에 나오는 것을 제일 싫어한다. 지금 코로나로 언제 죽을지도 모르니까 절대로 교회에 나오지 말고 식구들과 함께 집에서만 시간을 보내세요. 알았지요?(싫다) 뭐 싫다구? 그럼 두 번째가 있다. 나는 여러분이 예수의 이름으로 기도하는 것을 제일 싫어한다. 그러니 절대로 기도하지 말고 신나게 세상것을 즐기며 살기 바랍니다. 알았지요?(싫다) 그렇다면 마지막으로 세 번째가 있다. 난 여러분이 여기 지옥에 올 영혼들을 전도하여 교회에 데려오는 것을 제일 싫어한다. 그러니까 여기 모인 어린이들이나 학생들이나 어른들이나 누구든지 전도하지 말아라. 알았지요?(싫다) 에

이! 괘씸한 것들. 여기 00교회 교인들은 보통이 아니구나. 음- 분하다. 그렇지만 계속하여 여러분이 죄를 짓도록 하여 반드시 내가 있는 이 무서운 지옥으로 끌고 오겠다. 그런데 이 부자 녀석은 왜 이렇게 안 오는 거야? 야! 부자야. 빨리 나와.(이때 부자 엉금엉금 무대 위로 기어 나온다)

부 자 : 아이고~. 여, 여기가 어디야? 여러분! 여기가 어딥니까?(지옥) 뭐? 지옥이라구요? 이 양반들아! 지옥은 없어(있어) 없어(있어) 아니, 이 양반들이 정말?(이때 마귀가 부자의 뒤통수를 때린다)

마 귀 : 지옥은 있다. 이 한심한 놈아.

부 자 : 너, 넌 누구냐? 왠 도깨비야?

마 귀 : 뭐? 도깨비라구? (부자를 때리며) 이런 무식한 놈을 보았나? 나를 보고 도깨비라니? 여기 있는 애들도 다 안다. 나를 자세히 봐라.

부 자 : 자, 자세히 보라구? 부, 붉은 악마?

마 귀 : 그렇다. 내가 바로 붉은악마인 마귀다.

부 자 : 아이고! 저, 정말 마, 마귀가 있었구나. 아이고~ 마귀님. 몰랐습니다. 용서해 주세요.

마 귀 : 우하하하하. 뭘 용서해 달란 말이냐? 넌 이 지옥에 온 이상(배경그림을 가리키며) 이들처럼 영원히 꺼지지 않는 불못에서 영원토록 고통을 받아야 할 것이다. 자! 들어가라.

부 자 : 저, 잠깐만요. 제 집에는 돈이 많습니다요. 그 돈을 몽땅 마귀님에게 바칠테니 제발 이 지옥만은 들어가지 않게 해 주세요.

마 귀 : (부자의 머리를 때리며) 이런 한심한 놈을 보았나? 너는 "돈으로도

　　　　못가요 하나님 나라"라는 노래도 모르냐?

부 자 : 네? 그런 노래가 있었습니까? 전 가요무대에서 들어 본 적이 없는

　　　　데, 그 노래를 태진아가 불렀습니까? 아니 송대관이 불렀습니까?

마 귀 : (부자의 머리를 때리며) 이런 무식한 놈을 보았나? 이 노래는 유행

　　　　가가 아니라 찬송가다.

부 자 : 아이쿠! 모, 몰랐습니다요.

마 귀 : 자. 그럼 이제 지옥으로 들어가라.

부 자 : 자, 잠깐만요. 뭐가 그렇게도 급하십니까? 제가 살아 있을 때에 착

　　　　한 일을 한 것이 있었습니다요.

마 귀 : 뭐야? 네가 착한 일을 한 적이 있었다구? 착한일을 아무리 많이 해

　　　　도 예수 안믿으면

　　　　천국에 못간다는걸 모르느냐? 니가 착한일을 한 것이 그게 뭔데?

부 자 : 저희 집에 거지 나사론가 하는 녀석이 찾아왔는데 글쎄 여기 있는

　　　　애들이 그 거지를 때리고 침을 뱉고 놀려 대 길래 제가 "애들아. 그

　　　　러면 안돼. 거지에게 그러면 되니?" 하면서 맛있는 것도 주고 그랬

　　　　더니 어느 날 애들이 거지를 때려 죽였습니다요.

마 귀 : 뭐야? 애들이 거지를 때려 죽였다구? 애들아. 정말 부자가 말한 것

　　　　이 사실이냐? (아니) 아니라는데.

부 자 : 이놈들아! 너희들이 거지를 때렸잖아(아냐) 너희들이 죽였잖아(아

　　　　냐) 아니? 이놈들이 누구한테 죄를 뒤집어 씌워?

마 귀 : (부자의 머리를 때리며) 네 이놈! 누구 앞에서 거짓말을 해? 그건 다 내가 너의 마음속에 들어가서 시킨 짓인데 감히 나한테 거짓말을 해? 너같은 놈은 용서하지 않겠다. 자! 들어가라 가장 뜨거운 지옥의 밑바닥으로.(부자의 머리를 누른다)

부 자 : (몸부림을 친다)으아~ 뜨거워. 살, 살려줘요.(무대 밑으로 기어 나온다)

마 귀 : 아니. 이놈이 어딜 나오려구 그래? (때리며) 들어가. 들어가.

부 자 : 으악~ 이럴 줄 알았으면 너희들 말대로 예수님을 믿었을 것을. 으아~~

마 귀 : (계속 때리며) 들어가라. 뜨거운 지옥의 불속으로 들어가(누른다)

부 자 : 으악~ 누가 나 좀 살려줘요. 이 지옥에서 꺼내줘요. 으악!(쓰러진다)

마 귀 : 모두 다 잘 보았겠지? 누구든지 예수 안 믿는 자들과 예수 믿어도 엉터리로 믿고 죄만 짓는 자들은 다 저렇게 부자와 같은 꼴이 된다. 자! 그럼 다른데도 가서 저 부자와 같은 어리석은 놈들을 지옥으로 또 끌고 와야겠다. 내가 00교회 너희들을 끌고 오는데 오늘은 실패했지만 반드시 너희들도 부자처럼 끌고 오고 말테다. 우하하하하. 그럼 지옥에서 꼭 만나도록 하자. 빠이빠이. (퇴장한다)

부 자 : 으악~ 이럴 줄 알았으면 예수님을 믿을 것을.. 내가 바보였어. 으흐흐흐흑.(무대위를 쳐다보며) 거기 누구 없어요?(오른쪽 무대 가리개 위를 쳐다본다. 이때 가리개 위에서 아브라함과 변화된 나사

로가 나타난다)

아브라함 ; 욕심쟁이 부자야.

부 자 : 아니, 다, 당신은 누구십니까?

아브라함 : 나는 믿음의 조상 아브라함이니라.

부 자 : 아브라함님. 제발 저를 여기서 꺼내 주세요. 앞으로 예수님 잘 믿
       을게요. 네?

아브라함 : 어리석은 부자야. 아무리 지옥에서는 후회를 하고 회개를 할지
       라도 소용이 없다는 것을 모르느냐?

부 자 : 그럼 어떡해요? 그, 그런데 옆에 있는자는 누구입니까?

아브라함 : 바로 옆에 있는 자는 니가 혼내주었던 거지 나사로니라.

부 자 : 네? 넷? 나,나사로라고요? 나사로가 저렇게 달라졌습니까? 면류관
       까지 썼다니 믿을수가 없습니다.

아브라함 : 나사로는 비록 거지로 세상에 살았지만 예수님을 잘믿고 너에
       게 매를 맞고 죽으면서도 예수님을 전했으니 천국의 큰상을 받았
       느니라.

부 자 : 그럼 나사로를 시켜서 손가락에 물 한방울만 찍어서 내 혀 위에 떨
       어지게 하면 소원이 없겠습니다. 지금 목이 타서 죽겠습니다.

아브라함 : 어리석은 부자야. 이 곳 천국과 그 곳 지옥 사이에는 어느 누구
       도 건너갈 수 없는 깊은 수렁이 있어 이쪽에서도 그쪽에서도 서로
       건너갈 수가 없느니라.

부 자 : 그렇다면 마지막으로 소원이 하나 있습니다. 제게는 형제들이 다섯

이나 있는데 모두 예수를 안 믿습니다. 그러니 나사로를 살려서 제 형제들에게 보내셔서 제가 지옥에 와서 고생하고 있다고 제 형제들만이라도 꼭 예수를 믿으라고 하면 안될까요?

아브라함 : 어리석은 부자야. 세상에는 많은 교회와 예수 믿는 교인들이 있어 그들의 전도하는 말을 믿지 않는다면 설령 나사로가 살아서 전한다고 할지라도 믿지 아니할 것이야.

부 자 : 나 어떡해! 으흐흐흐흑.

아브라함 : 여러분! (네) 여러분도 저렇게 어리석은 부자처럼 지옥에 오는 자가 되지 말고 예수님 잘 믿다가 천국에 와야 한다. 알겠지요? (네) 열심히 전도하여 천국에서 만나도록 해요(퇴장한다)

부 자 : 으악! `뜨거워. 여러분! 나 좀 꺼내줘요.(싫어) 이제부터 예수님 잘 믿을께요(싫어) 으악! 차라리 이럴바엔 죽는 것이 낫겠어. 좋아!(손으로 코를 막고) 이렇게 숨을 안 쉬면 죽을 거야. 여러분! 나 죽었지요? (안 죽었어요) 안 죽었다고요? 그럼 혀를 깨물면 죽을 거야. 에잇! (소리가 나도록 옆으로 쓰러진다) 여러분! 나 죽었지요? (안죽었어요) 그러면 뇌진탕으로 머리를 박아서 죽자. 에잇! (공중으로 붕 떠서 머리를 아래로 박는다) 으악! 여러분! 나 죽었지요? (아뇨) 그래도 안 죽었어요? 으흐흐흐흑. 이놈의 지옥은 죽을 수도 없는 영원한 고통만 있는 곳이로구나. 내가 이럴 줄 알았다면 예수를 믿는 건데 내가 어리석었어. 이 지옥은 빠져 나갈 수도 없는 무서운 곳이로구나. 여러분! (네) 여러분도 나처럼 이 무서운 지옥에 오지 말고 또

나같이 예수님을 안믿고 어리석은 자들이 지옥에 들어오지 않도록 열심히 전도하세요. 알았지요?(네) 으악! 뜨거워. 내가 이럴 줄 알았으면 예수를 잘 믿는 건데.. 내가 바보였어. 으악! 뜨거워. 으악!(몸부림치며 쓰러질 때 막이 내린다)

◆ 해설

여러분! 잘 보셨어요? (네) 부자가 어디에 갔어요?(지옥이요) 그럼 거지 나사로는 어디에 갔어요? (천국이요) 여러분은 천국 가고 싶어요? 지옥 가고 싶어요?(천국이요)네. 천국에 가서 거지 나사로처럼 생명의 면류관을 받으려면 어떻게 해야 되나요?(전도해야 되요)네. 전도해야 되지요? 이 시간에 다같이 우리교회에 전도의 역사가 일어나도록 간절히 기도합시다.(이때 "웬일인가 내형제여"반주가 흐른다)아직도 우리 주위에는 지옥에 간 부자처럼 예수님을 안 믿는 자들이 너무 많아요. 여러분의 가족 중에 내가 아는 친구나 이웃 그리고 친척 중에도 예수님을 안 믿는 다들이 너무 많은 거예요. 이들이 부자처럼 지옥에 간다고 생각해 보세요. 얼마나 끔찍한 일이예요? 이들을 마귀의 손에서 벗어나게 하는 것은 이 시간에 예수님의 이름으로 기도하는 것뿐입니다. 다같이 찬송가 "웬일인가 내형제여"를 부르며 이들의 얼굴을 떠올리며 간절히 기도하시겠습니다(찬양 인도자가 나와 3절까지 인도한다. 마친후) 반주가 끝날때까지 공연자의 인도에 따라 2~3분동안 통성으로 기도하게 한후 마무리 기도를 따라하게 하고 "좋으신 하나님"을 3절까지 찬양한후 마친다.

하나님 아버지 감사합니다 / 오늘 부자와 거지 나사로 인형극을 통해 / 말로만 듣던 천국과 지옥을 보았습니다 / 저희도 나사로처럼 예수님을 전하는 삶을 살게 해주십시오 / 아직도 예수님을 안믿는 친구들과 친척들과 이웃들에게 예수님을 전하게 해주십시오 / 나사로처럼 천국에 가서 면류관을 쓰는 전도상을 받도록 전도의 능력을 주십시오 / 예수님의 이름으로 기도합니다. 아멘 /

◈ 준비 찬양

"좋으신 하나님"을 개사한 찬양
1. 좋으신 하나님 좋으신 하나님 참 좋으신 나의 하나님
2. 아름다운 천국에 인도해 주시는 참 좋으신 나의 하나님
3. 무서운 지옥에 안 가게 하시는 참 좋으신 나의 하나님.

9. 이웃을 내 몸같이 사랑해요

(이웃사랑 어린이 인형극 부흥회)

9. 이웃을 내 몸같이 사랑해요

◈ 등장인물 : 부자, 강도, 제사장, 레위인, 사마리아인, 여관주인

◈ 성경 : 누가복음 10:25-37

◈ 준비 찬양 : 사랑의 송가, 찬양하라 내 영혼아를 개사한 찬양, 서로 사랑하세요 개사 찬양 (마무리기도 아래에 있다)

◈ 지시 사항 : 인형극을 하기 전에 청중들에게 인형들이 질문하면 반드시 대답을 해줄 것과 "제1막, 제2막"할때 마다 "와!"하고 큰소리를 지르며 박수를 지르게 한다.

◈ 주의 사항 : 예배 전에 부르는 찬송은 위의 준비 찬양만 부른다.

◈ 소품 : 강도의 칼(문구점에 인형극에 사용할 수 있는 작은 칼을 구입한다)

◈ 해설

지금부터 인형극을 시작하겠습니다. 인형극을 시작하기 전에 다같이 "사랑의 송가" 찬양 1절을 부르겠습니다.(찬양 인도자가 나와 인도한다. 마친후) 인형극의 제목은 "이웃을 내 몸 같이 사랑해요 제1막 박수"(막이 오른다)

◆ 배경 : 산이 보이는 들판(그림 삽입)

부 자 : (내게 강 같은 평화 노래에 맞추어 부르며 등장한다)"나는 돈 많은
        부자 나는 돈 많은 부자. 나는 돈 많은 부자랍니다. 최고 부자" 우하
        하하하. 여러분! 안녕하세요? 나는 이번에 장사를 잘하여 큰 부자가
        되었답니다. (들고 있는 가방을 보여주며) 이게 다 내가 번 돈이죠.
        아마도 십억은 넘을 거예요. 이 돈을 가지고 집에 가서 우리집 애들
        이 사달라는 것도 사주고 용돈도 많이 주고 큰집으로 이사도 갈거
        예요. 어때요? 부럽죠?(아뇨) 네? 아니라구요? 여러분이 아직 어려

서 돈을 몰라서 그런 모양인데, 뭐니 뭐니 해도 이 세상에서는 돈이 최고랍니다. 그러니 여러분도 나처럼 돈 많은 부자가 되세요. 알았지요?(싫어요) 뭐? 싫다고? 그것은 너희들이 아직 어려서 잘 몰라서 그런 모양인데 내 나이만 되어 봐라. 돈이 얼마나 소중한지 알테니까. 참으로 세상을 모르는 한심한 애들이야. (다시 노래한다)"나는 돈 많은 부자 나는 유명한 부자 나는 성공한 부자랍니다. 최고 부자"(이때 강도가 나타난다)

강 도 : (같은 노래에 맞추어) "나는 무서운 강도 남의 돈 뺏는 강도 나는 소문난 강도랍니다. 꼼짝마라" (칼을 들이댄다)야! 임마. 가진 거 몽땅 내놔.

부 자 : 아, 아니? 당, 당신은 누구십니까?

강 도 : 좀 전에 노래했잖아. 그 이름도 유명한 00(동네이름)골의 강도님이시다.

부 자 : 가, 강도라고? 아이쿠. 큰일났구나. 사람살려! 강도야.

강 도 : 우하하하하. 이놈이 정신이 나갔군. 여기가 어디라고 소리를 질러.

부 자 : 아이고! 살려만 주십시오.

강 도 : 살려달라구? 그럼 네가 가진 돈을 몽땅 내놔 그럼 목숨만은 살려주겠다.

부 자 : 안돼! 이 돈만은. 내가 어떻게 번 돈인데 목숨보다 귀한 돈이야.

강 도 : 이놈이 완전히 돈에 미친놈이구만. 웬만하면 곱게 살려 보내주려고 했는데 어디 맛좀 봐라. 에잇. 팍(찌른다)

부 자 : 으악! 안돼. 이 돈만은....

강 도 : 이래도 이놈이 끝까지 고집을 부려? 어디 너 오늘 죽어봐라. 에
잇. 팍!

부 자 : (쓰러진다) 으윽. 안돼!

강 도 : 내가 강도짓을 수십년 해 봤지만 돈을 목숨보다 더 귀하게 생각하
는 놈은 생전에 처음 본다. 어리석은 놈 같으니라구.(돈가방을 들고
서)와아! 돈이 가방 안에 꽤 많이 들었구나. 우하하하하. 어젯밤에
돼지꿈을 꾸었더니 오늘은 횡재를 했구나. 그러고 보니 여기 있는
00교회 애들이 나를 봤구나. 애들아. 내가 이 가방 안에 들어 있는
돈을 너희들에게도 나눠줄테니 경찰이 오면 나 못봤다고 해라. 알
았지?(싫어) 뭐? 싫다구? 이런 괘씸한 것들을 보았나? 누구든지 나
를 신고하는 자는 인형극이 끝나고 모두 혼내주겠다. 이크! 저기 사
람이 온다. 도, 도망가자.(이때 제사장이 등장한다)

제사장 : (찬양하라 내 영혼아 노래에 맞추어) "난 제사장 난 제사장 나는
제사장이죠 예배하고 기도하는 나는 제사장이죠" 여러분! 안녕하세
요? 나는 하나님께 제사를 드리는 제사장이랍니다. 요즘으로 말하
면 목사님이나 꼭 같답니다. 그래서 하나님께 예배를 인도하고 말
씀을 전하기도 하죠. 오늘은 성전에서 하나님의 계명 중 가장 큰 계
명인 하나님을 사랑하고 이웃을 내 몸같이 사랑하라는 것을 사람들
에게 전하였더니 얼마나 큰 은혜를 받는지 아멘 소리도 다른 날 보
다도 크고 감사헌금도 얼마나 많이 걷혔는지 모릅니다. 그러니 여

러분들도 하나님과 이웃을 늘 사랑하셔요. 알았지요? (네) 역시 여
러분은 착한 어린이들이군요. 허허허허. (이때 부자가 소리 지른다)

부 자 : 제, 제사사장님! 나, 나 좀 살려주세요. 가, 강도를 만났어요.

제사장 : 아이고! 깜짝이야. 뭐? 가, 강도를 만났다구? 내가 이자를 도와주
다가는 나까지 강도를 만날지 몰라. 미안하네. 나는 바쁜일이 있어
서. 강, 강도야. (도망친다)

부 자 : 저, 저럴 수가. 마, 말뿐인 제사장.... 으윽~(쓰러진다. 이때 레위인
이 나타난다)

레위인 ; (찬송을 부르세요 노래에 맞추어) "서로 사랑하세요. 서로 사랑하
세요. 놀라운 일이 생깁니다. 서로 사랑해요" 여러분! 안녕하세요?
나는 성전 일을 돕는 레위인이예요. 요즘으로 말하면 교회의 집사
님과 같지요. 난 성전에 있는게 너무너무 좋아요. 성가대도하고 예
배도 드리니까요. 여러분도 그렇지요? (예) 오늘 제사장님께서는 하
나님을 사랑하고 이웃을 내 몸같이 사랑하라고 말씀하셨어요. 그래
서 이웃을 사랑하기로 했어요.(이때 부자가 소리 지른다)

부 자 : 레, 레위인님! 나, 나 좀 살려 주세요. 강, 강도를 만났어요.

레위인 : 아이쿠! 놀래라. 가, 강도를 만났잖아. 내 이웃은 이런 강도 만
난 자가 아니야. 여기서 꾸물거리다가는 나까지 강도를 만날지도
몰라. 미안합니다. 대신 신고는 내가 해주겠오. 가, 강도가 나타났
다.(도망친다)

부 자 : 이, 이보시오! 레위인님! 어쩌면 저럴 수가 있다 말인가? 말로만 사

랑을 외치다니... 이제 나는 여기서 죽는구나. 으윽!(쓰러진다. 이때
사마리아인이 나타난다)

사마리아인 : (찬송을 부르며 등장한다) "천사의 말을 하는 사람도 사랑 없
으면 소용이 없고 심오한 진리 깨달은 자도 울리는 징과 같네" 여
러분! 안녕하세요? 나는 사마리아인입니다. 유대인들은 우리를 무
척 미워한답니다. 혼혈인라고 해서 우리를 무시하고 예배도 못 드
리게 해서 따로 우리끼리 모여서 예배를 드리지요. 그래서 유대인
들과 사마리아인은 원수처럼 되고 말았어요. 그렇지만 저는 유대인
들도 우리의 이웃이라고 생각하여 하나님의 말씀대로 내 몸같이 사
랑하기로 하였답니다. (이때 부자의 신음소리가 들린다) 아니? 강
도를 만났잖아? 저런! 불쌍하기도 해라. (부자를 일으킨다) 아이고!
너무 많이 다쳤구나. (흔들어 깨운다) 이보시오. 정신 좀 차리시오.
자! 내가 가진 약으로 상처를 치료합시다.(약을 바른다) 좀 힘들겠
지만 나를 꼭 잡으시오.(업는다)

부 자 : 당신은 사마리아인인데 어찌하여 원수 같은 유대인인 나를 도와
주는 거요?

사마리아인 : 원수라뇨? 하나님의 말씀인 네 이웃을 내 몸같이 사랑하라는
말씀을 실천하는 것뿐인걸요.

부 자 : 아니? 뭐라고요? 좀 전에 유대인이었던 제사장이나 레위인은 말 뿐
이었는데 사마리아인 당신은 그들보다 훨씬 낫구려.

사마리아인 : 아닙니다. 제가 어찌 감히 제사장님이나 레위인님에게 비교

가 되겠습니까? 저는 부족한 자일뿐이지요. 자. 힘들겠지만 주막으로 가십시다.(퇴장할 때 막이 내린다.)

◈ 해설

여러분! 잘 보셨지요? 강도 만난 부자를 제사장과 레위인은 말로만 사랑했지요? (네) 그러나 사마리아인은 원수 같은 유대인이라 할지라도 하나님 말씀대로 순종하여 사랑하였답니다. 여러분도 사마리아인처럼 이웃을 내 몸처럼 사랑하시기 바랍니다. 그럼 사마리아인이 이웃을 내 몸같이 끝까지 사랑하는 모습을 살펴보도록 하겠습니다. 2막이 시작되기 전에 다같이 "사랑의 송가" 찬양을 1절을 부르겠습니다(찬양 인도자가 나와 인도한다) "이웃을 내 몸같이 사랑해요 제2막 박수" (막이 오른다)

◆ 제 2 막 ◆

◈ 배경 : 주막(그림 삽입)

※ 참 고 : 본 인형극은 제2막에서 인형3명이 동시에 등장하는데 공연자가
　　　　 혼자서 하는 어려움이 있겠으나 사마리아인이 부축하고 있는 부자
　　　　 인형을 흔들어 주면서 부자의 대사를 하면된다. 만일 이것이 힘들
　　　　 면 보조자를 세우라.

(사마리아인이 부자를 부축하며 등장한다)

사마리아인 : 주인장. 계십니까?

주 인 : 네. 나갑니다(등장한다) 아, 아이고! 저런.! 많이 다쳤군요. 어쩌다

　　　　가 이렇게 되었어요?

사마리아인 : 네. 길에서 강도를 만났답니다. 조금만 늦었어도 큰일날뻔

　　　　했지요.

주 인 : 그렇잖아도 이 동네에 강도가 나타났다고 조금 전에 제사장님과 레

　　　　위인이 그러더군요.

부 자 : 지, 지금 그들이 어디에 있습니까?

주 인 : 여기에도 강도가 나타날지 모른다고 집으로 급히 가버렸어요.

부 자 : 꽤, 꽤씸한 사람들. 나를 보고도 도와주지 않고 말로만 사랑을 외치

　　　　는 위선자들. 으윽(쓰러진다)

사마리아인 : 이보시오. 정신을 차리시오.

주 인 : 그 분을 빨리 저희 방으로 모시지요.

사마리아인 : 네. (같이 들어갔다 나온다) 그런데 주인에게 부탁이 하나 있

　　　　소. 내가 급한 일이있어 가야하는데 내가 이 사람의 모든 치료비와

　　　　경비를 드릴테니 잘 돌보아주시오. 혹시 더 비용이 들면 돌아 오는

　　　　길에 드리겠오.

주 인 : 그런데 저분하고 아는 사이십니까?

사마리아인 : 아니오. 그저 내 이웃일 뿐이오.

주 인 : 예? 이웃이라구요? 당신은 사마리아인이고 이 사람은 유대인인데

　　　　어찌 이웃입니까?

사마리아인 : 하나님을 믿는 우리들은 모두가 한 형제요 한 식구나 다름이

없으니 당연히 이웃이 아니겠습니까?

주 인 : 아이고! 그야말로 선생님 같으신 분이야 말로 진짜 하나님을 믿는 분이십니다. 요즘 사람들은 대부분이 제사장이나 레위인처럼 말로만 사랑을 외칠 뿐이지 행함은 찾아볼수가 없어요.

사마리아인 : 허허. 저는 부족함이 많은 죄인일 뿐입니다. 자. 그럼 나는 주인장을 믿고 갑니다. "천사의 말을 하는 사람도 사랑 없으면 소용이 없고..."(찬양을 부르며 퇴장한다)

주 인 : 야! 저분이야말로 진짜로 하나님의 말씀을 실천하는 분이네. 제사장이나 레위인은 성전에서 예배를 드리고 봉사하기에 거룩하게 보였는데 그들은 말 뿐인 자들이고 저 사마리아인 야말로 진짜로 이웃을 내 몸과 같이 사랑하는 자였어. 00교회 여러분! 여러분도 저 사마리아인처럼 이웃을 내 몸처럼 사랑하세요 알았지요? (네) 그럼 우리 다같이 "사랑의 송가" 찬송을 부르며 이웃을 내 몸같이 사랑하기로 해요. (찬양 인도가 나와 인도한다. 마친 후) 여러분! 그럼 다시 만날 때까지 안녕!(손을 흔들며 퇴장할 때 막이 내린다)

◆ 해설

여러분! 잘 보셨어요? (네) 어쩌면 여러분도 제사장이나 레위인처럼 말로만 가족이나 이웃이나 친구를 사랑했을 거예요. 지금도 우리 주위에는 강도 만난 자처럼 저렇게 어려움을 당한 자들이 너무나 많답니다. 그동안 우리가 사마리아인처럼 이웃을 내 몸같이 사랑하지 못하고 오히려 미워하고 무시하고 무관심 했던 행동들을 이 시간을 통해 회개합시다. 그럼 다같이 "사랑하라 내영혼아"를 부르며 기도하겠습니다(찬양 인도자가 나와 인도한다 (2.용서하라 3.축복하라 가사를 불러주면서 찬송을 인도하고 반주가 계속 흐르는 가운데 인도자가 기도회를 인도하고 마무리 기도를 따라하게 한 후에 "서로 사랑하세요" 찬양을 3절까지 부른 후에 마친다)

◈ 마무리기도

하나님 아버지 감사합니다 / 인형극을 통해 이웃을 내 몸같이 사랑하는 것을 배웠어요 / 저도 제사장과 레위인처럼 말로만 사랑했어요. 용서해주세요 / 지금부터 사마리아인처럼 이웃을 내 몸처럼 사랑하겠어요. 약속할게요 / 예수님의 이름으로 기도합니다. 아멘 /

◈ 준비 찬양

찬양하라 내영혼아를 개사함

1. 사랑하라 내영혼아 사랑하라 내영혼아 내속에 있는 것들아 다 사랑하라

2. 용서하라 내영혼아 용서하라 내영혼아 내속에 있는 것들아 다 용서하라

3. 회개하라 내영혼아 회개하라 내영혼아 내속에 있는 것들아 다 회개하라

1. 서로 사랑하세요 서로 사랑하세요 놀라운 일이 생깁니다. 서로 사랑해요

2. 서로 화해하세요 서로 화해하세요 놀라운 일이 생깁니다 서로 화해해요

3. 서로 감싸주세요 서로 감싸주세요 놀라운 일이 생깁니다 서로 감싸줘요

10. 용서하지 않으면

(용서 어린이 인형극 부흥회)

10. 용서하지 않으면

◈ 등장인물 : 임금, 신하, 카심, 유다

◈ 성경 : 마태복음 18:21-35

◈ 준비 찬양 : 서로 사랑하세요, 사랑의 주를 개사한 "사랑해요"(마무리

기도 밑에 있다)

◈ 지시 사항 : 인형극을 하기 전에 청중들에게 인형들이 질문하면 반드

시 대답을 해줄 것과 "제1막, 제2막, 제3막"할때 마다 "와!"하고 큰소리

를 지르며 박수를 지르게 한다.

◈ 주의 사항 : 예배 전에 부르는 찬송은 준비 찬양만 부른다.

◈ 해설

지금부터 인형극을 시작하겠습니다. 인형극의 제목은 "용서하지 않으면

제1막 박수" (막이 오른다)

◆ 배경 : 궁궐 안(그림 삽입)

임 금 : (등장한다) 여봐라! 카심을 들라고 해라. (신하의 "예이"하는 대답
이 들린다)

카 심 : (엉금엉금 기어 나온다) 여, 여기 카심이 대령하였습니다요. 전하.

임 금 : 네 이놈! 네가 어찌하여 나라의 돈을 함부로 써서 무려 백억원이나
날렸단 말이냐? 이제 너를 이 빚을 다 갚은 때까지 너의 식구들과
함께 감옥에 집어넣겠다. 알겠느냐?

카 심 : 아이고! 전하. 이번 한 번만 용서해 주십시오. 제가 잘못한 죄 때문

에 식구들까지 어찌 고생을 시킬 수가 있겠습니까? 제발 그것만은 봐 주십시오. 제가 죽을 때까지 어떻게 해서라도 빚을 갚겠습니다요. 전하. 제발 용서해 주십시오. <u>으흐흐흐흑.</u>

임 금 : 으-음. 네 말을 듣고 보니 딱하기는 한데...좋다.네가 정 사정이 그렇다면 내가 이 번한 번만 용서해 주겠다. 백억원을 안 갚아도 좋으니 더욱 국가에 충성을 다하여라. 알겠느냐?

카 심 : 네? 그, 그게 정말입니까요? 정말 백억원을 모두 안 갚아도 된다는 말씀이 농담은 아니시겠지요?

임 금 : 임금인 내가 신하한테 농담하는 것을 본 적이 있느냐?

카 심 : 하기야 그렇지만 전하. 그것이 정말이라면 여기 있는 00교회 여러분에게 약속을 해주세요.

임 금 : 좋다. 00교회 여러분! 나 임금은 0000년 몇 월 몇일 날짜로 카심이 진 빚 백억을 모두 탕감키로 하겠노라. 알겠느냐?(네) 자! 카심아. 이제 되었느냐?

카 심 : 네. 성은이 망극하옵니다. 전하. 이 크신 은혜를 어떻게 다 갚겠사옵나이까?

임 금 : 그건 나와 국가에 더욱 충성하면 되느니라.

카 심 : 예이. 더욱 충성하겠사옵니다. 전하. (거수경례를 하며) 충성!

임 금 : 허허허허. 그래. 충성을 다하기를 바란다. 그럼 난 잠시 먼저 나가보겠다.(퇴장한다)

카 심 : 이, 이게 꿈이냐? 생시냐? 이, 이건 꿈이 아니야. 그렇죠. 여러분?(

네) 우하하하하. 이제 나는 살았다. 그동안 백억원 때문에 몸이 십 키로나 빠졌는데 이제는 맘 편하게 두 다리를 쭉 뻗고 자도 되겠구나. 그렇잖아도 어젯밤에 돼지꿈을 꾸었더니 이렇게 좋은 일이 생긴거야. 이따 나가다가 로또복권이라도 사야겠어. 여러분! 여러분도 나처럼 이렇게 좋은 일이 생기려면 돼지꿈을 꾸어야 합니다. 알았지요?(아뇨) 뭐? 아니라구? 이런 괘씸한 것들을 보았나! 내가 백억원을 탕감 받았다니까 배가 아픈 모양이지. 에이. 재수없어. 이런 것들에게는 뭐니 뭐니해도 침이 약이야. 에잇! 내 침이나 받아라. 에잇! 퉤. 퉤. 우하하하하. 어떠냐? 내 침 맛이? 자! 그럼 빨리 집에 가서 이 기쁜 소식을 알려야겠어. 그럼, 다시 만나도록 하자. 우하하하하하. (퇴장할 때 막이 내린다)

◈ 해설

여러분! 잘 보셨어요?(네) 백억이라는 엄청난 빚을 탕감 받은 카심의 행동은 어쩐지 교만하게 보이는데다 감사할 줄 모르는 모습이 왠지 벌을 받을 것 같은 느낌이 들지요?(네) 과연 카심에게 어떤 일이 일어나는지 제2막을 살펴보도록 하겠습니다. 2막이 준비되는 동안 다같이 "서로 사랑하세요"를 찬양하겠습니다(찬양 인도자가 나와 인도한다) 지금부터 인형극을 시작하겠습니다. "용서하지 않으면 제2막 박수"(막이 오른다)

◈ 배경 : 집들이 있는 앞(그림 삽입)

카 심 : 어험! 다른 날 같으면 집에 가는 것이 빨리 가는 것 같더니 오늘은

왜 이렇게 집이 먼 것처럼 느껴지는 거야? (이때 유다가 등장한다)

아니? 저놈은 나한테 백만원이나 빚진 유다가 아니야. 이봐! 유다.

유 다 : 아, 아이고! 카심 나리. 안녕하셨습니까? 이거 큰일났네. 어떡하지?

카 심 : 그래. 안녕은커녕 네 녀석 때문에 안녕치 못하다. 지난번에 나한

테 꿔 간돈 백만원을 언제 갚을 거야? 벌써 몇 달이나 된 줄 알아?

유 다 : 네. 네. 나리 압니다요. 지금은 사정이 너무 좋질 않습니다요. 되는

대로 꼭 갚겠습니다요.

카 심 : 뭐야? 내가 이번에도 또 속아 주라는 거냐?(멱살을 잡으며) 내가 그
동안 눈 감아 주었더니 나를 우습게 여기고 핑계를 대? 너 어디 나
한테 맞아봐라.(때린다) 에잇! 팍!

(유다 쓰러진다) 어떠냐? 내 주먹맛이?

유 다 : 아이고~ 나리! 살, 살려만 줍쇼.

카 심 : 뭐? 살려달라고? 살고 싶으면 빨리 돈을 가져와라. (때린다) 에잇!
팍. 팍. 팍.

유 다 : 나리! 도, 돈이 없습니다요. 제발 용서해 주세요.

카 심 : 우하하하하. 용서해 달라구? 용서해 줄테니 돈을 당장 가져와. 에
잇! 팍.

유 다 : 아이고~ 사, 사람 죽네.

카 심 : 너 같은 놈은 나한테 맞아 죽던지 아예 감옥에 쳐 넣든지 해야겠
다. 좋다. 네놈을 때려 봤자 나만 나쁜 놈이 되니까 감옥에 쳐 넣는
것이 좋겠다. 애들아. 그렇지?(아뇨) 뭐? 아니라구? 이런 놈은 감옥
에 집어넣어야 정신을 차리고 돈을 가져오는 거야. 그리고 너희들
도 빚진 친구가 있으면 이렇게 해야 돈을 가져 오는 거야. 알았지?
(싫어) 뭐? 싫다구? 그러니까 너희들은 바보들이야. 그렇지?(아냐)
아니긴 뭐가 아니야? 이 바보들아. (유다를 잡아 끈다) 가자! 이놈!
너같은 놈은 감옥에서 평생 썩어라. (끌고 간다)

유 다 : 나, 나리! 살려주세요. 나리!

카 심 : 내가 너를 왜 살려 줘? 가자. 감옥으로! (끌고 퇴장할 때 막이 내린
       다)

◈ 해설

여러분! 잘 보셨지요? 카심은 빚진자 유다를 어떻게 했어요? (감옥에 끌
고 갔어요) 네. 카심은 엄청난 빚을 용서받고도 자신은 용서를 베풀 줄 몰
랐어요. 이제 제3막에 가서 카심의 운명은 어떻게 되는지 제3막을 살펴
보도록 하겠습니다. 3막이 준비되는 동안 다같이 "서로 사랑하세요"찬양
을 3절까지 부르겠습니다.(찬양인도자가 나와 인도한다. 마친후) 지금부
터 인형극을 시작하겠습니다. 인형극의 제목은 "용서하지 않으면" 제3막
박수. (막이 오른다)

◆ 제 3 막 ◆

◈ 배경 : 궁궐 안(그림 삽입)

임 금 : (등장한다) 여봐라! 게 아무도 없느냐?

신 하 : 예이 전하. 여기 대령하였사옵니다.

임 금 : 지금 오다가 들은 얘긴데, 카심이 자기에게 빚진 자를 감옥에 쳐 넣
　　　 었다는 것이 사실이냐?

신 하 : 예이. 아뢰옵기 황공하오나 그 말이 사실이옵니다.

임 금 : 이, 이런 괘씸한 놈을 보았나? 그래, 그자가 진 빚이 얼마라고 하
　　　 더냐?

신 하 : 아뢰옵기 황공하오나 백만원이었다고 하옵니다.

임 금 : 뭐, 뭐야? 백만원이라고? 아니, 카심은 내가 백만원의 만배가 넘는 백억이라는 돈을 탕감해 주었거늘, 겨우 백만원 때문에 감옥에 밪진 자를 쳐 넣어? 내가 카심을 용서하지 않겠다. 지금 카심은 어디에 있느냐?

신 하 : 예이. 아뢰옵기 황공하오나 지금 자기 집에서 파티를 즐기고 있다고 하옵니다.

임 금 : 이런 괘씸한 놈을 보았나? 사람을 감옥에 쳐 넣고 자기는 편하게 파티를 즐겨? 카심을 당장 끌고 오너라.

신 하 : 예이! 그럼 당장 끌고 오겠습니다.(퇴장한다)

임 금 : 카심 녀석. 내가 절대로 용서하지 않겠다.

신 하 : (목소리만) 전하! 여기 죄인 카심을 대령했사옵나이다.

임 금 당장 들라고 해라. (이때 카심이 등장한다)

카 심 : 아이고! 저, 전하. 어찌하여 저를 부르셨습니까? 꺼억~

임 금 : 아니? 감히 여기가 어느 안전이라고 이놈이 술까지 취해서 꺽꺽거리느냐? 네 이놈! 네 죄를 모르느냐?

카 심 : 예? 죄라뇨? 제가 무슨 죄를 지었습니까?

임 금 : 네가 너에게 백만원을 빚진 자를 심히 때리고 나중에는 감옥에다 가두었다는 것이 사실이냐?

카 심 : 아! 그 유다 녀석을 말씀하시는 겁니까? 그놈은 어찌나 거짓말을 잘하는 놈인지 따끔하게 맛을 보여준 것뿐입니다요.

임 금 : 나는 너에게 유다가 진 빚보다 만 배가 넘는 돈을 탕감해 주었거늘 그렇다면 너도 유다를 용서하여 주는 것이 당연하지 않느냐? 그래서 내가 너를 네가 진 빚을 모두 갚을 때까지 감옥에 다시 넣겠다.

카 심 : 내가 이럴줄 알고 아까 애들 앞에서 약속하게 했지요. 여러분! 임금님이 아까 백억이나 되는 빚진 돈을 여러분 앞에서 모두 용서해 준다고 하였지요?(네) 보세요. 그렇다고 하지 않습니까? 여기 모인 00 교회 여러분이 보증인이라니까요.

임 금 : 아니? 이놈이 이제 와서는 자기 잘못을 모르고 오히려 여기 모인 애들을 선동하여 임금인 나에게 망신을 줘? 용서하지 않겠다. 여봐라. 저놈을 당장 감옥에 쳐 넣어라. ("예이" 하는 신하의 목소리가 들린다)

카 심 : 저, 전하! 이건 너무 하십니다요.

임 금 : 너무하다고? 아직도 네 놈이 정신을 못차렸구나. 뭣들 하느냐? 저 놈을 당장 끌어 내지 않고? 나는 저런 놈은 꼴도 보기 싫어서 나가련다.(퇴장한다)

카 심 : 아이고~ 전하! 잘못했습니다. 용서해 주세요. 내가 이럴 줄 알았으면 유다를 용서해줄 것을.. 내가 바보였어. 어쩐지 꿈에 돼지가 내 품에 들어왔다가 다시 도망을 가더라니.. 으앙! 부, 분하다. 으흐흐 흐흑.(이때 신하 등장한다)

신 하 : 자! 나가자. 그러기에 욕심을 부리지 말고 진작 용서를 할 것이지. 자! 가자. 평생 감옥으로!(끌고 나갈 때 막이 내린다)

여러분! 잘 보셨지요?(네) 오늘 본 인형극은 하나님에 대한 사랑과 이웃에 대한 사랑의 마음을 가지도록 보여주는 말씀입니다. 임금님은 하나님을 가리키는데 하나님은 백억이나 되는 엄청난 죄도 다 용서해 주시는 분이시라는 것이지요. 카심은 죄에 대한 용서와 하나님의 사랑을 받고도 남에게 용서와 사랑을 베풀지 못한 사람을 의미합니다. 여러분은 카심과 같이 되지 않겠지요?(네) 이 시간에 우리 다같이 두 손을 모으고 두 눈을 감고 기도합시다.(이때 조용하게 "사랑의 주" 반주가 흘러나온다)우리도 어쩌면 카심처럼 용서하지 못하고 산 적이 많이 있을 거예요. 내가 엄청난 죄와 허물을 용서 받고도 남의 조그만 죄는 용서하지 못하고 화를 내며 욕하고 싸우고 심지어 죽었으면 좋겠다고 저주까지 하고, 이 시간에 교회에 나왔지만 미워하는 친구를 생각만 해도 "도저히 용서 못한다"고 앙심을 품은 마음을 가진 친구도 있을 거예요. 내가 다른 사람의 죄를 용서하지 못하면 나도 용서 받을 수가 없답니다. 다같이 "용서해요" 찬양 3절까지 부르면서 기도드리겠습니다.(찬양인도자가 나와 인도한다. 마친후) 반주가 끝날 때까지 기도회를 인도한 뒤 마무리 기도를 따라하게 한 후 "서로 사랑하세요" 찬양을 3절까지 부른 후에 마친다)

◆ 마무리기도

하나님 아버지 감사합니다 / 오늘 인형극을 통해 용서하지 않으면을 배웠어요 / 저도 카심처럼 용서하지 못할 때가 많았어요 / 용서하지 못한 죄

를 용서해 주세요 / 예수님의 이름으로 기도 합니다. 아멘 /

◆ 준비 찬양

"서로 사랑하세요"를 개사한 찬양(2,3절은 개사함)

1. 서로 사랑하세요 서로 사랑하세요 놀라운 일이 생깁니다 서로 사랑해요

2. 서로 화해하세요 서로 화해주세요 놀라운 일이 생깁니다 서로 화해해요

3. 서로 감싸주세요 서로 감싸주세요 놀라운 일이 생깁니다 서로 감싸줘요

"사랑의 주"를 개사한 찬양

1. 사랑해요 사랑해요 사랑해요 예수님처럼

2. 용서해요 용서해요 용서해요 예수님처럼

3. 회개해요 회개해요 회개해요 용서안한것을

11. 천국에서 가장 큰 상

(전교인 전도 스킷 인형극 부흥회)

11. 천국에서 가장 큰상

◆ 스킷은 일반 드라마완 다르게 설교를 위한 짧은 드라마다.

◆ 등장인물 : 김집사, 이집사, 예수님

◆ 소 품 : 면류관(생일파티용품에 파는 곳에 구입하면 된다)

◆ 성경 : 디모데후서 4:1-8

◆ 준비 찬양 : 행군 나팔소리에(360), 웬일인가 내 형제여(522), 복음 들고 산을

◆ 주의 사항 : 예배 전에 부르는 찬송은 준비 찬양만 부른다.

◆ 해설 : 지금부터 드라마를 시작하겠습니다. 1막이 시작되기 전에 다같이 "행군 나팔소리에" 1절을 찬양하겠습니다(찬양 인도자가 나와 인도한다. 마친후) 드라마의 제목은 "천국에서 가장 큰상 제1막 박수"(김집사 등장한다)

◆ 제 1 막 ◆

◈ 배경 : 천국(스크린에 영상으로 띄운다)

김집사 : 야! 여기가 바로 천국이구나(기도한다) "오! 하나님 아버지. 저같

은 못난 죄인이 이 아름다운 천국에 오다니요. 너무나 감사합니다.

으흐흐흐흑.(이때 예수님이 면류관을 들고 나타난다)

예수님 : 나의 사랑하는 김집사야. 네가 너에게 의의 면류관을 주노라.

김집사 : 네? 제가 무슨 자격으로 이 의의 면류관을 받습니까?

예수님 : 너는 내가 일러준 말씀대로 살았을 뿐 아니라 열심히 전도하였

기에 천국에서 가장 큰 전도상인 의의 면류관을 내리노라.(씌워준

다) 착하고 충성된 종아. 이제 나와 함께 천국의 잔치를 즐기도록 하자.(어린이들 혹은 교인들을 향해) 너희들도 김집사처럼 열심히 전도하고 내말에 충성하여 의의 면류관을 받도록 하여라. 알겠느냐?(네) 자. 그럼 천국에서 꼭 만나도록 하자. (김집사와 함께 퇴장할 때 이집사가 나온다)

이집사 : 좀 전에 김집사가 예수님과 함께 의의 면류관을 쓰고 들어가는 것을 봤는데 나는 더 큰 것을 받을거야. 왜냐하면 내가 김집사 보다 신앙생활을 오래 했지. 게다가 십일조도 내가 더 많이 냈기 때문에 당연히 더 큰 것을 받게 될거야.(교인들을 향해) 그렇지요?(아니요) 뭐? 아니라구요? 내가 큰 것 받는다니까 샘이 나서 그런 모양인데. 흥! 한심한 사람들, 어디 두고 보쇼. 예수님! 저 이집삽니다. 어디 계세요?

예수님 : (목소리만) 이집사라고? 나는 네가 이 천국에 와도 하나도 반갑지가 않구나.

이집사 : 네? 그런 법이 어디 있습니까? 저도 김집사처럼 면류관를 씌워주세요. 네?

예수님 : (등장한다) 이집사야. 넌 이 천국에 들어온 것도 다행으로 여겨라. 너는 교회는 오래 다니기만 하였지 한 영혼도 구원하지 못하였으므로 너에게는 줄 상이 없구나.

이집사 : 저 혼자 이 천국에서 면류관를 쓰지 못하면 너무나 억울합니다. 주님!

예수님 : 너에게 줄 수 있는 것이라고는 아무 것도 없다.

이집사 : 아이고! 내 이럴 줄 알았으면 열심히 전도할 것을! 너무나 부끄럽
고 창피하구나. 으흐흐흑. 주님!(퇴장한다)

예수님 : 잘 보았느냐? 누구든지 열심히 전도하는 자에게는 천국의 상이 크
지만 전도하지 않는 자는 천국에 왔을지라도 받을 상이 없느니라.
그러므로 힘을 다하여 때를 얻든지 못 얻든지 말씀을 전파하여 천
국에 와서 천국의 큰 전도상인 의의 면류관을 모두 받도록 하여라.
알겠느냐?(네) 그럼 나는 00교회 모든 자들이 열심히 전도하여 받
을 상을 준비하여 천국에서 기다리고 있을터이니 천국에서 반가운
얼굴로 만나도록 하자. (퇴장할 때 찬송 행군 나팔 소리로 후렴 반
주가 나올 때 설교자가 등장한다)

설교자 : 여러분! 잘 보셨어요? (네) 천국에서 가장 큰 상이 무슨 상이라고
하였습니까?(전도상이요) 네. 바로 전도상입니다. 오늘 등장했던 김
집사님은 전도상으로 무엇을 받았습니까? (의의 면류관이요) 네. 의
의 면류관을 받았습니다. 여러분도 받기를 원하십니까? (네) 그러
나 이집사님은 겨우 천국에 갔지만 무엇을 받았나요? (아무것도 못
받았어요) 네. 왜 이집사님은 아무것도 못 받았습니까? (전도를 안
해서요) 네. 그렇습니다. 우리도 이 세상을 사는 동안 전도 한 명도
못하고 천국에 가게 된다면 이집사처럼 아무 것도 받지 못하는 부
끄러운 모습으로 천국에 갈 것입니다. 사랑하는 00교회 성도 여러
분! 만일 여러분이 천국에서 남들은 모두 면류관을 썼는데 나 자신

은 쓰지 못했다고 가정해 보십시오. 얼마나 부끄럽고 창피한 일이 겠습니까? 그동안 여러분이 얼마나 전도했다고 보십니까? 어쩌면 우리도 이집사님과 다를 바 없이 전도하지 않은 죄로 천국에 가면 아무 것도 쓰지 못할자인지도 모릅니다. 이 시간 우리 다같이 회개하고 전도하기로 작정하는 마음으로 기도하겠습니다. (이때 찬송가 522장 "웬일인가 내 형제여" 반주가 흐른다)그동안 전도하지 못한 죄를 진심으로 회개하고 이제부터 내가 전도할 전도 대상자를 위하여 간절히 기도하시기 바랍니다. 먼저 "웬일인가 내 형제여" 찬송을 다같이 부른 후 기도하겠습니다. (찬양 인도자가 나와 인도한다. 설교자가 가사를 천천히 불러 주며 인도하여 마친 후 설교자의 인도에 따라 기도회를 인도하고 마무리 기도로 마친 후 다같이 "복음 들고 산을"찬송을 힘차게 손뼉치며 마친다)

◈ 마무리기도

하나님 아버지 감사합니다 / 오늘 드라마를 통해 천국에서 가장 큰상이 무엇인지 알았습니다 / 그동안 전도하지 못하고 이집사님처럼 산 것을 회개합니다 / 이제부터 김집사님처럼 열심히 전도하겠사오니 의의 면류관을 받게 해주십시오 / 천국에 가서 부끄러운 모습으로 예수님을 만나지 않게 해주십시오/열심히 전도할 것을 약속드립니다. 예수님의 이름으로 기도합니다. 아멘 /

12. 기도의 승리자가 되라

(전교인 기도 축복 스킷 드라마)

12. 기도의 승리자가 되라

◈ 스킷은 일반 드라마완 다르게 설교를 위한 짧은 드라마다.

◈ 등장인물 : 야곱, 천사

◈ 성경 : 창세기 32:24-32

◈ 준비 찬양 : 내 기도하는 그 시간(364), 오늘 집을 나서기 전, 기도할 수 있는데

◈ 주의 사항 : 예배 전에 부르는 찬송은 준비 찬양만 부른다.

◈ 해설 : 지금부터 드라마를 시작하겠습니다. 재1막을 시작하기 전에 다 같이 "오늘 집을 나서기전" 찬양 1절을 부르겠습니다(찬양 인도자가 나와 인도한다. 마친후) 드라마의 제목은 "기도의 승리자가 되라" 제1막 박수.(야곱이 등장한다)

◈ 배경 : 얍복 강가(스크린에 동영상으로 띄운다)

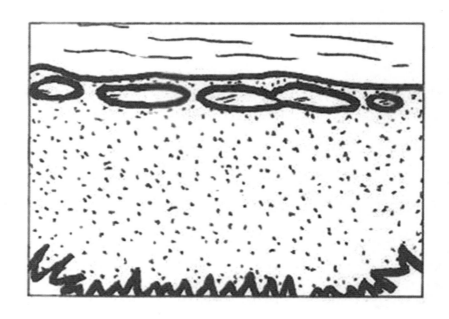

야곱 : 어휴! 이제 식구들을 먼저 보냈으니 에서 형이 나를 잡으러 온다고
　　　해도 만일 식구들을 친다면 난 그동안에 충분히 도망칠 수 있을 거
　　　야.(이때 천사가 나타난다)

천 사 : 이봐! 너 혼자만 살겠다고 이 얍복 강가에서 남아 있다니 참으로
　　　한심하구만.

야 곱 : 뭐야? 넌 누군데 나를 뭘로 보고 함부로 떠드는 거야. 어디 맛 좀
　　　볼래?(달려든다)

천 사 : 좋다. 어디 덤벼 보시지.(씨름하듯이 허리를 잡는다)

야 곱 : 네 이놈! 잘 걸렸다. 그렇잖아도 마음이 답답했는데 네놈을 뼈다귀
도 못 추리게 만들겠다.

천 사 : 그게 네 맘대로 될 것 같으냐? 에잇!(덤벼든다) 아니? 힘이 대단하
구나.

야 곱 : 네놈한테 내가 질 것 같으냐? 이래봬도 양치기로 20년이나 단련된
몸이시다. 에잇!

천 사 : 이거 내가 지게 생겼구나. 그렇다면 할 수 없지 에잇!(오른손으로
엉덩이뼈를 친다)

야 곱 : 으악! 엉덩이뼈를 치다니. 아이고 ~ 내 엉덩이뼈를 부러뜨릴 정도
의 힘을 가진 걸 보면 이자는 사람이 아닌게야. 아이고~(붙들고 늘
어진다)

천 사 : 이봐! 날이 새려고 하니 제발 나를 놓아라.

야 곱 : 당신은 사람이 아닌 하나님의 천사임을 내가 알기에 나를 축복하지
않으면 절대로 가게 하지 못하겠습니다.

천 사 : 네 이름이 무엇이냐?

야 곱 : 야곱입니다.

천 사 : 이제부터 너의 이름을 다시는 야곱이라 부르지 않고 이스라엘이
라 부를 것이다. 이는 야곱 네가 하나님과 함께 겨루어 이기었기 때
문이다.

야 곱 : 당신의 이름이 무엇입니까?

천 사 : 어찌하여 내 이름을 묻느냐? 너에게 축복만 하겠다.(손을 들어 축복하며) 이스라엘이 된 너에게 아브라함과 이삭의 축복이 너에게도 임하기를 원하노라.(사라진다)

야 곱 : (기도하는 모습으로)"내가 하나님과 마주 보았으나 내 생명을 살려주신 하나님께 감사합니다." (기도 후) 내가 이곳을 하나님의 얼굴이라는 브니엘이라고 해야겠다. 여러분! 여러분도 천사와 씨름한 것처럼 열심히 기도하셔서 기도의 이스라엘이 되셔요? 알았지요? (네) 아이고~ 다리야. (절뚝거리며 퇴장할 때 내 주를 가까이 하게 함은 찬송 후렴 부분의 반주가 들리며 설교자가 등장한다)

설교자 : 여러분! 잘 보셨어요? (네) 야곱이 누구와 씨름을 했지요? (천사요) 네. 천사와 밤새도록 씨름을 하였는데 야곱이 끈질긴 근성으로 천사를 꼼짝 못하게 만들었죠? 바로 이 모습이 기도입니다. 그동안 기도하는 것을 귀찮아하고 아예 무관심하게 살았다면 이제부터 야곱과 같이 끈질기게 매달려서 기도해야 합니다. 야곱은 엉덩이 뼈라고도 불리우는 환도뼈가 부러져 가면서도 죽기 살기로 매달렸더니 축복을 받았습니다. 기도도 대충하는 자는 대충의 복 밖에 못하지만 죽기 살기로 축복을 사모하며 기도하는 자는 엄청난 축복을 받게 되는 것입니다. 그동안 여러분은 기도하라면 어린이들은 눈 뜨고 장난이나 치고 어른들은 딴 생각을 하거나 졸기나 하며 지루하게 여겨 짜증을 내었을 것입니다. 이 시간에 하나님의 축복을 받기를 사모한다면 야곱처럼 죽기 살기로 기도하십시오. 야곱은 형 에

서에게 죽을까봐 무서워서 얍복강가에 홀로 남아 있었던 것입니다. 그러나 밤새도록 천사와 기도의 씨름을 하고서 비록 엉덩이 뼈는 부러졌지만 그에게 있었던 불안과 공포는 모두 사라지고 말았습니다. 현재 여러분은 야곱처럼 어떤 두려움과 불안과 공포의 문제로 고민하고 있습니까?이 시간에 어떤 문제든지 염려하지 말고 기도하십시오.. 그 모든 문제의 두려움과 불안의 공포가 사라지게 될 것입니다. 그럼 이 시간 다같이 두 눈을 감고 두 손을 모아 기도합시다 (이때 482장 "내 기도하는 그 시간"찬송 반주가 흐른다) 이제 우리 다같이 내 기도하는 그 시간 찬송 1절을 부르며 기도하도록 하겠습니다(찬양 인도자가 나와 인도한다. 마친후) 설교자의 인도에 따라 기도회를 인도한 후 마무리 기도를 따라하게 한 뒤 "기도할 수 있는데" 찬양을 힘차게 부른 뒤에 마친다)

◆ 마무리기도

하나님 아버지 야곱처럼 기도의 승리자가 되도록 교훈을 주셔서 감사합니다/그동안 기도하기를 게을리 하였음을 회개합니다 / 야곱처럼 기도의 승리자가 되어 축복을 받게 해주세요 / 예수님의 이름으로 기도합니다. 아멘 /

13. 진짜 신자 가짜 신자의 기도

(전교인 기도 자세 스킷 드라마)

13. 진짜 신자 가짜 신자의 기도

◈ 스킷은 일반 드라마완 다르게 설교를 위한 짧은 드라마다.

◈ 등장인물 : 바리새인, 세리

◈ 성경 : 누가복음 18:9-14

◈ 준비 찬양 : 마음속에 근심있는 사람(365)을 개사한 찬송, 예수사랑 나의 사랑(개사함)

◈ 지시 사항 : 드라마를 하기 전에 교인들에게 출연자들이 질문하면 반드시 대답을 해줄 것과 "제1막"할 때 "와"하고 소리를 지르며 박수를 치게 한다.

◈ 주의 사항 : 예배 전에 부르는 찬송은 위의 준비 찬양만 부른다.

◈ 해설 : 지금부터 인형극을 시작하겠습니다. 제1막이 시작하기 전에 다같이 "바른기도 하고 있는 사람"을 찬양하겠습니다(찬양 인도자가 나와 인도한다. 마친후) 인형극의 제목은 "진짜 신자 가짜 신자의 기도"제1막 박수.(막이 오른다)

◈ 배경 : 성전 안(그림 삽입)

(바리새인이 등장하며 하늘을 우러러 보며 기도한다)

바리새인 : "하나님이시여. 나 바리새인은 세리처럼 남의 것을 강제로 빼
　　　　앗아 돈을 벌거나 죄를 짓고 사는 죄인들처럼 살지 않게 하심을 감
　　　　사드립니다. 나는 이번 주에도 거룩한 교인답게 두 번씩 금식도 하
　　　　고 소득의 십일조를 드리며 죄 안짓고 신앙생활을 철저히 하며 살
　　　　았사오니 축복하여 주시옵서서. 주여! 믿-씁니다. 주님의 이름으로
　　　　기도 드렸습니다. 아멘."(이때 핸드폰이 울린다) 여보세요! 김사장

님이 이 시간에 웬일이십니까? 네? 뭐라구요? 지금 당장 오면 떼돈 벌 일이 생긴다구요? 네? 주일인데 괜찮냐구요? 네. 괜찮습니다.. 주일이라도 예배 한 번 빠지고 다음에 드리면 될 일이고 떼돈 버는 기회가 또 오겠습니까? 네 지금 당장 가겠습니다. (청중을 향해) 여러분! 신앙생활은 저처럼 요령있게 해야 부자가 되어 십일조도 헌금도 많이 하는 것이지요. 그렇지요?(아니요) 뭐? 아니라구요? 그러니까 세상 사람들에게 예수쟁이들은 꽉 막혔다는 소리를 듣는 것입니다. 교회에서는 교인이 되고 세상에 나가서는 세상 사람처럼 살아야 전도도 되고 세상을 둥글둥글하게 살아갈수 있습니다. 그렇지요? (아니요) 참으로 답답하고 한심한 사람들 같으니라구. 저러니 평생 부자가 되지 못하고 저 모양으로 살지. 에이! 밥맛이야. (퇴장한다. 이때 세리가 하늘도 보지 못하고 죄인의 모습으로 등장한다)

세 리 : (슬픈 표정을 지으며 두손을 모으고)"하나님 아버지. 이 죄인을 불쌍히 여겨 주옵소서.(가슴을 치며)저 세리는 죄인입니다. 하나님 말씀대로 살지 못하고 돈을 벌려고 세금을 거두기 위해 남의 것을 강제로 빼앗고 죄를 짓고 산 괴수같은 죄인입니다. 용서하여 주옵소서. 으흐흐흑...이 더러운 죄인이 어찌 하나님 앞에 가겠습니까? 진심으로 회개하오니 나를 변화시켜 주시고 다시는 돈 때문에 죄를 짓고 살지 않도록 용서하여 주옵소서. 이제부터 돈을 위해 살지 않고 하나님 말씀대로 살겠사오니 나를 받아주옵소서. 예수님의 이름으로 기도합니다. 아멘" (이때 핸드폰이 울린다) 여보세요. 죄송합니

다. 지금은 예배시간이라서 나중에 연락 주십시오. (놀라며) 네? 아무리 그러셔도 절대로 갈 수 없습니다. 이미 나는 하나님께 기도로 약속을 했으니까요. 끊겠습니다. (끊는다) (청중을 향해) 여러분! 저는 여러분들에게 감히 말 할 자격도 없는 큰 죄인입니다. 하지만 여러분께 꼭 말씀드리고 싶은 것은 하나님께 기도한 것은 반드시 지켜야 한다는 것입니다. 이것이 올바른 신앙인의 모습이라고 생각합니다. 그렇죠? (네) 감사합니다. 여러분 모두가 기도하신 대로 사시기를 바랍니다. 그럼 부족한 죄인은 들어가겠습니다. 안녕히 계십시오. (인사를 하고 퇴장할 때 설교자가 등장한다)

설교자 : 여러분! 잘 보셨어요? (네) 누가 더 훌륭한 신앙을 가졌지요?(세리요) 네. 세리가 왜 훌륭한 신앙을 가졌어요? (회개했어요) 네. 세리는 지은 죄를 회개했고 회개한 대로 행동했어요. 그러나 바리새인은 기도만 유창하게 잘했지 기도한 대로 살지 못했어요. 돈이 생기는 일이라면 예배고 주일이고 없는 사람이었어요. 오늘날 교회에 이런 자들이 얼마나 많은지 모릅니다. 그래서 현대판 바리새인이라고 불러요. 우리 모두 세리처럼 되어야겠어요. 세리는 진정으로 자기가 얼마나 큰 죄인인가를 깨닫고 진심으로 회개했어요. 그리고 회개한 대로 아무리 일확천금이 생긴다고 할지라도 거절하고 하나님 뜻대로 살기로 결심했어요. 그래서 예수님은 본문 14절에 "이 사람이 (세리가) 저보다(바리새인보다)의롭다 하심을 받고 집에 내려갔느니라"고 말씀하셨습니다. 세리의 기도를 하나님이 의롭게 받으

셨다는 말씀입니다. 그동안 여러분은 어떻게 살아 오셨습니까? 말로는 어느 누가 들어도 거룩한 기도를 드리면서 진정 나의 삶은 그렇지 못한 체 위선적인 삶을 살지는 않았습니까? 어쩌면 우리는 세리처럼 진심으로 회개하지 못하고 바리새인처럼 위선적으로 살아온 적이 더 많은 그야말로 죄인 중의 괴수와 같은 삶을 살았을 것입니다. 이 시간에 우리 다같이 진정한 마음으로 회개하는 세리의 모습처럼 기도하시기 바랍니다. (이때 "예수사랑 나의 사랑" 반주 나온다) 다같이 눈을 감고 그동안 나의 삶을 생각해 보십시오. 부끄럽게도 하나님 보다 세상 것을 더 사랑하면서 주일날 교회 한 번 나와서 예배드리고 헌금만하면 신앙생활 잘 하는 것으로 착각하며 살았을 것입니다. 그 잘못된 신앙생활을 회개하고 세리처럼 새 사람이 되도록 기도하는 시간이 되시기 바랍니다. 다같이 "예수 사랑 나의 사랑"을 부르면서 기도하겠습니다. (세 번 정도 가사를 불러 주며 인도하며 설교자의 인도에 따라 반주가 끝날때까지 기도회를 인도한 후 마무리 기도를 따라하게 한 뒤 "바른 기도하고 있는 사람"찬송을 4절까지 힘차게 부른 뒤에 마친다)

◆ 마무리기도

하나님 아버지 감사합니다/진짜기도와 가짜기도를 통해 바리새인과 세리의 모습을 보았습니다/저도 바리새인처럼 기도만 거룩하게 하고 살았음을 회개합니다/이제부터 세리처럼 바르게 살 것을 약속 드립니다/거듭나는

새사람이 되게 변화시켜 주십시오/예수님의 이름으로 기도합니다. 아멘/

◈ 준비 찬양

"예수사랑 나의사랑"(2,3절은 개사함)

1. 예수사랑 나의사랑 내 맘속에 넘쳐 주님만 사랑해

2. 기도사랑 나의기도 내 맘속에 넘쳐 기도만 사랑해

3. 말씀사랑 나의사랑 내 맘속에 넘쳐 말씀만 사랑해

"마음속에 근심 있는 사람"(365)을 드라마에 맞게 개사함

1. 바른기도 하고있는 사람 주 예수님이 다 들으신다 크고작은 죄를 지었어도 주 예수께 아뢰라 주 예수 앞에 다 아뢰어라 주 우리의 친구니 회개하고 거듭하게 살면 주 예수님 상주리

2. 위선적인 기도하는 사람 주 예수님이 안 들으신다 제아무리 거룩해 보여도 주님은 안듣는다 주 예수 앞에 다 회개하라 주 우리의 친구니 회개하고 거듭나게 살면 주 예수님 상주리

3. 세리처럼 기도하는 사람 주 하나님이 다 응답한다 부끄러운 죄를 지었어도 주 예수께 아뢰라 주 예수 앞에 다 아뢰어라 주 우리의 친구니 회개하고 거듭나게 살면 주 예수님 복주리

4. 바리새인처럼 기도하는 사람 주 하나님이 안 받으신다 제아무리 칭찬해 보여도 하나님은 안듣는다 주 예수 앞에 바로 기도하라 주 우리의 친구니 회개하고 거듭나게 살면 주 예수님 복주리

14. 무엇을 사모하며 사는가?

(경건 사모 스킷 드라마)

14. 무엇을 사모하며 사는가?

◈ 스킷은 일반 드라마와는 다르게 설교를 위한 짧은 드라마다.

◈ 등장인물 : 이권사, 정권사(실제로 권사님들이 출연하면 더욱 효과적이다)

◈ 성경 : 디모데후서 4:5-8

◈ 준비 찬양 : 빛과 소금 안되면 못가요, 내 기도하는 그 시간(364), 너 성결키 위해(420)

◈ 지시 사항 : 드라마를 하기 전에 교인들에게 출연자들이 질문하면 반드시 대답을 해줄 것과 "제1막"할 때 "와"하고 소리를 지르며 박수를 치게 한다.

◈ 주의 사항 : 예배 전에 부르는 찬송은 위의 준비 찬양만 부른다.

◈ 해설

지금부터 드라마를 시작하겠습니다. 제1막을 시작하기 전에 다같이 "빛과 소금 안되면 못가요"찬양을 1절을 부르겠습니다(찬양 인도자가 나와 인도한다. 마친후) 드라마의 제목은"무엇을 사모하며 사는가? 제1막 박수'(이권사가 등장한다)

◆ 배경 : 마켓입구(스크린에 교회의 주위에 있는 마켓영상을 띄운다)

이권사 : (전도지를 나눠주며) 예수님 믿으세요

정권사 : (귀찮다는 듯이 뿌리치며) 어휴! 난 교회 다니니까 안 받아도 돼요

이권사 : (놀라며) 아니? 이게 누구야? 요한이 할머니 정권사가 아니야?

정권사 : 아이고! 그리고 보니 동원이 할머니 이권사가 여기에 웬일이야?(서
　　　　 로 부둥켜 안는다) 이게 몇년만이야? 00교회에 다닌다고 들었는데 신
　　　　 앙생활 잘 하지?

이권사 : 그럼, 잘하고 있지. 요즘 얼마나 바쁜지 몰라.

정권사 : 바쁘다구? 도대체 뭘 하길래 그렇게도 바빠?

이권사 : 새벽기도 해야지 교회 갔다 와서는 성경 봐야지 또 틈나는 대로 마켓 앞에서 전도해야지 하루가 어떻게 가는지 몰라.

정권사 : 도대체 무슨 교회가 그렇게 힘들게 신앙생활을 하게 해?

이권사 : 그래도 얼마나 보람되고 즐거운지 몰라. 그래, 우리 정권사는 어떻게 지내?

정권사 : 나야 경로당 가서 노인들과 고스톱 치느라고 어떻게 하루가 가는지 몰라. 어제는 내가 만원을 따서 동원이한테 오천원이나 용돈하라고 줬지. 이권사도 할 일없이 전도나 하지 말고 나랑 경로당에 같이 가서 친구들도 사귀고 요한이 용돈도 벌고, 어때?

이권사 : 어느 부흥사 목사님이 그러셨는데 권사가 권사 노릇 제대로 못하면 어디서든지 시끄러운 소리만 내는 꿩꿩거리는 꿩사가 된다고 하더구먼.

정권사 : 꿩사가 되도 난 이런 재미로 살아갈래. 이권사처럼 살다간 난 미쳐버릴거야.

이권사 : 그러다가 주님 오시면 어떡하려구 그래?

정권사 : 오시라구 하셔. 하나도 겁 안나니까. 자! 그럼 난 바빠서 이만 가.(퇴장한다)

이권사 : 쯧쯧. (기도하며) 주님! 정권사를 용서하여 주세요. 예수님 잘 믿는 쓰임 받는 권사되게 하옵소서. (전도지를 들며) 예수님 믿으세요. (퇴장하면 설교자가 등장한다)

설교자 : 여러분! 잘 보셨어요? (네) 정권사님은 무엇을 사모하고 살았나

요? (고스톱이요)네. 고스톱만 사모하며 기도도 안하고 전도도 안하고 성경도 한 장 안보고 살았어요. 그래서 권사가 아닌 말만 많고 시끄러운 꿩사 소릴 듣고 말았답니다. 그러나 이권사님은 정말 권사님답게 열심히 신앙생활을 하셔서 새벽기도도 하시고 성경도 보시고 열심히 전도도 하셨지요? 이것을 가리켜 성경에서는 경건을 사모함으로 가지는 거룩한 삶임을 본문 5절에 말씀하고 있습니다. 7절 말씀에는 " 망령되고 허탄한 신화를 버리고 오직 경건에 이르기를 연습하라"고 하였고 8절에는 "경건은 범사에 유익하니 금생과 내생에 약속이 있느니라"고 하였어요. 여러분은 그동안 무엇을 사모하며 살았나요? 정권사님처럼 경건을 사모하지 못하고 세상 오락만을 즐기며 살지 않았습니까? 성경은 한 장도 안보면서 밤새도록 TV와 인터넷과 컴퓨터 게임만 즐기고 기도는 한 마디도 안하면서 교회 와서 조차도 기도는 안하고 다른 생각만 하지 않았나요? 이 시간 우리 다같이 두 손을 모으고 두 눈을 감아 보세요. (이때 찬송 482장"내 기도하는 그 시간"반주가 조용히 흐른다) 내가 예수님 믿는다고 하면서도 그동안 어떻게 살아왔는지 생각해 보세요. 만일 이 시간에 예수님이 오신다면 내게 뭐라고 하실 것 같아요? 잘했다고 착하고 충성된 종이라는 칭찬보다는 악하고 게으르고 무익하다고 책망만 받을지도 모릅니다. 다같이 "내 기도하는 그 시간" 찬송 1절을 부르면서 내가 경건을 사모하지 못한 죄를 회개하고서 이제부터 경건한 삶을 살기로 작정하는 시간을 가지겠다고 결심하는 기도를 드리시기 바랍니다. (찬양 인도자가 나와 인도한다. 마친후) 마무리기도를 따라하게 한 뒤 다같이 찬송가 "너 성결키 위해" 찬송 4절까지 부르고 마친다.

◆ 마무리기도

하나님 아버지 감사합니다/이시간 무엇을 사모하며 사는가를 통해 / 이권사님과 정권사님의 모습을 보고 내 모습을 깨닫게 하심을 감사합니다 / 어쩌면 내 모습이 정권사님처럼 경건보다 세상 것을 더 사랑하고 살았음을 고백합니다 / 용서하여주시고 이권사님처럼 경건을 사모하며 살아가게 해주소서 / 예수님의 이름으로 기도합니다. 아멘 /

◆ 준비 찬양

"빛과 소금 안되면 못가요(돈으로도 못가요를 개사한 찬양)

1. 빛과 소금 안되면 못가요 하나님 나라 직분 맡아도 못가요 하나님 나라 거듭나면 가는나라 하나님 나라 믿음으로 가는 나라 하나님 나라

2. 세상오락 좋아하면 못가요 하나님 나라 세상죄악 좋아하면 못가요 하나님 나라 거듭나면 가는 나라 하나님 나라 믿음으로 가는 나라 하나님 나라

3. 주여주여 한다고 못가요 하나님 나라 껍데기 신앙으로 못가요 하나님 나라 거듭나면 가는 나라 하나님 나라 믿음으로 가는 나라 하나님 나라

15. 복음으로 새해를 시작해요

(신년 주일 드라마 헌신예배)

15. 복음으로 새해를 시작해요

◈ 등장인물 : 리포터, 재수생, 노처녀, 사업가, 복권가, 여행가, 아줌마, 여집사

◈ 성경 : 마태복음 6:33

◈ 준비 찬양 : 아침 해가 돋을 때(552), 먼저 그의 나라와 그의 의를

◈ 지시 사항 : 드라마를 하기 전에 교인들에게 출연자들이 질문하면 반드시 대답을 해줄 것과 "제1막"할 때 "와"하고 소리를 지르며 박수를 치게 한다.

◈ 주의 사항 : 예배 전에 부르는 찬송은 위의 준비 찬양만 부른다.

◈ 해설

지금부터 드라마를 시작하겠습니다. 드라마를 시작하기 전에 다같이 "아침해가 돋을 때" 1절을 찬양 하겠습니다(찬양 인도자가 나와 인도한다. 마친후) 드라마의 제목은 "복음으로 새해를 시작해요 제1막 박수"(리포터가 등장한다)

◆ 제 1 막 ◆

◈ 배경 : 백화점 앞(스크린에 영상으로 띄운다)

리포터 : 00교회 여러분! 안녕하세요? (네) 나는 KBC에서 나온 방송리포
터입니다. 희망찬 새해를 맞이하면서 많은 분들이 복된 새해가 되
기 위해 무엇으로 시작하려는지 한 분씩 만나서 물어 보도록 하겠
습니다.(이때 재수생 나온다) 네. 마침 한 학생으로 보이는 분이 나
오는군요. 안녕하세요?

재수생 : 네. 안녕하세요.

리포터 : 저는 KBC리포터인데 이번 새해를 맞이하여 복된 새해가 되기 위
해 무엇으로 시작하셨습니까?

재수생 : 네. 저는 작년 수능시험에 떨어진 재수생입니다. 그래서 이번 한
해 동안 좋은 대학에 들어가려고 죽어라고 공부만 할 계획입니다.
실은 저의 아버지는 장로님이시고 어머니는 권사님이신데 제가 대
학 떨어졌다고 창피하다고 하시면서 교회고 신앙이고 다 필요 없으
니까 조용한 고시촌에 가서 1년동안 공부나 하라고 해서 지금 붙는
다라는 고시촌에 가는 중입니다.

리포터 : 아! 그러세요? 그래도 예수님께서 너희는 먼저 하나님의 나라와
그의 의를 구하라고 하셨는데 하나님이 원하시는 뜻인 신앙생활이
우선이 아닐까요? 그렇죠? 여러분? (네)

재수생 : 저도 작년에 수능시험 보기 전에는 그렇게 생각했는데 막상 수능
　　　 시험에 떨어지니까 그게 아님을 알았습니다. 어떡해서든지 대학부
　　　 터 들어가는 것이 우선임을 알았습니다. 그렇지요? 여러분? (아니
　　　 요) 치! 아니긴 뭐가 아니예요? 여러분들도 나처럼 시험에 떨어진
　　　 자녀를 둬보세요. 그런 말이 나오나요? 에이! 재수없어.(퇴장한다)
리포터 : 네. 참으로 안타까운 재수생입니다. 그럼 또 한 분을 모시도록 하
　　　 겠습니다. 네. 마침 한 분이 나오시는군요. (이때 노처녀가 나온다)
　　　 안녕하세요? 새해 복 많이 받으세요.
노처녀 : 네. 새해 복 많이 받으세요.
리포터 : 이번 새해를 맞이하여 복된 새해가 되기 위해 무엇으로 시작하
　　　 셨습니까?
노처녀 : 말도 마세요. 작년에 꼭 시집을 갈 줄 알았는데 선을 백 번을 봐도
　　　 맘에 드는 남자가 하나도 없었어요. 그래서 결국 또 한해를 넘긴 노
　　　 처녀가 되고 말았는데 올해에는 어떡해서라도 시집을 가고 말거여
　　　 요. 제가 시집을 못간 이유는 뚱뚱하기 때문이라는데 그래서 새해
　　　 를 다이어트로 시작했어요. 여러분도 쓸데없이 교회에서 시간을 보
　　　 내지 말고 저처럼 다이어트를 해 보세요. 날아가는 느낌이어요. 특
　　　 히 여자 어린이들은 나처럼 다이어트를 해야 피부도 고와지고 날씬
　　　 해져서 남자 친구들에게 인기를 끌 수가 있는 거예요. 알았지요? (
　　　 싫어요) 뭐? 싫다고? 정말 애네들이 노처녀의 자존심을 건드리고 있
　　　 네 어휴. 기분 나빠. 흥! (퇴장한다)

리포터 : 네. 노처녀 역시 안타까운 모습입니다. 저렇게 눈이 높으니까 시
집을 못 가는겁니다. 누가 신랑이 될지 벌써 걱정이 되는군요. 또 다
른 분은 어떻게 새해를 시작했는지 물어 보겠습니다.(사업가가 나
온다)안녕하세요? 새해 복 많이 받으세요. (네) 이번 새해를 맞이하
여 복된 새해가 되기 위해 무엇으로 시작하셨습니까?

사업가 : 네. 저는 작은 회사를 운영하고 있습니다. 작년 한 해는 코로나 때
문에 수출이 안되 회사가 망할 뻔했는데 그래서 올해는 회사를 살
리려면 일요일도 없이 지난 주일부터 회사문을 열고 있습니다. 특
히 교회에 나가는 직원들이 불만이 많더군요. 실은 나도 교회의 장
로지만 교회야 온라인 예배만 드리면 됐지 하루 종일 교회에서 정
신 나간 사람들처럼 왜 시간을 허비합니까? 기업은 하루 한 시간도
중요한 판인데 교회에서 시간을 쓸데없이 보내는 것은 나라의 경제
를 좀 먹는 행위입니다. 그러니 여러분들도 쓸데없이 교회에서 시
간 보내지 말고 온라인 예배나 드리고 주일날도 나처럼 열심히 일
을 하세요. 그래야 부자가 되는 겁니다. 알았지요? (싫어요) 네? 싫
다구요? 참으로 한심한 자들이야. 어휴! 저러니 저모양 저꼴로 살
지. 참, 기가 막혀서, 원. (퇴장한다)

리포터 : 네 누가 한심한지 모르겠습니다. 어떻게 저런 분이 장로님이 되
었는지 도무지 이해가 안 가는군요. 과연 회사가 잘 될지 벌써 걱
정이 되는군요. 그럼 또 다른 분은 어떻게 새해를 시작했는지 물어
보겠습니다.(복권가가 나온다) 안녕하세요? 새해 복 많이 받으세

요.(네) 이번 새해를 맞이하여 복된 새해가 되기 위해 무엇으로 시작하셨습니까?

복권가 : 네, 작년에는 복권에 당첨되겠다고 복권만 산 것이 천만원이나 넘게 날렸습니다.

복권이란 복권은 다 사봤습니다만 운 나쁘게도 안되더군요. 고스톱을 하면 패가 잘 들어오는 것은 기본이요 쓰리고에다 흔들고 피박은 내가 다 쓸다시피 하여 복권도 생각대로 될 줄 알았는데 안되더군요. 그래서 생각을 바꿨습니다. 실은 제가 교회의 집사입니다. 말이 집사지 할 것 다하고 사니 잡사죠. 허허. 참 어떻게 생각을 바꿨냐구요? 그게 바로 이번 새해를 맞이하여 송구영신 예배가 끝나고 축복을 받으려고 바로 시작한 것이 인생이 역전되는 로또복권을 산 것입니다. 이번에 당첨만 된다면 여러분 앞에서도 약속을 하지만 십일조는 물론이고 그동안 내지 못했던 선교헌금과 감사헌금 그리고 일천번제헌금도 일시불로 드리고 구제헌금도 많이 드리겠습니다. 여러분도 저처럼 이 드라마가 끝나고 로또복권을 사보세요. 인생이 바뀌는 것은 시간 문제라니까요. 알았지요?(싫어요) 뭐요? 싫다구요? 하기야 여러분이 로또복권이 되는 내 꿈의 심정을 여러분이 어찌 알겠습니까??(송대관의 노래를 부르며 퇴장한다)

"쨍하고 해 뜰날 돌아온 단다"

리포터 : 네. 도박사라 그런지 말도 많고 탈도 많은 집사입니다. 어느 교회 집사님인지 참으로 걱정이 되는군요. 우리 교회는 저런 분이 안계

신 줄로 믿습니다.(아멘) 또 한 분을 모셔서 어떻게 새해를 시작했는지 물어보겠습니다.(여행가가 여행가방을 끌고 나온다) 안녕하세요? 새해 복 많이 받으세요. (네) 이번 새해를 맞이하여 복된 새해가 되기 위해 무엇으로 시작하셨습니까?

여행가 : 네. 새해에는 뭐니뭐니해도 세계를 여행하는 것입니다. 작년에는 코로나가 있어도 동남아를 갔다 왔는데 이번 새해에는 미국을 갔다 오려고 떠날 준비를 마쳤습니다. 그 유명함 그랜드 캐년과 카지노의 명물인 라스베가스와 그리고 특히 미국에는 골프장 값이 싸다는데 박세리와 김미현이 쳤다는 골프장에서 실컷 골프하고 놀다가 올 생각입니다. 실은 교회에도 나가야 되는데 내가 뭐 집사라도 되야 말이죠. 겨우 예배만 참석하는데 교회 그까짓 거 3주 빠진다고 해서 뭐 큰 문제가 있겠습니까? 그래서 무사히 여행 마치고 오게 해달라고 감사헌금으로 십만원을 3부 예배 때 드렸습니다. 그러니 여러분도 주일날 교회에서 재미없게 보내지 말고 나처럼 신나게 여행을 떠나세요. 알았지요? (싫어요) 뭐예요? 싫다고요? 참 여러분들이 아직 세계여행을 안가봐서 여행 재미를 몰라서 그러는 모양인데 뭐 할 수 없죠. 어떡하겠어요? 그러니까 여러분들은 우물안의 개구리들이예요. 호호호호.(송창식의 고래사냥 곡에 맞추어 "자, 떠나자 멋진 미국으로"(퇴장한다)

리포터 : 네. 참으로 웃어야 할지 울어야 할지 모르는 분입니다. 저런 분 때문에 나라의 경제가 어려워지고 있는 것입니다. 우리 교회에 저런

분이 없기를 소원합니다. (아멘)

이제 시간관계로 두 분만 더 모시고자 합니다. (아줌마 나온다) 안녕하세요? 새해 복 많이 받으세요. (네) 이번 새해를 맞이하여 복된 새해가 되기 위해서 무엇으로 시작 하셨습니까?

아줌마 : 네. 작년에는 우리 집에 뭔 액운이 끼었는지 집안에 안좋은 일이 너무 많았어요. 친정에 어머니가 돌아가시자 얼마 안되어 시아버님이 돌아가시고 게다가 남편은 교통사고가 나서 병원에 몇 달째 중환자실에서 입원해 있지 더구나 사업마저 부도가 나서 쫄딱 망해 버렸어요. 날마다 빚쟁이들은 들이닥치지 이제는 괴로워서 교회도 못 나간지가 두 달이나 되었어요. 그래서 마음이 너무 답답하여 점쟁이한테 신정 때 점을 쳤더니 점쟁이가 하는 말이 집에 지독한 액운이 끼어서 그렇다고 그 액운을 몰아낼 부적을 붙이면 없어진다고 하더군요. 그래서 겨우 친척에게 빚을 내어 이백만원짜리 부적을 사서 집에다 붙여 놓았습니다. 올해는 그 부적 때문에 복이 굴러 들어오리라 믿어요. 여러분도 나처럼 부적을 사 보세요. 아니면 컴퓨터로 점을 쳐 보세요. 얼마나 재미가 있는지 몰라요. 알았지요?(싫어요) 네? 싫다구요? 하기야 여러분들이 이 아줌마의 괴론 심정을 얼마나 알겠어요? 누구든지 나처럼 어려운 일을 만나야 지푸라기 라도 잡는 심정으로 살아가는 거지. (윤항기의 유행가를 부르며) "다 그런거지 뭐 그런거야 그러길래 미안 미안해"(퇴장한다)

리포터 : 네. 아직까지 우상에 빠져서 옛사람을 벗어 버리지 못하고 사는

아줌마의 모습이 매우 안타깝군요. 그럼 이제 마지막으로 한 분만 더 모시겠습니다. (여집사 나온다) 안녕하세요? 새해 복 많이 받으세요. (네, 할렐루야) 제가 볼 때에 집사님 같으신데 집사님은 이번 새해를 맞이하여 복된 새해가 되기 위해 무엇으로 시작하셨습니까?

여집사 : 네, 작년에는 기도도 부족했고 성경도 많이 못 읽고 전도도 제대로 못해서 얼마나 하나님께 불충성 했는지 몰라요. 그래서 송구영신 예배 때 얼마나 울면서 회개하였는지 모릅니다. 주님은 내 죄 위해 십자가에 몸 버려 물과 피를 다 쏟으시면서까지 내 죄를 용서하시고 구원해 주셨는데 나는 주님을 위해서 무엇을 드렸는가 생각하니까 몸둘바를 모르겠어요. 그래서 이번 새해에는 하나님을 기쁘시게 하고 주님의 은혜를 보답하는 의미에서 새벽기도와 가정예배를 드리면서 온 가족이 성경을 하루에 세 장씩 읽고 전도 대상자를 정하여 기도하면서 온 가족이 전도대회를 가지기로 했어요. 이다음에 천국에 가서 주님께 잘했다고 칭찬받는 종이 되어야지 야단맞는 부끄러운 종이 돼서는 안되잖아요? 그래서 새해에는 만사 다 제쳐 놓고 경건생활인 기도생활과 성경읽기와 그리고 전도생활에 힘쓰기로 했어요.

리포터 : 네. 바로 이 분이야 말로 우리가 찾던 하나님이 기뻐하시는 종인 줄 압니다. 집사님! 어느 교회 나가시죠?

여집사 : 네. 00교회 000집사입니다.

리포터 : 어쩐지 뭔가 다르다고 했습니다. 역시 00교회는 집사님 같은 분

이 계셔서 큰 축복입니다. 여러분! 새해에는 무엇보다도 000집사님처럼 기도와 성경 읽기와 전도 생활로 시작하세요. 놀라우신 하나님의 축복이 넘치리라 믿습니다. 이상으로 KBC 리포터 000 였습니다. 000 담임 목사님! 나와주세요. (퇴장하면 설교자가 등장한다)

설교자 : 여러분! 잘 보셨습니까? 사람들은 누구든지 새해에는 복을 많이 받기 원하여 성공하기 원하고 건강하기 원하고 돈 잘 벌기 원하고 큰 꿈을 이루고자 소원합니다. 그러나 사람들의 생각처럼 뜻대로 되지 않는 것은 복의 근원자 되신 하나님을 의지하지 않기 때문입니다. 여러분은 금년도 새해를 무엇으로 시작하셨습니까? 예수님은 본문말씀 마태복음 6장 33절에 "너희는 먼저 하나님의 나라와 하나님의 뜻을 구하라. 그리하면 이 모든 것을 더해 주시겠다"고 하셨습니다. 이 말씀에 의미는 세상이 아니라 하나님 나라인 천국에 기준을 두고 살며, 내 뜻이 아니라 하나님의 뜻에 기준하여 살면 세상의 원하는 모든 것을 셀 수 없을 정도로 더해 주시겠다는 말씀입니다. 첫 시작을 하나님을 중심으로 하여 살 때 복이 넘치는 것입니다. 다윗은 남이 무시하는 양치는 목동이었지만 먼저 하나님 중심으로 살 때 골리앗을 쓰러뜨리고 이스라엘의 임금까지 되도록 하나님은 축복하셨습니다. 예수님도 하나님의 아들이셨지만 하나님 중심으로 사심으로 십자가를 지셨고 구원을 이루셨을 뿐 아니라 부활의 영광까지 누리셨습니다. 그러므로 0000년 새해에는 하나님이 기뻐하시는 일부터 찾아 행하십시오. 000집사님처럼 무엇보다

먼저 성경을 읽고 기도하는 생활과 전도생활에 힘쓰시기 바랍니다. 그리하므로 새해에는 예수님을 닮아가는 성숙된 성도가 되시기를 주님의 이름으로 축원합니다. 이 시간 다같이 두 손을 모으고 기도합시다. (이때 "아침 해가 돋을 때" 찬송이 조용하게 반주가 흐른다) 새해에 여러분은 무엇으로 시작하셨습니까? 새해를 저들처럼 세상 것이나 TV 앞에서 보내며 시작하지는 않으셨습니까? 새해의 첫 발걸음이 그 한 해를 책임집니다. 예전에 연세 드신 분 들이나 386 세대는 다 아는 TV 광고인데 "순간의 선택이 십년을 좌우합니다"라고 하였는데 새해의 선택이 한해를 좌우합니다. 새해의 선택을 말씀과 기도로 시작하지 못하고 작년과 다를 바 없이 변화되지 못한 모습으로 새해를 시작했다면 이 시간에 하나님께 용서를 빌고 다시 새로운 마음으로 새해를 시작하시기 바랍니다. 다같이 "아침 해가 돋을때" 찬송 1 절을 부른 뒤에 기도하겠습니다. (찬양 인도자가 나와 인도한다. 마친후) 설교자가 기도회를 반주가 끝날 때까지 인도한 후 마무리 기도를 따라하게 한 후 먼저 그의 나라와 그 의를 찬양을 한 후 마친다)

◆ 마무리 기도

하나님 아버지 0000년도 새해를 주심을 감사합니다 / 작년 한해는 너무나도 부끄럽게 산 것을 용서해 주십시오 / 새해를 맞이하였어도 변화되지 못하고 옛 습관을 버리지 못한 것을 회개합니다 / 000집사님처럼 새해

에는 먼저 하나님의 나라와 하나님의 의를 구하는 삶을 살겠습니다 / 이

0000년도 새해를 축복하여 주옵소서. 예수님의 이름으로 기도합니다. 아

멘 /

16. 어린아이들과 같이 되지 아니하면

(어린이 주일 드라마)

16. 어린아이들과 같이 되지 아니하면

◆ 등장인물 : 호동, 재석, 전도사, 마귀, 예수님

◆ 성경 : 마태복음 18:1-4

◆ 준비 찬양 : 예수께로 가면(565), 예수사랑 나의 사랑, 예수님 찬양
(각색함)

◆ 지시 사항 : 드라마를 하기 전에 어린이들에게 "제1막, 제2막"할 때
"와"하고 소리를 지르며 박수를 치게 한다.

◆ 주의 사항 : 예배 전에 부르는 찬송은 위의 준비 찬양만 부른다.

◆ 해설

지금부터 드라마를 시작하겠습니다. 제1막이 시작하기 전에 다같이 "예
수께로 가면" 찬송 1절을 찬양하겠습니다(찬양 인도자가 나와 인도한다.
마친후) 드라마의 제목은 "어린 아이들 과 같이 되지 아니하면 제1막 박
수"(이때 호동이가 노래하며 등장한다)

◆ 제 1 막 ◆

◈ 배경 : 교회가 보이는 동네 앞(스크린에 영상으로 띄운다)

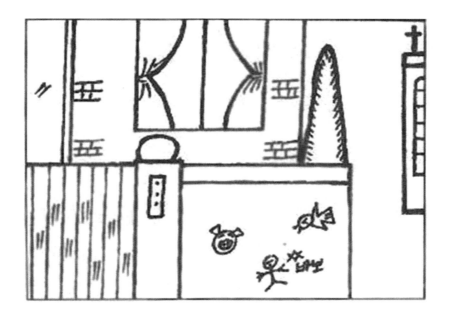

호 동 : "5월은 푸르구나 우리들 세상" 짠! 오늘은 어린이의 최고의 어린의
최고의 날. 바로 오늘이 어린이날인데 어째 어린이들이 하나도 안
보이는거야? 모두 에버랜드나 롯데월드 갔나? 나는 오늘 사람들이
많다고 벌써 어제 갔다 왔는데 어째 애들이 없지? 아! 그리고 보니
오늘이 일요이이라서 모두 교회에 갔구나. 여기 모인 00교회 애들
한테 물어봐야지. 애들아. 오늘이 무슨 날이냐?(어린이 주일) 뭐? 어
린이 주일이라고? 그게 무슨 날인데? 선물 주는 날이냐?(아니) 그럼

무슨 날인데? (이때 재석이가 찬송하며 등장한다)

재 석 : "예수께로 가면 나는 기뻐요 나와같은 아이 부르셨어요" 어? 너 호

　　　　동이 아냐? 여기서 뭐하고 있니? 우리 교회 가려고 있는 거야?

호 동 : 웃기고 있네. 내가 미쳤다고 교회를 가냐?

재 석 : 오늘이 어린이 주일인데 같이 우리교회에 가자.

호 동 : 야! 재석이 너 어린이 주일이 무슨 날이냐?

재 석 : 응! 그건 우리나라에 어린이날이 있는 것처럼 교회도 어린이날처럼

　　　　어린이들을 축복하신 예수님을 생각하며 감사하는 날이야.

호 동 : 뭐? 예수님? 그분이 누군데?

재 석 : 우리 죄를 위해 십자가에 죽으시고 삼일만에 부활하시고 하늘에 올

　　　　라가신 하나님의 아들이신데 누구든지 예수님을 믿으면 죄를 용서

　　　　받고 구원을 받게 돼. 그러니 호동이 너도 예수님을 믿고 구원받아.

호 동 : 구원 같은 소리하고 있네. 나는 그런말 못 믿겠다.

재 석 : 너 예수님 안 믿으면 지옥 가. 내말 믿고 우리 교회에 지금 가자.

호 동 : 야! 인마. 지옥이 어디 있냐? 그건 다 교회에서 꾸민 얘기야.

재 석 : 아냐! 여러분! 지옥 있죠?(네) 봐! 여기 있는 00교회 친구들도 있

　　　　대잖아.

호 동 : 그건 너와 여기 있는 애들과 한패니까 그렇지.(애들을 향해) 지옥

　　　　은 없어(있어) 없어

　　　　(있어) 이것들이 너희들 모두 이따가 모두 혼내줄거야.

재 석 : (붙들며) 호동아. 그러지 말고 나와 지금 교회에 가자.

호 동 : (뿌리치며) 이거 안놔? 너나 열심히 나가. 난 죽어도 교회는 안 나가.

재 석 : 너 여기 있어봐. 전도사님 모셔올 테니까 잠깐 기다려(퇴장한다)

전도사 : (등장한다) 네가 호동이나?

호 동 : 어? 아저씨는 누구세요?

전도사: 재석이가 다니는 00교회 전도사님이란다.

호 동 : 그런데요. 왜 나한테 오셨어요?

전도사 : 호동이는 죽으면 어떻게 되리라고 보니?

호 동 : 그야 화장터에 가서 내 뼈는 납골당에 가 있겠지요.

전도사 : 그다음은 그것으로 끝난다고 보니?

호 동 : 죽으면 그것으로 끝나지 아무것도 없다고 어른들이 그러셨어요.

전도사 : 그렇지가 않단다. 우리 몸에는 보이지 않는 영혼이 있는데 몸은 화장터에 가던지 땅에 묻던지 하지만 영혼은 하나님 앞에 가 심판을 받게 된단다.

호 동 : 네? 심판을 받아요? 무슨 심판을요?

전도사 : 죄를 지은 심판이지. 이 세상에는 어느 누구도 죄를 안지은 사람이 없지만 예수님을 믿고 죄를 용서 받은 사람은 무서운 지옥의 심판에서 벗어나 천국을 가게 되고 예수님을 안믿은 사람들은 무서운 지옥에 가게 된단다.

호 동 : 착한 일을 많이 해도요?

전도사 : 아무리 착한 일을 많이 해도 소용이 없단다.

호 동 : 방탄소년단처럼 잘생기고 인기가 많아도요?

전도사 : 그것도 천국에 들어가는 조건이 되지 못하지.

호 동 : 그럼 어떤 사람이 천국에 들어갈 수 있어요?

전도사 : 예수님이 말씀하셨는데 "누구든지 어린아이들과 같지 아니하면 천국에 들어갈 수 없다"고 하셨지.

호 동 : 그럼 이 세상 어린이들은 모두 천국에 가겠네요.

전도사 : 그런 뜻이 아니라 어린이처럼 겸손하고 순수하여 하나님 말씀을 잘 받아들이고 순종을 잘하여 한다는 뜻이야. 어린이들도 어려도 못된 애들이 얼마나 많니?

호 동 : 하기야, 그래요. 그럼 나같은 못된 아이도 예수님을 믿으면 정말 천국에 갈수 있어요?

전도사 : 당연하지. 지금 나와 함께 두손을 모으고 눈을 감고 내가 하는 기도를 따라서 해 보겠니? (애들을 행해) 여러분도 다같이 따라 기도해요 "하나님 아버지 감사합니다 / 나는 죄인입니다 / 예수님이 내 죄위해 십자가에 죽으심을 믿습니다 / 지금 내마음의 문을 열고 예수님을 / 나의 구주 나의 하나님으로 모십니다 / 나를 변화시켜주시고 천국가게 해주세요 / 예수님의 이름으로 기도합니다. 아멘.(기도를 마친뒤) 이제 호동이 마음속에 예수님이 계시니까 천국에 가게 될거야. 아무리 마귀가 죄를 짓도록 유혹해도 물리칠수 있을거야. 여러분들도요? 알았죠? 호동아. 예배시간인데 들어가서 예배드리자. 교회 친구들도 좋아할거야.(호동이가 "네"하며 같이 퇴장한다)

여러분! 잘 보셨어요? 호동이는 이제 달라졌어요. 예수님을 마음에 모신 호동이는 어떻게 달라졌는지 제2막을 살펴보기로 하겠습니다. 제2막이 시작되기 전에 다같이 "예수께로 가면 나는 기뻐요" 찬송 1절을 부르겠습니다.(찬양 인도자가 나와 인도한다. 마친후)

호 동 : (성경책을 들고 등장한다) 와아! 교회가 이렇게 좋은줄 몰랐네. 이럴줄 알았으면 진작 다닐걸. 여러분도 교회에 나오니까 좋죠? 앞으로 열심히 나오고 교회에 안나가는 친구들도 전도할거예요.(이때 마귀 등장한다)

마 귀 : 무슨 소리? 호동아. 교회보다 더 재미있는 PC방을 두고 어디가 좋다고? 이번에 더 재미있는 특별 게임이 나왔다는데 가지 않을래?

호 동 : 싫어! 난 이제부터 예수님 믿고 천국가기로 했어. 저리 꺼져.

마 귀 : 저리 꺼지라고? 좋다. 그렇다면 나는 한번에는 안 물러가지. 너 핸드폰 게임 좋아하지? 지금도 핸드폰을 무척 사랑한걸로 안다. 핸드폰이 없으면 답답하고 게임을 못하면 못 견디지. 그러니 아주 좋은 갤럭시 신형 핸드폰을 아빠가 사주도록 할테니까 어때? 지금이라도 교회를 안나가는 것이.?

호 동 : 싫어! 난 무슨 일이 있어도 교회에 열심히 나갈거야.(성경책을 보이며) 이제부터 오늘 교회에 나왔다고 선물로 준 이 성경을 열심히 읽을거야. 여러분도 그럴거죠?(네)

마 귀 : 어쭈구리? 이놈이 완전히 새사람이 되버렸네. 좋다. 그럼 마지막으
　　　로 너를 시험하겠다. 호동이 너 놀이동산 엄청 좋아하지? 너 어제
　　　에버랜드 갔다 왔지? 롯데월드도 가고 싶고 서울랜드도 물놀이 동
　　　산도 가고 싶지? 그래서 너의 아빠를 시켜서 주일마다
　　　놀러가게 하겠다. 어떠냐? 너무 좋지?

호 동 : 웃기지마. 나는 무슨 일이 있어도 교회에 나갈거야. 그까짓 놀이동
　　　산 하나도 재미없어. 그렇죠? 여러분(네) 저리가.

마 귀 : 아니? 이놈이 감히 누군데 나를 저리 가라 하느냐?

호 동 : (기도하는 모습으로) 예수님! 도와주세요. 저 마귀를 쫓아주세
　　　요.(이때 예수님이 등장한다)

예수님 : 마귀야! 썩 물러가지 않을까?

마 귀 : (벌벌 떨며) 다, 당신이 어쩐 일이십니까?

예수님 : 너는 어찌하여 하나님의 자녀가 된 호동이를 시험하느냐?

마 귀 : 호동이는 원래 내가 지옥으로 끌고 갈 애였습니다요.

예수님 : 이제 호동이는 천국에 갈 자녀가 되었는데 썩 물러가지 못할까?

마 귀 : 으-악! 너무 억울하다. 호동이를 지옥에 끌고 가지 못하다니..(퇴
　　　장한다)

호 동 : (예수님 품에 안기며) 예수님! 감사해요.

예수님 : 그래. 호동아. 마귀의 시험을 끝까지 물리쳐서 얼마나 기뻤는지
　　　몰랐단다.

호 동 : 제가 예수님을 마음속에 모셨잖아요. 그게 다 예수님이 내안에 계

셔서 그런 거여요.

예수님 : 그렇단다. 누구든지 늘 나 예수를 마음에 품고 살면 어떤 죄의 유
　　　　혹이나 마귀의 시험도 모두 물리칠 수가 있단다.(애들을 향해) 너희
　　　　도 알겠느냐?(네) 내가 있는 천국에

　　　　오려면 호동이와 같이 거듭난 어린이가 되어야 올수 있단다. 너희들
　　　　도 모두 거듭나서

　　　　아름다운 천국에서 만나도록 하자.

호 동 : 여러분! 우리 다같이 예수님과 함께 손뼉을 치며 "예수님 찬양"을
　　　　힘차게 찬양해요. (찬양 인도자가 나와 인도한다. 마친후) 여러분!
　　　　우리 다시 만날 때까지 안녕! (손을 흔들며 퇴장한다)

◈ 설교자

　여러분! 잘 보셨지요? 오늘 어린이 주일을 맞이하여 드라마를 통해 무엇
을 느끼셨나요? 여러분은 항상 예수님을 마음에 모시고 사나요? 호동이가
예수님을 미디 않기 전에는 천국고 지옥도 믿지 못했지만 전도사님을 통
해 복음을 듣고 예수님을 마음에 모셨어요. 그랬더니 거듭난 새사람이 되
어 마귀가 아무리 유혹을 하고 시험을 해도 넘어가지 않았어요. 여러분도
만일 마귀가 호동이처럼 유혹과 시험을 한다면 물리칠 수가 있나요? 물리
칠 수 있다면 예수님을 내 맘에 모신 것이지만 아직도 물리칠 수 있는 마
음이 없다면 예수님을 내 맘에 온전히 모시지 못한 것입니다. 이 시간에 내
맘속에 예수님보다 사랑하는 것이 무엇인가요?

핸드폰인가요? 게임인가요? 아이돌 가수인가요? 트로트 노래인가요? 어쩌면 거듭난 호동이와는 달리 예수님보다 더 사랑하는 것이 있을 것입니다. 그런 모습을 마귀는 좋아하는 것입니다. 우리가 핸드폰이나 게임이나 아이돌 가수 같은 세상 것들을 싫어할 수는 없지만 예수님보다 더 사랑하는 것은 우상이요 잘못된 모습입니다. 천국에 가려면 예수님이 "어린아이와 같지 아니하면"이라고 말씀 하셨는데 예수님이 말씀하신 어린아이는 자신을 낮추는 겸손하고 말씀을 잘 받아들여 순종하는 어린아이를 말합니다. 여러분은 어떤 어린아이인가요? 예수님이 말씀하신 어린아이와 같은 어린이인가요? 아니라면 이 시간에 모두 회개하고 예수님을 온전히 모시는 삶을 살아야 합니다. 우리 다같이 "예수사랑 나의사랑" 찬송 3절까지 부르며 기도하겠습니다.(찬양 인도자가 나와 인도한다. 마친 후 마무리기도를 따라하게 한후 "예수님 찬양"을 모두 찬양하며 마친다)

◈ 마무리기도

하나님 아버지 감사합니다 / 오늘 어린이 주일에 어린아이들과 같이 되지 아니하면 드라마를 통해 / 저희들도 호동이처럼 예수님을 모시고 살게 해주세요 / 그동안 예수님보다 핸드폰과 세상 것들을 더 사랑했어요 / 용서해주시고 예수님이 말씀하신 천국에 들어가는 어린이가 되게 해주세요 / 마귀의 어떤 유혹이나 시험도 이길수 있게 도와주세요 / 예수님의 이름으로 기도합니다. 아멘 /

◆ 준비 찬양

1. 예수 사랑 나의 사랑 내 맘속에 넘쳐 주님만 사랑해

2. 예수 기쁨 나의 기쁨 내 맘속에 넘쳐 주님만 기뻐해

3. 예수 구주 나의 구주 내 맘속에 넘쳐 주님만 모셔요

"예수님 찬양"(2절은 사탄을 마귀로 바꿨음)

1. 예수님 찬양 예수님 찬양 예수님 찬양합시다 예수님 찬양 예수님 찬양 예수님 찬양합시다. 할렐루야 할렐루야 예수님 찬양합시다 할렐루야 할렐루야 예수님 찬양합시다.

2. 예수 이겼네 예수 이겼네 예수 마귀를 이겼네 예수 이겼네 예수 이겼네 예수 마귀를 이겼네 할렐루야 할렐루야 예수 마귀를 이겼네 할렐루야 할렐루야 예수 마귀를 이겼네

17. 돌아온 아들과 아버지의 사랑

(전교인 어버이 주일 드라마 부흥회)

17. 돌아온 아들과 아버지의 사랑

◈ 등장인물 : 막내, 아버지, 미스김, 미스리, 친구1, 2, 돼지주인

◈ 성경 : 누가복음 15:11-32(길므로 11-17로 요약한다)

◈ 준비 찬양 : 탕자처럼 방황할 때도, 돌아와 돌아와(525) 개사한 찬송

◈ 지시 사항 : 드라마를 하기 전에 교인들에게 "제1막, 제2막, 제3막"할 때 "와"하고 소리를 지르며 박수를 치게 한다.

◈ 주의 사항 : 예배 전에 부르는 찬송은 위의 준비 찬양만 부른다.

◈ 해설

지금부터 드라마를 시작하겠습니다. 드라마의 제목은 "돌아온 아들과 아버지의 사랑 제1막 박수"(막내가 등장한다)

◆ 제 1 막 ◆

◇ 배경 : 부잣집 앞(스크린에 영상으로 띄운다)

막 내 : 에이! 아버지와 같이 사니까 너무 귀찮아. 맨날 잔소리만 하고 나도
　　　　이제 컸는데 이집을 나가서 먼 곳으로 가버려야겠어. 그럼 아버지
　　　　잔소리도 안듣고 간섭도 안받을테니까 아버지한테 내가 받을 유산
　　　　을 미리 달라고 해야지. 아버지. 어디 계세요?

아버지 : (등장한다) 왜? 막내야. 무슨 일이 있느냐?

막 내 : 네. 아버지. 저도 이제 다 컸으니까 제게 줄 아버지의 유산을 물려
　　　　주세요.

아버지 : 뭐라고? 그건 지금은 안돼. 아직도 내가 보기에는 너는 어린애야.

막 내 : 아버지. 내가 나이가 몇 살인데 어린애예요? 저도 이젠 성인이라
　　　　고요.

아버지 : 그래? 그럼 내가 물려준 유산으로 무엇을 하려고 하느냐?

막 내 : 먼 나라에 가서 사업을 하고 성공하여 돌아올 거여요. 꿈은 이루어
　　　　진다고 했어요.

아버지 : 너의 생각이 정 그렇다면 너에게 줄 유산을 주겠다. 너의 통장에
　　　　입금할 것이니 그리 알아라.(퇴장한다)

막 내 : 야! 나도 드디어 아버지 간섭에서 벗어났구나. 아버지가 내게 물려
　　　　준 유산이 오십억은 넘을텐데 이걸 가지고 무엇을 하지? 그건 여기

서 생각할 필요가 없고 아버지가 보이지 않는 먼 나라에 가서 결정하자.(송창식의 고래사냥 곡에 맞추어) "자! 떠나자. 아주 먼 나라로"(퇴장한다. 이때 다시 반대편에서 아버지가 등장한다)

아버지 : 막내가 얼굴도 보기 힘든 먼나라로 떠났으니 연락이라도 주면 좋을텐데. 내가 너무 막내의 말만 듣고 성급하여 유산을 물려준 게 내 실수였어. 벌써 많이 보고 싶구나.

막내야. 내가 날마다 문밖에서 너를 기다릴테니 속히 오너라 (이때 돌아와 돌아와 전주가 나오면 찬송을 부른다) "돌아와 돌아와 집을 나간 막내야 길이 참 어둡고 매우 험악하니 집을 나간 막내야 어서와 돌아와 어서와 돌아와" 으흐흐흐흑. 막내야. 꼭 연락이라도 다오. 사랑하는 내 아들 막내야.(울면서 퇴장한다)

◆ 해설

여러분! 잘 보셨어요? 막내는 아버지가 물려준 유산으로 사업을 하고 성공하였을까요? 막내의 모습은 어떠한 모습으로 살고 있는지 제2막을 시작하겠습니다. 2막을 시작하기 전에 다같이 "돌아와 돌아와" 찬송 2절을 부르겠습니다. (찬양 인도자가 나와 인도한다)

◆ 제 2 막 ◆

◈ 배경 : 술집(영상으로 띄운다. 테이블위에 술병과 탕자 옆에 술집 아
가씨들과 술친구들이 앉아있다)

막 내 : 나는 아주 먼 나라에서 왔는데 재벌 2세야. 그래서 돈이 엄청 많아.(
　　　　양옆에 있는 술집 아가씨들을 팔짱을 끼며) 너희들 오늘 나한테 서
　　　　비스만 잘하면 팁을 많이 줄거야.

미스김 : (아양을 떨며) 호호호호. 어머? 그래요? 그럼 사장님이라고 불러
　　　　야겠네요. 사장님! 전 미스김이라고 해요. 사장님은 너무 잘 생겼다.
　　　　어쩜 현빈과 닮으셨을까?

막 내 : 뭐? 내가 현빈처럼 잘생겼다고? 으하하하하. 기분 좋은걸. 미스김
　　　　이라고 했지.(돈다발을 주며) 자! 여기 팁 백만원이야.

미스김 : 역시 사장님은 멋져. 우리 술집에 사장님 같은 분은 처음이세요.
　　　　자! 제가 주는 술 받으세요(술을 따른다)

막 내 : (마신뒤) 으하하하하. 역시 미스김이 따라주는 술맛이 최고구만.

미스리 : 오빠. 재는 팁을 주고 나는 왜 안줘요? 나도 재처럼 충분히 서비스
　　　　해 드릴수 있어요. 오빠. 사랑해요.(볼에 입을 맞춘다) 쪽.

막 내 : 어쭈? 넌 애교가 만점인데. 좋아. 너도 받아라. 기분이다. 여기 너
　　　　도 백만원이다. (돈다발을 준다)

미스리 : 역시 오빠는 멋쟁이라니까. 호호호호호. 내 술도 받아요

막 내 : 좋아. 좋아. 나한테 돈은 얼마든지 있으니까 실컷 마시고 즐기자구.

술친구 1 : 야! 김사장. 우리 처음 만난 사인데 정말 자네가 다 살수 있어? 돈이 많이 들텐데.

막 내 : 이봐! 나 이래봬도 돈밖에 없는 재벌 2세야. 아무 걱정하지 말라니까.

술친구 2 : 정말 자네가 그렇게 돈이 많아? 그럼 우리 친구하자구. 이봐! 친구야. 내 술도 받아.

막 내 : 좋아. 우리 다같이 건배하자구. "건배"(조명이 꺼지며 2막이 끝난다)

◈ 해설

여러분! 잘 보셨어요? 막내는 아버지가 물려준 많은 유산을 저렇게 허랑방탕하게 낭비하여 아무것도 없는 무일푼 신세가 되고 말았습니다. 그의 삶의 모습이 어떻게 비참한 모습으로 바뀌었는지 제3막을 살펴보겠습니다. 3막이 시작되기 전에 다같이 "돌아와 돌아와' 4절을 부르겠습니다.(찬양 인도자가 나와 인도한다. 마친후) 지금부터 드라마를 시작하겠습니다. 드라마의 제목은 "돌아온 아들과 아버지의 사랑 제3막 박수" (막내가 노숙자 모습으로 나온다)

◈ 배경 : 술집(영상으로 띄운다)

막 내 : 어휴! 어쩌지? 그 많은 돈이 다 떨어져 입고 있던 옷도 다 팔아버리고 완전히 노숙자가 되 버렸네. 그래도 내가 이 술집에서 투자한 돈이 얼만데 미스김이나 미스리나 내게 도움을 줄거야. 이봐! 미스김! 미스리! 내가 왔어.(이때 술집 아가씨들 등장한다)

미스김 : 어머? 웬 노숙자야?(인상을 찌푸리며 코를 막는다) 어휴! 냄새. 당장 나가요. 영업 방해 되요.

막 내 : 날 모르겠어? 나 김사장이야. 팁도 여기 올 때마다 백만원씩 줬잖아.

미스김: 그건 김사장일 때고 지금은 노숙자인데 돈 없는 사람은 필요 없으니 당장 나가요.

막 내 : 정말 이럴거야?(미스리를 쳐다보며) 미스리. 나 알지? 이 오빠를?

미스리 : 뭐예요? 누가 내 오빠예요? 난 당신같은 돈 없는 노숙자는 오빠로 둔적이 없어요. 당장 나가요. 경찰 부르기 전에 영업방해로 신고할 거여요.

막 내 : 너희들 정말 이러기야? 내가 돈이 있을 때는 갖은 아양을 떨더니 지금 와서는 내가 돈이 없다고 나를 무시해? 내가 이래봬도 재벌 2세야.

미스김 : 재벌 2세 좋아하네. 돈 한푼도 없는 노숙자 주제에 무슨 재벌 2세야? 사기치고 있네

막 내 : 정말이야. 내말을 믿어줘.

미스리 : 당장 안 나갈거여요? 아무래도 오빠들을 불러야겠어. 오빠들! 이
리 나와봐요.

술친구 1 : 왜? 무슨 일이야?

미스리 : 저 노숙자가 우리 가게 안 나가고 자꾸만 영업방해를 해요.

술친구 1 : 뭐야? 저놈이야? 야! 인마! 너 여기에서 빨리 안 나가면 혼난
다. 썩 꺼져.

막 내 : 자네 나 모르겠나? 얼마 전에도 나와 술도 같이 마셨잖아. 나 김사
장이야.

술친구 1 : 김사장 좋아하네. 나는 자네 같은 노숙자는 모르겠네. 혼나기
전에 당장 나가.

막 내 : (다른 찬구를 보며) 이봐! 전에 자네가 나한테 친구하자고 하지 않
았나? 나를 모르겠나?

술친구 2 : 친구라고? 내가 왜 너같은 노숙자가 친구야? 그건 네가 돈이 많
으니까 친구고 지금은 아무것도 없는 노숙자인데 내가 왜 너의 친
구야? 저리 꺼져. 당장 안 꺼지면
여기 이친구와 혼내줄거야.

막 내 : 내가 너무 배가 고파서 그러네. 나한테 밥이라도 사줄 돈이라도 조
금만 주면 안되겠나? 이렇게 사정하네.(두손 모아 빈다)

술친구 2 : 이 자식은 곱게 말해서 안되겠어. 이봐! 뭐해? 이놈을 여기에
다시는 못 들어오게 단단히 혼내 버리자구. 이 자식 어디 맛좀 보

라. 너 이리 와봐.

술친구 1 : 그래도 몸이 근질근질 했는데 넌 오늘 우리한테 죽었다. 우리
　　　　　가 이래봬도 이 동네의 조폭들이다. 어디 죽어봐라. 에잇! (둘이서
　　　　　때리고 발로 찬다)

막　내 : 아이고! 사, 사람죽네. 다시는 안 올테니 때리지마. 가, 갈게(도망
　　　　　간다)

미스김 : 오빠들 참 잘했어요. 오늘은 저희들이 술 접대 할게요.

술친구 1 : 그래? 그럼 우리는 좋지.

미스리 : 비싼 최고급 양주에 최고급 안주까지 서비스 할게요.

술친구 2 : 야! 오늘 그 노숙자놈 하나 내쫓고 땡을 잡았는걸. 자! 그럼 들
　　　　　어가자구.(퇴징한다)

◈ 배경 : 돼지농장(영상을 띄우고 돼지울음 소리도 들리게 한다)

막　내 : (힘없이) 너무 배가 고프다. 여긴 돼지농장 아냐? 돼지가 많을걸 보
　　　　　니 분명히 일꾼이 필요할거야. 주인을 불러봐야지. 사장님! 계십니
　　　　　까?(이때 주인이 등장한다)

주　인 : 네. 내가 여기 농장 사장인데 어쩐 일이세요? 돼지 사러 오셨어요?

막　내 : 그게 이니고 여기서 일할 수 있는가 해서요.

주　인 : 예끼! 여보슈. 지금 이 나라에 흉년이 들어 돼지 먹일 사료도 살수
　　　　　가 없는 실정이요

그러니 일꾼을 두어 월급을 줄 형편이 못되요. 그러니 딴데 가서 알
아보시오

막 내 : 월급은 안주셔도 좋습니다. 다만 밥만 먹게 해주세요. 네? 사장님.

주 인 : 거 젊은 양반이 딱하게 보이네. 그러나 우리가 먹을 양식도 모자라
니 우리 식구가 먹다 남은 돼지에게 줄 찌꺼기밖에 없는데 어쩌지?

막 내 : 네? 찌꺼기라고요? 배가 고파주겠는데 찌꺼기면 어떻습니까? 괜
찮습니다.

주 인 : 정 그렇다면 그렇게 하시오. 대신 월급은 없으니 나중에 딴말은 마
시오.(퇴장한다)

막 내 : 네. 알겠습니다. 그래도 여기라도 일하게 돼서 다행이야.(주인이
등장한다)

주 인 : 여기 식사하세요.(바가지에 구정물 같은 것을 준다)

막 내 : 아니? 이게 뭡니까? 이걸 저를 먹으라고 주는 겁니까? 이건 돼지
나 먹는 거지요.

주 인 : 어허? 이사람이 아직도 배가 덜 고팠구만. 그거 싫으면 이리 내놓
으슈. 돼지나 주게.

막 내 : 아, 아닙니다. 이거라도 먹겠습니다.(먹을 때 주인은 퇴장한다) 아!
이럴줄 알았으면 아버지 집에 있을걸 그랬어. 아버지 집에는 양식
이 많은데 나는 여기서 굶어죽게 생겼구나. 차라리 아버지 집에 가
서 아버지께 나를 일꾼으로 써달라고 하자. 더 이상 여기서 있지 말
고 떠나자. (퇴장한다)

◈ 해설

여러분! 잘 보셨지요? 막내는 그렇게 허랑방탕하여 전 유산을 다 날리고 노숙자가 되어 나중에는 돼지까지 치며 찌꺼기를 먹다가 그제서야 아버지집이 얼마나 소중한지 알았어요. 그럼 막내는 자기가 말한 것처럼 아버지집에 일꾼이 되었는지 제3막을 살펴보겠습니다. 3막이 시작되기 전에 다같이 "돌아와 돌아와" 찬송 4절을 부르겠습니다.(찬양 인도자가 나와 인도한다)

◈ 배경 : 1 막과 동일한 부자집 앞(영상으로 띄운다)

아버지 : (손을 이마에 올리며 두리번거리며) 오늘도 우리 막내가 오질 않
　　　　는구나. 내가 날마다 이렇게 문밖에 나와 기다리고 있는데 소식이
　　　　라도 전해주면 얼마나 좋으냐? 막내야. 돌아와 돌아와 찬송 3절을
　　　　부른다 "돌아와 돌아와 환난 있는 곳과 죄가 있는 곳과 미혹 받는데
　　　　서 집을 나간 막내야 어서와 돌아와 어서와 돌아오라" 막내가 집을
　　　　나간지가 여러 해가 지났는데 아무 소식이 없으니 무슨 일이 일어난
　　　　게 아니야? 아무리 전화를 해도 전화도 안되고 카톡도 안되니 답답
　　　　하구나. 그런데 저기 멀리 오는 자가 막내 같은데 설마 다른 사람은
　　　　아니겠지?(달려간다) 막내야! 너 막내 맞지?(껴안는다)

막 내 : 아버지! 저는 하늘과 아버지께 죄를 지었습니다. 지금부터 저는 아
　　　　버지의 아들 자격이 없습니다. 차라니 일꾼으로 써주세요..

아버지 : 무슨 소리냐? 천지가 바뀌어도 넌 내 아들이다. 내가 너를 얼마나
　　　　가다린줄 아느냐? 네가 집을 나간 후부터 날마다 문밖에서 네가 오
　　　　기를 기다렸는데 그동안 아무 소식이 없어 잘못된 줄 알고 얼마나
　　　　애를 태운 줄 아느냐?

막 내 : 아버지. 죄송해요. 저 이런 꼴로 집에 들어가기 싫어요. 형님이 보
　　　　면 싫어 할거여요.

아버지 : 걱정마라. 이집이 내 집인데 그게 무슨 상관이냐?(교인들을 향해)
여봐라! 막내가 살아 돌아왔으니 잔치를 벌여야겠다. 막내에게 제
일 좋은 옷을 입히고 손에 반지를 끼우고 발에 신발을 신겨라. 그리
고 살진 송아지를 끌어다가 잡고 우리가 먹고 즐기도록 하자. 내 막
내가 죽은 줄 알았는데 이렇게 살아있다. 잃어버린 줄 알았는데 이
렇게 찾았다. 막내야. 어서 집안에 들어가 잔치를 즐기도록 하자. 여
러분! 우리 막내가 왔으니 다같이 "탕자처럼 방황할 때도" 찬양 1
절을 부르겠습니다.(전주가 나올때 출연진이 모두나와 양손을 잡고
같이 부른뒤 인사하고 퇴장한다)

◆ 설교자 : 여러분! 잘보셨어요? 오늘 어버이주일을 맞이하여 여러분에게
보여준 드라마는 너무나 잘 아는 탕자의 비유입니다. 그동안 익히
알고 있었던 설교로만 들었던 말씀을 드라마로 보니까 훨씬 은혜
가 되었을 겁니다. 아버지의 사랑을 통해 우리도 부모님이 우리에
게 베푸신 사랑이 얼마나 크심을 알 수 있었을 것입니다. 부모님은
아무리 자식이 잘못해도 끝까지 사랑하십니다. 막내가 그 많은 유
산을 날려도 심지어 노숙자가 되어 돌아왔어도 기쁨으로 맞이하고
잔치를 베푼 것처럼 여러분의 부모님도 이 아버지의 모습과도 똑같
습니다. 아버지에게는 그 엄청난 유산보다 막내가 더 소중하여 살
아서 돌아온 것만 해도 기뻤습니다. 또 아버지는 집을 나간 막내를
그날부터 올 때까지 날마다 문앞에서 몇 년이 되도록 기다렸습니

다. 이것이 부모의 심정입니다. 아들이 군대에 가면 부모님들이 왜 웁니까? 이년이 넘도록 떨어져 있는 것이 너무나 서운하기 때문입니다. 해외로 자녀들이 이민을 갈 때도 공항에서 많이 웁니다. 이제 가면 언제 만날지 모르기 때문입니다. 딸이 시집을 가면 대부분 아버지가 서운해서 운다고 합니다. 마치 결혼행진곡이 "내딸은 간다. 내품을 떠난다"라고 여겨져 어느 아버지는 딸의 손을 잡고 행진할 때 눈가에 눈물을 흘리는 경우가 많다고 합니다. 더구나 아빠와 딸이 너무나 가까운 사이고 딸이 멀리 다른 지역으로 시집가면 아빠의 마음은 이루 말할 수 없는데 이것은 딸을 가진 아버지만이 알 수 있는 심정입니다.

이처럼 부모의 마음은 자식과 다릅니다. 오늘 어버이주일을 맞이하여 여러분은 얼마나 부모님께 효도하셨다고 보십니까? 어버이날에 하루만 당일치기로 효도 하지는 않았습니까? 막내처럼 부모님의 간섭이 싫어서 집을 나가거나 연락도 없이 부모님의 속을 썩였거나 다른 이유로 부모님의 속을 썩이지는 않았습니까? 여기 나이드신 부모님들도 계시지만 돌아가신 부모님께 효도를 다하셨습니까? 우리는 나이가 많던 적던간에 어쩌면 불효자인줄 모릅니다. 드라마에서 보여준 아버지는 하나님이십니다. 막내는 죄인된 우리를 가라킵니다. 하나님은 막내와 같은 죄인된 우리를 회개하고 돌아오면 사랑으로 맞아주신다는 말씀입니다. 오늘 어버이주일을 맞이하여 먼저 부모님께 불효한 것을 회개하고 하나님 아버지께 불효했던 죄인으로 산 것을 회개하시기 바랍니다. 이 시간 다같이 "여러 해동안 주 떠나" 찬송 1절을 부르겠습니다.(찬양 인도자가 나와 인도한다. 후렴은 다시한번 부르는데 눈을 감고 부르도록 하고 가사를 불러준다. 마친후에 설교자의 인도에 따라 반주가 끝날 때까지 기도회를 인도한후 마무리기도를 따라하게 한 후 "탕자처럼 방황할 때도 찬양을 다같이 부른후 마친다.)

◈ 마무리기도

하나님 아버지. 오늘 어버이주일을 맞이하여 / 드라마를 통해 은혜를 받게 하시니 감사합니다 / 돌아온 아들과 아버지의 사랑을 통해 부모님의 크신 사랑과 / 하나님의 아버지와 같은 사랑을 깨달았습니다 / 부모님께는 불효한 자녀였고 하나님 아버지께도 불효막심한 자녀였음을 회개합니다 /이 시간부터 부모님께 효도하고 하나님 아버지께 순종하는 자녀가 되겠습니다 / 나를 변화시켜 주옵소서. 예수님의 이름으로 기도합니다. 아멘 /

◈ 준비 찬양

"돌아와 돌아와"(525)를 개사한 찬송

1. 돌아와 돌아와 집을 나간 막내야 길이 참 어둡고 매우 험악하니 집을 나간 막내야 어서와 돌아와 어서와 돌아오라.

2. 돌아와 돌아와 해가 질 때 까지 기다리고 계신 너의 아버지께 집을 나간자여 어서와 돌아와 돌아오라

3. 돌아와 돌아와 환난 있는 곳과 죄가 있는 곳과 미혹 받는데서 집을 나간 막내야 어서와 돌아와 어서와 돌아오라

4. 돌아와 돌아와 집에 돌아오라 모든 것 풍성한 아버지 집으로 집을 나간 막내야 어서와 돌아와 어서와 돌아오라

18. 여호와이레

(어버이주일 드라마)

18. 여호와이레(어버이주일 드라마)

■ 성경 : 창22:1-19(본문이 길므로 내용을 줄일수 있다)

● 주제 : 하나님께 순종하는 삶이 얼마나 중요한가를 순종하지 못한 삶을 회개하는데 있다.

◈ 등장인물 : 아브라함, 이삭, 종1, 종2, (하나님과 천사는 음성만),양인형,번제단,땔나무 (해설 : 때는 아브라함이 100세 때 이삭을 낳은지 20년이 지난 해였으니)

하나님 : (목소리만) 아브라함이 이삭보다 나를 더 사랑하는지 알아 봐야
　　　　겠구나.

(큰소리로) 아브라함아. 아브라함아. (이때 아브라함이 등장한다)

아브라함 : 네 하나님. 내가 여기 있나이다.

하나님 : 너의 아들 너의 사랑하는 독자 이삭을 데리고 모리아 땅으로 가서
　　　　내가 너에게 지시하는 모리아 산에서 그를 번제물로 내게 바쳐라.

아브라함 : (깜짝 놀라며) 네, 이, 이삭을 번제물로 하나님께 바치라구요?
　　　　무슨 이유신 줄은 모르겠사오나 말씀대로 순종하겠나이다. (혼잣

말로) 하나님이 어찌하여 이삭을 바치라고 하시는 걸까? 비록 이삭이 제물로 바쳐질지라도 하나님을 반드시 이삭을 다시 살려주실 거야. 어차피 하나님이 주신 아들인데 하나님이 바치라면 당연히 바쳐야지. 어디 이삭이 내 아들인가? 하나님이 주신 아들이니 하나님의 아들이지. 마음이 변하기 전에 아무한테도 말하지 말고 내일 새벽에 일찍 가야겠구나. 이삭아. 이리 좀 오너라.

이 삭 : 예. 아버지 부르셨습니까?

아브라함 : 그래. 내일 너하고 갈 때가 있다.

이 삭 : 예. 어디 가시려구요?

아브라함 : 내일 아침 일찍 모리아 산에 가서 하나님께 제사를 드리러 가야겠으니 준비하여라.

이 삭 : 네 아버지. 그런데 모리아 산을 여기서 삼일이나 걸리는데 왜 그렇게 멀리 가서 제사를 드리세요?

아브라함 : 그 그것은 하나님의 뜻이니라. 내일 그 곳에 가보면 다 알테니까 지금부터 준비하도록 해라.

이 삭 : 네 아버지. 그럼 준비하도록 하겠습니다.

아브라함 : 찬. 종들에게도 알려서 같이 가도록 준비시켜라. 두 명 정도면 되겠구나.

이 삭 : 네 말씀대로 준비시켜 놓겠습니다. (퇴장한다)

아브라함 : 오-- 하나니;ㅁ. 아무 것도 모르는 저 아들을 잡아서 제물로 드려야 하는 것이 참으로 괴롭습니다. 하오나 주의 말씀대로 하겠사

오니 순종하는 마음이 흔들리지 않게 하옵소서.(퇴장한다)(조명 꺼졌다 다시 아브라함 등장한다)

아브라함 : 이삭아 다 준비 되었느냐?

이 삭 : (두 종들과 함께 나오며)네. 아버지 다 준비되었습니다.

종 들 : 주인나리. 저희들도 준비되었습니다요.(종들은 나뭇단들을 메고 있다)

아브라함 : 그래. 그럼 출발하도록 하자.

종1 : 주인나리. 제물은 안가져 갑니까?

아브라함 : 그것은 너희들이 말할 필요가 없느니라.

종2 : 하기야 모리아 땅에 가서 사는 것이 더 낫겠지요. 이봐 척 보면 모르나? 여기서부터 끌고 가려면 병이 날지도 모르니까 주인님이 미리 생각하신 거라구 제 말이 맞지요? 주인나리.

아브라함 : 자. 다른 소리들 말고 빨리들 가도록 하자.(출발하는데 갔다가 제자리로 돌아온다) 너희는 여기서 힘께 기다리고 있으라 내가 이삭과 함께 가서 경배하고 너희에게로 다시 오겠다.

종1,2 : 네 주인나리. 그럼 잘 다녀오십시오.(퇴장한다)

아브라함 : 이삭아. 이 나뭇단을 니가 메도록 해라(들어준다)

이 삭 : 네 아버지(어깨에 메며) 그런데 불과 나무는 있는데 번제할 어린 양은 어디 있습니까?

아브라함 : 아들아. 번제할 어린 양은 하나님이 자기를 위하야 친히 준비하시리라 믿는다.(같이 가다가 서서) 자. 이곳이 좋겠구나. 그 나뭇

단을 이곳에 놓도록 하여라(이삭이 벌려 놓는다. 이때 아브라함이 준비한 끈을 꺼낸다.) 이삭아. 하나님이 너를 제물로 바치라는구나.

이 삭 : 네? 저를 제물로 바치라구요? 아버지. 하나님의 뜻이라면 기꺼이 제물이 되겠어요(나뭇단 위에 올라가서 앉는다.)

아브라함 : 그래. 내 아들아 고맙구나. 묶으면서 네가 놀라서 움직일지도 모르니까 너를 묶는 이 아비의 심정을 이해하여라.(다 묶은 뒤에)자. 내 아들아 네가 죽더라도 하나님은 반드시 너를 살려주실 것이다. 그리 아니하실지라도 우리가 하나님이 계신 천국에서 만날 것을 믿는다. 자. 그럼(칼을 들어 치려 한다) 에잇!

천 사 : 아브라함아! 아브라함아!(음성만 급한 목소리로)

아브라함 : (칼을 멈추고 서서)내가 여기 있나이다.

천 사 : 그 아이에게 손을 대지 말라 아무일도 그에게 하지 말라니가 아들 독자라도 내게 아끼지 아니하였으니 내가 이제야 네가 하나님을 경외하는 줄을 알았노라.

아브라함 : 아니? 저곳에 숫양이 뿔에 걸려 있구나.(이삭의 결박을 풀어주면서) 이삭아. 일어나거라 저 양을 끌고 오너라(이삭이 일어나며 양을 끌고 온다)

이 삭 : 아버지. 여기 양을 가져왔어요(양을 나뭇단에 눕힌다)

아브라함 : 하나님. 아들 이삭을 대신하여 제물을 드립니다.(칼을 들어 내리친다. 이때 양의 울음소리 들린다) 이곳 이름을 하나님께서 이산에서 친히 준비하셨으니 "여호와이레"라고 부르도록 하지. (이때 하

나님의 천사의 음성이 들려온다)

천 사 : 아브라함아.

아브라함 : 네 내가 아들 이삭과 함께 여기 있나이다.

천 사 : 여호와께서 이르시기를 내가 독자를 아끼지 아니하였으므로 내가
너에게 큰 복을주고 너의 씨로 크게 성하여 하늘의 별고 같고 바닷
가의 모래 같게 하리니 너의 씨로 말미암아 천하만민이 복을 얻으
리라.

아브라함 : 오- 하나님 감사합니다. 하나님께 영광을 돌리나이다. (청중을
향해)여러분. 우리 다함께 하나님께 여러분이 다 아는 "좋으신 하나
님"으로 영광의 찬송을 드립시다. (이때 전주 흐른다) "좋으신 하나
님, 좋은신 하나님 참 좋으신 하나님"(퇴장한다)

설교자: 여러분. 잘보셨어요? 아브라함의 모습을 통해 무엇을 느끼셨나
요? 우리는 하나님보다 핸드폰을 더 사랑하고 성경보다 게임을 더
좋아하고 하나님께 순종하는 것보다 내맘에 들지 않으면 순종하지
않는 삶을 살지는 않나요? 아브라함은 백세에 낳은 하나밖에 없는
귀한 아들 이삭을 바칠 정도로 순종했어요. 그리하였더니 하나님은
이삭을 죽게 하신 것이 아니라 오히려 이삭을 대신하여 수풀에 걸
린 양을 예비하여 드리게 하셨고 죽을 수밖에 없었던 이삭은 살아났
고 이로 인해 아브라함은 더 큰 축복을 받게 되었어요. 우리가 하나
님의 말씀에 순종하는 것이 힘들지만 아브라함처럼 순종하면 큰 축
복을 받음을 알고 이제부터 순종하는 삶을 살기를 바랍니다. 이 시

간에 그동안 하나님께 순종하지 못한 것을 회개하는 시간을 가지기 바랍니다. 다같이 "좋으신 하나님"을 찬송하며 기도하겠습니다.(전주가 흐른다) "1.좋으신 하나님 좋으신 하나님 참 좋으신 나의 하나님 2.우리의 회개를 응답해주시는 참 좋으신 나의 하나님 3.한없는 축복을 나에게 주시는 참 좋으신 나의 하나님"(2절과 3절은 개사했습니다) 반주에 맞추어 끝날 때까지 기도하게 한후 설교자의 재량에 따라 마무리 기도로 마친다.

19. 알곡과 가라지

(여름성경학교 인형극 부흥회)

18. 알곡과 가라지

◈ 등장인물 : 슬기, 지혜, 선생님, 마귀, 예수님

◈ 성경 : 마태복음 13:24-30

◈ 준비 찬양 : 돈으로도 못가요를 개사한 교회만 가면 못가요, 복음 들고 산을 넘는자들

◈ 주의 사항 : 예배 전에 부르는 찬양은 준비찬양만 부른다. (인형극을 하기 어려우면 교사들이 드라마로 해도 효과적이다)

◈ 지시 사항 : 인형극을 하기 전에 어린이들에게 인형들이 질문하면 반드시 대답을 해줄 것과 "제1막, 제2막, 제3막" 할때 마다 "와!" 하고 큰소리를 지르며 박수를 지르게한다.

◈ 해설

지금부터 인형극을 시작하겠습니다. 인형극을 시작하기 전에 다같이 "교회만 나가면 못가요" 1절을 부르겠습니다.(찬양인도자가 나와 인도한다. 마치후) 인형극의 제목은 "알곡과 가   라지 제1막 박수"(막이 오른다)

◆ 제 1 막 ◆

◈ 배경 : 교회 앞(그림 삽입)

슬 기 : (유행가를 부르며 등장한다) 역시 시시한 찬송가 보다 보아 노래가
　　　 짱이야. 그렇지 애들아? (아니) 치 아니긴 뭐가 아냐? 지들은 나보다
　　　 더 좋아하면서 누구한테 뻥까냐? 조금 있으면 여름방학인데 이번엔
　　　 어디로 놀러가지? 작년엔 제주도를 갔는데 이번엔 동남아로 가자
　　　 고 졸라야지. 왜냐구? 우리집은 돈이 많은 부자니까.

지 혜 : 교회만 나가면 못가요 하나님 나라 거듭나지 못하면 못가요 하나
　　　 님 나라.

슬 기 : 하나님 나라 좋아하네. 야! 하나님 나라가 어디 있냐?

지 혜 : 어? 슬기 아냐? 하나님 나라가 왜 없어. 예수님이 말씀하셨잖아.

슬 기 : 야! 이 바보야. 그건 교회 나오라고 다 만든 이야기지 그걸 정말 믿
        냐?

지 혜 : 그렇게 말하는 네가 바보야

슬 기 : 뭐라구? 너 나한테 맞아 볼래?

지 혜 : 치. 때릴테면 때려봐? 그까짓 거 맞는 거 하나도 겁안나.

슬 기 : 이게 정말 보자보자 하니까 자꾸 약 올리고 있어. 에잇. 퍽!

지 혜 : 아얏. 왜 때려? 내가 뭘 잘못했다고 때리는 거야. 엉엉. (주저앉아
        운다)

슬 기 : 니가 때리라고 했잖아. 이 바보야.

지 혜 : 그렇다고 정말 때리면 어떡해?

슬 기 : 야! 그럼 때리라는데 안 때리냐? 한 대 더 맞아 볼래?

지 혜 : 네가 무슨 조폭이야? 깡패야? 사람을 왜 자꾸 때리려고 그래?

슬 기 : 뭐? 조폭? 깡패? 너 말 다했어? 더 맞아 봐라. 에잇! 퍽!

지 혜 : 아얏! 왜 때려? 그러니까 깡패 같지. 엉엉.

슬 기 : 어휴! 짜증나. 내가 이런 것들 때문에 교회 다니기가 싫어. 에이!(아
        이들을 향해) 뭘봐! 너희들도 또 같아. 흥! (퇴장한다)

지 혜 : 교회를 안다니면 몰라. 교회를 다니면서 왜 저러는지 도무지 이해
        가 안가. 그래. 예수님이 원수도 사랑하라고 그러셨잖아. "예수님
        슬기를 용서해 주세요. 불쌍히 여겨 주세요. 예수님의 이름으로 기

도 드립니다. 아멘" 그럼 다는 친구들을 전도하러 가야지. 여러분! 이따 다시 만나요.(퇴장한다)

슬 기 : 에이! 하필이면 여행 가는 때 무슨 여름성경학교야? 학교에서 캠프 갔다 왔으면 됐지 엄마는 재미도 없는 여름성경학교나 가라고 그러니 무슨 좋은 수가 없나? 그리고 성경학교에 나올 친구들을 전도하여 오라고 전도사님이 그러는데 정말 짜증나. 그렇지? 애들아!(아니) 치! 아니긴 뭐가 아냐? 그까짓 전도 해 봐야 피곤만 하고 창피만 당하는데 너희들이나 열심히 하셔. 난 천국에 가서 상 같은 거 안받아도 되니까.

선생님 : 슬기야! 너 여기서 뭐하고 있니? 교회에 들어가지 않고?

슬 기 : 선생님! 나 성경학교고 뭐고 전도도 안할래요.

선생님 : 왜 그러니? 무슨 일이 있었니?

슬 기 : 교회 오면 짜증만 나고 재미도 없고 싫어요. 난 천국 같은 거 안가도 좋으니까 내버려 두세요.

선생님 : 너 그러다가 지옥에 가서 얼마나 후회하려고 그러니? 지혜는 벌써 친구들을 열명이나 전도했어. 슬기도 열심히 전도해서 천국 가서 전도상을 받아야겠지?

슬 기 : 치. 나 상 같은 거 안 받아도 좋으니까 성경학교 안간다니까요. (퇴장한다)

선생님 : 슬기야? 어디 가니? 참으로 걱정되는 아이야. 오, 하나님 슬기를 불쌍히 여겨 주세요.(이때 핸드폰이 울린다) 여보세요? 네? 슬기가

요? 그, 그럴 리가? 네. 알았습니다. 아니? 슬기가 교회 앞에서 교통사고라니 믿을 수가 없어. 오! 주님! 이게 어찌된 일입니까?(퇴장할 때 막이 내린다)

◈ 해설

여러분! 잘 보셨지요? (네) 슬기는 교회에 다녔지만 믿음이 없었어요. 교회를 재미로만 다니려고 하였던 슬기는 교회 앞에서 교통사고를 당하여 그만 죽고 말았는데 슬기는 과연 어떻 게 되었는지 제2막을 살펴보도록 하겠습니다. "알곡과 가라지" 제2막 박수. 2막이 준비되는 동안 다같이 "교회만 가면 못가요" 찬양을 (막이 오른다)

◆ 제 2 막 ◆

◈ 배경 : 불타는 지옥(그림 삽입)

슬 기 : 여, 여기가 어디야? 처음 보는 곳인데.. 어? 왜 사람들이 뜨거운 불

속에 있는거지?

마 귀 : 우하하하하. 지옥에 온 것을 환영한다.

슬 기 : 누, 누구야?

마 귀 : 내가 누구냐구? 바로 지옥의 대왕 마귀님이시다.

슬 기 : 뭐? 마귀라고? 정, 정말 마귀가 있었네.

마 귀 : 우하하하하. 넌 참으로 한심한 바보로구나. 그러니까 지옥에 온거

지.

슬 기 : 내가 왜 바보야. 난 바보가 아니야 슬기란 말이야.

마 귀 : 슬기 같은 소리하고 있네. 슬기로운 것이 이 지옥에 온단 말이냐?

슬 기 : 그건 뭐가 잘못 되서 온거야. 난 교회도 나간단 말이야.

마 귀 : 우하하하하. 네가 교회에 나가서 예배시간에 장난만 치고 친구들이
나 괴롭히고 죄만지었는데 교회를 나갔다고? 게다가 교회가기 싫어
서 도망치다가 결국 지옥에 온 걸 모르냐?

슬 기 : 나 이 무서운 지옥이 싫어. 제발 나 좀 이곳에서 꺼내줘. 이제부터
예수님 잘 믿을게.

마 귀 : 우하하하하. 네가 나를 웃기는구나. 누구든지 지옥에 온 이상 아무
리 후회해도 소용이 없다는 것을 모르느냐?

슬 기 : 그, 그럼 지혜는?

마 귀 : 그 아이는 내가 아무리 죄를 짓도록 유혹을 해도 교회에 못나오도
록 시험을 해도 당해낼 수가 없었다. 더구나 전도까지 잘하여 천국
의 상까지 받게 되어 있지. 자! 그럼 넌 뜨거운 영원히 꺼지지 않는
지옥의 불속으로 들어가라. 에잇! (집어넣는다)

슬 기 : 싫어. 살려줘. 엉엉. 아 뜨거워 이럴줄 알았으면 예수님을 잘 믿을
걸. 으악!

마 귀 : 잘 보았겠지? 너희들도 지옥에 오고 싶으면 얼마든지 죄를 실컷 짓
다가 오너라. 알겠느냐? (싫어) 뭐? 싫다고? 좋다 그럼 세가지만 부
탁하겠다. 첫째는 너희들 제발 전도하지 말아라. 친구들이 지옥 가

도록 그대로 내버려 두란 말이야. 알았지? (싫어) 두고 보자. 한 명이라도 전도하는 놈들은 가만히 안둘테다. 둘째는 주일날은 놀러나다니고 이번 성경학교에는 가족들과 함께 여행이나 가고 학교에서하는 캠프나 가거라. 알겠느냐? (싫어) 괘씸한 것들! 마지막으로 셋째는 예배시간에 떠들고 기도 시간에 장난치고 집에서는 컴퓨터에푹 빠져서 성경을 멀리하고 살아라. 알겠느냐? (싫어) 우~ 분하다.오늘은 순순히 물러가지만 다음에는 너희들을 가만히 두지 않겠다.그럼 다음에 지옥에서 만나자. 우하하하하. (퇴장할 때 막이 내린다)

◆ 해설

여러분! 잘 보셨어요? (네) 슬기는 어디에 갔어요? (지옥이요) 예. 지옥에 갔어요. 슬기는 껍데기 신앙을 가진 가라지였기 때문에 지옥을 가게 된것입니다. 여러분도 지옥에 가고싶나요?(아니요) 예. 절대로 지옥에 가서는 안되겠지요? 그럼 슬기의 친구인 지혜는 꿈 속에서 어디에 갔는지 제3막을 살펴보도록 하겠습니다. 3막이 시작되기 전에 다같이 "교회만 나가면 못가요" 찬양을 부르겠습니다.(찬양인도자가 나와 인도한다. 마친후) 지금부터 인형극을 시작하겠습니다. "알곡과 가라지" 제3막 박수.(막이 오른다)

◈ 배경 : 천국(그림 삽입)

예수님 : 우리 지혜가 전도를 많이 하여 내가 상으로 면류관을 내려야겠구
나. 지혜야! 내가 너에게 천국의 가장 큰 상인 전도상을 내리겠다.
이리 가까이 오너라.

지 혜 : 예수님! 저는 전도 열명 밖에 못했는데요?

예수님 : 허허허허. 한 영혼이라도 전도한 자는 상이 있는데 너는 열명이나
하였으니 의의 면류관을 주노라. (씌워준다) 이제 지혜가 천국의 상
을 받았으니 지혜를 위해 준비한 천국잔치에 가도록 하자. (지혜의

양 어깨를 잡으며) 00교회 어린이들아. (네) 너희들도 지혜처럼 열
심히 전도하여 천국의 상을 받도록 하여라. 알겠느냐? (네) 이번 여
름성경학교가 너희들의 전도로 잃어버린 영혼들을 구원하는 잔치
가 되기 바란다. 알겠느냐? (네) 자. 그럼 천국에서 만나도록 하자.

지 혜 : 여러분! 우리 다같이 "복음 들고 산을 넘는 자들의 발길" 찬양 알
지요? (네) 우리 다같이 이 찬송을 불러요. (반주와 함께 힘차게 박
수치며 부른다) 그럼 여러분! 천국에서 만날 때까지 안녕!(퇴장하
며 막이 내린다)

◆ 해설

여러분! 잘 보셨어요? 지혜는 어디에 갔어요? (천국이요) 네. 천국에 갔
어요. 천국에 가서 무슨 상을 받았어요? (의의 면류관이요) 네. 지혜가 천
국에서 이렇게 전도의 상을 받고 천국에 들어가게 된 것은 무엇보다도 알
곡 신앙을 가졌기 때문입니다. 이 시간에 다같이 두 눈을 감고 나는 어떤
신앙을 가졌는지 생각해 보세요. (이때 "교회만 가면 못가요" 반주가 나온
다) 여러분은 어쩌면 슬기처럼 껍데기 신앙을 가지지는 않았나요? 교회만
나올 뿐이지 아무런 변화도 없다면 그것은 껍데기 신앙을 가진 것입니다.
슬기가 지옥에 가서 얼마나 후회를 하였을까요? 그러나 때는 이미 늦었어
요. 그러나 여러분은 이 시간에 회개하여 변화할 수 있는 기회가 있어요.
지혜처럼 알곡 신앙을 가지고 천국에서 예수님을 만나 의의 면류관을 받
기를 소원한다면 이 시간에 간절히 기도하시기 바랍니다. 그동안 전도하

지 못한 것과 슬기처럼 다를 바 없는 삶을 살았던 것을 회개하고 지혜처럼 전도하는 알곡신자가 되겠다고 간절히 기도하시기 바랍니다. 다같이 "교회만 가면 못가요" 찬송을 부른 후에 인도하고 기도 하겠습니다.(찬양인도자가 나와 인도한다. 마친후) 설교자의 인도에 따라 기도회를 반주가 끝날 때까지 인도한 후 마무리기도를 따라하게 한 뒤에 마친다)

◈ 마무리기도

하나님 아버지 감사합니다 / 인형극을 통해 슬기와 지혜의 모습을 보았어요 / 어쩌면 저도 슬기처럼 행동하고 지혜처럼 행동하지 못할때가 많았어요 / 지혜처럼 열심히 전도하고 천국에 가게 해주세요 / 천국에 가서 의의 면류관을 받게 해주세요 / 예수님의 이름으로 기도합니다. 아멘 /

◈ 준비 찬양 : 돈으로도 못가요를 개사함

1. 교회만 가면 못가요 하나님 나라 말로만 믿으면 못가요 하나님 나라 거듭나면 가는 나라 하나님 나라 믿음으로 가는 나라 하나님 나라

2. 껍데기 신앙으로 못가요 하나님 나라 알곡 신앙되야 가지요 하나님 나라 거듭나면 가는나라 믿음으로 가는 나라 하나님 나라

3. 전도 많이 하면 상받죠 의의 면류관 예수님이 주시는 의의 면류관 우리모두 전도해서 상을 받아요 예수님이 기뻐하는 전도의 상을

20. 죽도록 충성해요

(전교인 6.25 드라마 부흥회)

19. 죽도록 충성해요

◈ 등장인물 : 장로, 권사, 집사, 평신도, 여교사, 철이, 괴뢰군 대장, 부하들

◈ 성경 : 마태복음 10:28

◈ 준비 찬양 : 환난과 핍박 중에도(336), 충성하라 죽도록(333)

◈ 소 품 : 1. 예수님 초상화(그리거나 진짜 초상화를 사용해도 좋다)

        2. 초상화를 세울 수 있는 이젤

        3. 괴뢰대장과 부하들의 총은 운동회 신호 화약총을 사용한다.

        4. 괴뢰대장의 복장과 부하들은 예비군복을 입으면 된다.

◈ 주의 사항 : 예배 전에 부르는 찬양은 위의 준비찬양만 부른다.

◈ 지시 사항 : 드라마를 하기 전에 "제1막"하면 "와!"하고 큰소리를 지르며 박수를 지르게 한다.

◈ 해설 : 지금부터 드라마를 시작하겠습니다. 1막이 시작하기 전에 다같이 "환난과 핍박중에도" 찬송 1절을 부르겠습니다.(찬양인도자가 나와 인도한다. 마친후) 드라마의 제목은 "죽도록 충성해요. 제1막 박수"

◈ 배경 : 예수님의 초상화가 이젤에 세워 있는 예배실에서 서서 예배
하고 있다.

장 로 : 여러분! 목사님은 피난을 가셨지만 우리는 이 예배당을 끝까지 지
킵시다. 죽도록 충성하는 자만이 주님께서 생명의 면류관을 주신다
고 하지 않았습네까? 우리 모두 그런 의미에서 "환난과 핍박 중에
도 찬송을 뜻을 생각하며 힘차게 부릅시다. 여기에 같이 모이신 00
교회 여러분들도 같이 부르시자우요. (반주에 맞추어 1절을 부른뒤
에 이때 총을 쏘면서 괴뢰군들이 나타난다.(성도들 무서워 한쪽으
로 붙어서 벌벌 떤다)

괴뢰대장 : 뭐야? 이 종간나 새끼들! 위대하신 어버이 수령님이신 김일성
장군님을 섬기지 않고 눈에 뵈이지도 않는 하나님을 찾아! 몽땅 죽
여 날려 버리갔어. (예수님 초상화를 보면서) 오! 이것이 바로 너희
들이 믿는 예순지 재순지 하는 그림인 모양인데...(무언가 생각을 하
듯이 손가락을 튕기며) 좋다! 누구든지 이 예수의 사진에 욕하고 침
을 뱉는 자는 살려 주갔지만 그렇지 않는 자는 사정없이 갈겨 버리
갔어. 빨리 빨리 나오라우. (이때 성도들 무서워하면서 "주여"를 외
친다) 아니 이것들이 쇼를 하고 있나?내가 들고 있는 이 총이 장난
감으로 보이는 모양인데 어디 한 놈 죽어봐야 맛을 알겠구만. (장로

를 향해 가르키며) 저기 영감탱이 동무부터 나오기요.

장 로 : (놀라며)네? 저, 정말입네까?

괴뢰대장 : 그렇소. 안됐지만 영감탱이 동무부터 죽어 줘야갔어. (총을 겨
　　　　　눈다)

장 로 : (두손으로 막으며)아, 아니 왜 이러십네까? 시, 시키는 대로 하면
　　　　되지 않겠습네까?

괴뢰대장 : 시키는 대로 하겠다구? 그거 정말이오? 설마 농담은 아니겠지?

장 로 : 농, 농담이라뇨? 저, 정말입네다. 이 늙은 내가 무슨 농담을 하겠
　　　　습네까? 그렇잖아도 목사님이 저 그림을 교회에 걸어 놀 때부터 맘
　　　　에 들지 않아서리 큰소리 친 적도 있었습네. (그림을 가르키며)
　　　　저게 무슨 예수님의 진짜 얼굴이나 됩네까? 화가가 적당히 상상해
　　　　서 그린 그림이지요? 에라이! 우상 같은 더러운 그림아. 차라리 없
　　　　어져라. 퉤.

괴뢰대장 : (손뼉을 치며) 좋소. 영감탱이 동무! 동무야말로 어버이 수령님
　　　　의 훈장감이오. 자! 이쪽으로 와 있기요. 다음 동무.

권 사 : 저, 저 말입네까?

괴뢰대장 : 그럼 할망구 동무 말고 누가 또 있소?

권 사 : 내 옆에도 이렇게 많지 않습네까?

괴뢰대장 ; 이 동무 말이 많구만. 어디 죽어봐야 조용하갔어? (총을 겨눈다)

권 사 : 아, 아닙네다. 시, 시키는대로 하겠습네다. 그, 그러니까 이 그림에
　　　　다 침만 뱉으면 되잖아요? 에이! 이놈의 그림, 퉤.

괴뢰대장 : 매우 잘 했소. 진작 그렇게 나올 것이지. 자칫했으면 당신은 벌써 천당 갈뻔 했소. 동무도 이 영감탱이 동무 옆에 서 있기요. 그 다음 동무!

집 사 : 저, 저야 교회 어르신이신 장로님이나 권사님이 하신대로 따르겠습니다. 사실상 저도 교회에 이런 그림이 걸려 있다는 것이 마음에 들지 않았거든요. 꼴도 보기 싫은 더러운 그림아 에잇! 퉤.

괴뢰대장 : 이 동무야 말로 기가 막힌 열성분자구만. 동무야 말로 우리당에 들어온다면 한 자리 하겠는 걸. (부하들을 쳐다보며) 안 그렇소? 동무들?

부하들 : 네. 그런 것 같습네다. 대장동무.

집 사 : 정, 정말이니까? 지금이라도 불러만 주신다면 이목숨 걸고 충성을 다 할테니 당장 당원으로 써 주십시오.

괴뢰대장 : 거 이 동무 성질 꽤나 급하구만. 그래 동무는 교회에서 뭐하는 동무요?

집 사 : 네. 집, 집사입니다.

괴뢰대장 : 집사라? 집을 샀단 말이오?

집 사 : 그게 아니고 교회의 일꾼입죠.

괴뢰대장 : 교회의 일꾼이라? 좋소. 일단 이 동무들 옆에 서 있기요.

집 사 : 감, 감사합니다. 충성을 맹세하겠습니다.

괴뢰대장 : 아주 맘에 들었소. 그 다음 동무!

평신도 : 아이고~`목, 목숨만 살려 주세요. 어휴! 하필이면 딴 날 교회 안

나오다가 이날 교회 나와서 봉변을 당하나? 이놈의 마누라. 어디 집에 가서 보자. 지는 아프다고 교회 안 나오고 나는 왜 보내놓고 이렇게 만들어?

괴뢰대장 : 아니? 이 동무는 무얼 그리 떠들어 대고 있어? 설마 내 말에 복종하지 않겠다는 말은 아니겠지? 에잉? (총을 들이댄다.)

평신도 : 아이고~ 왜 이러십니까요? 누가 안 하겠다고 그랬습니까? 우리 마누라를 욕한 것 뿐인데요. 시, 시키는 대로 하겠습니다요. 뭐 여기 계신 장로님이나 권사님이나 집사님도 하셨는데 저라고 망설일 필요가 뭐 있겠습니까요? 에잇. 퉤.

괴뢰대장 : 아주 잘 했소. 당신도 여기에 서 있기요. 그 다음 동무!

여선생 : 전 죽으면 죽었지 예수님의 그림에 절대로 침을 뱉을 수 없어요.

괴뢰대장 : 뭐야? 이 에미나이가 미쳤나? 이 총이 무섭지 않나?

여선생 그까짓 총이 뭐가 무서워요? 지금 차라리 날 죽여주세요.

괴뢰대장 : 그래? 죽여 달라고? 좋다. 니 소원이 그렇다면 죽여주지. (총을 겨눈다 이때 철이 달려든다)

철 이 : 아, 안돼요. 우리 선생님 죽이면 안돼요.

괴뢰대장 : 넌 또 뭐야? 왠 꼬마 녀석이야? 너도 죽겠다 이 말이지? 너도 같이 죽여주지. 난 꼬마고 어른이고 사정 안 봐주니까.

장 로 : 이봐요. 김선생! 정말 죽으려고 환장했어? 저분이 일단 시키는 대로 해요. 나중에 살고 나서 회개하면 되잖아. 지금은 사는 게 우선이라구.

여선생 ; 장로님! 어쩌면 그러실 수가 있으세[요? 저희들 보고는 죽도록 충
　　　　성하라고 하시고선 이제 와서 시키는 대로 하라뇨? 장로님은 하나
　　　　님의 심판이 무섭지도 않으세요?

장 로 : 뭐, 뭐라구? 저런 못된 것이 있나? 그래도 내 딸 같아서 생각해 주었
　　　　더니 어디 어른에게 대꾸야 대꾸가? 괘씸한 것 같으니라구.

권 사 : 이봐요. 김선생! 장로님이 시키는 대로 순종해야지. 어디 새파랗게
　　　　젊은 것이 어른들 앞에 잘난 체야?

여선생 : 권사님! 잘난 체라뇨? 제가 여러분들 앞에 잘난 체 하는 것으로
　　　　보이세요?

집 사 : 그럼 그게 잘난 체지 뭐가 잘난 체야? 누구는 예수님 안믿어? 다 믿
　　　　는다구. 왜 믿어? 살려구 믿는 거야. 그런데 어느 누가 죽겠다구 예
　　　　수님 믿겠냐구?

여선생 : 집사님도 참 딱하시군요. 그럼 죽는 게 무서워서 지금까지 믿어
　　　　온 예수님을 그런 식으로 믿으시겠다는 건가요?

평신도 : 이거 김선생인지 하는 여선생 정말 못쓰겠구만. 뭔 여자가 그렇
　　　　게 고집이 세? 저리니 지금까지 시집도 못가고 노처녀 신세를 못 면
　　　　하고 있지.

괴뢰대장 : 이것들이 보자보자 하니까 이 에미나이 하나를 감당 못하고 쩔
　　　　쩔매고 있구만. 어떡 할 거야? 너희들이 이 에미나이를 꺽지 못하면
　　　　이 총으로 몽땅 다 죽이갔어.

장 로 : 저, 조금만 참으시라우요. 이봐요. 김선생! 나를 봐서라도 아니 우

리를 봐서라도 시키는 대로 해요.

여선생 : 장로님! 전 죽으면 죽었지 그짓은 절대 못해요.

권 사 : 이봐! 김선생! 그만 쓸데없는 고집은 그만 피워.

집 사 : 아까 내가 너무 심한 말을 했다면 용서하구. 제발 응~~?

평신도 : 그래 이렇게 두 손 모아 부탁하게. 다같이 살자구.

여선생 : 여러분들은 목숨 좀 살겠다고 가룻유다처럼 배신하는 행동에 지
　　　　 옥의 심판이 무섭지도 않으세요?

집 사 : 뭐야? 이게 보자보자 하니까 말로 해서는 안되겠구만. 에잇!(때린
　　　　 다) 여러분! 뭐 하십니까? 같이 맛 좀 보여주자 구요.(일동 달려 들
　　　　 어 발로 차고 때린다)

철 이 : 안돼요! 우리 선생님 때리지 말아요.

평신도 : 이놈도 똑같애. 너두 같이 맞아봐라. (다같이 때린다. 철이와 선
　　　　 생님이 쓰러진다)

괴뢰대장 : (손뼉을 치며) 이 동무들 정말로 대단하구만. 인민재판까지 갈
　　　　 것도 없이 지들이 다 알아서 하니 정말 대단하기요.(쓰러진 여선생
　　　　 을 일으키며) 이봐 이 에미나이야. 마지막으로 살려줄 기회를 주겠
　　　　 다. 저 그림에 침을 뱉갔어? 안뱉갔어?

여선생 : 난 절대로 저 예수님 그림에 침 뱉을 수는 없다. 차라리 날 죽여라.

괴뢰대장 : 오~ 그래? 네 소원이 그렇다면 죽여주지.(내팽겨 친다. 이때 여
　　　　 선생 쓰러진다. 다시 철이의 멱살을 잡는다) 너는 어떡할거냐? 저
　　　　 선생처럼 죽을래? 이 어른들처럼 살래? 살고 싶으면 빨리 저 그림

에다 침 뱉으라우.

철 이 : 싫어요. 나도 죽으면 죽었지 절대로 침 안뱉을래요.

괴뢰대장 : 이 종간나 새끼도 악발이구만. 좋다. 모두 죽여주지. 그러나 마
지막으로 한 번 더 기회를 주겠다. (성도들을 바라보며) 이보라우!
동무들이 저것들을 잘 설득해 보라우

일 동 : 이봐! 김선생! 철이야! 제발 우리를 봐서라도 말 좀 들어라. 응?

여선생.철이 : 싫어요. 절대 못해요.

괴뢰대장 : 동무들! 말로해도 안되는 인간들은 어떡해야겠소? 여기서 인민
재판으로 죽여 버리는 것이 어떻소?

일 동 : 네. 죽여야 합니다.

괴뢰대장 : 좋소. 동무들이 모두 찬성하였으므로 저들을 모두 총살시키갔
소. 동무들! (부하들에게) 저들을 일으켜 세우라우.(부하들 여선생
과 철이를 일으켜 세운다)

괴뢰대장 : 자! 각오는 되어 있갔지? 그럼 천국으로 잘 가라우. (총을 겨누
다가 장로와 일동들에게 겨눈다)

장 로 : 아, 아니 왜 이러십니까? 방향이 틀렸습네다.

괴뢰대장 : 방향이 틀렸다구? 너희들이야 말로 진짜 악질 반동분자임을 알
았다. 그래, 너희가 살겠다구 너희가 믿는 하나님의 아들이라고 하
는 예수의 그림에 침을 뱉어?

권 사 : 그럼 약속하신 것이 틀리지 않습네까?

괴뢰대장 : 그러니까 공산당이지. 공산당이 어디 참말 하는 것 봤어?

집 사 : 아니, 그럼 전 뭡니까? 저를 써 주신다고 하지 않았습니까?

괴뢰대장 : 그러야 동무 마음을 떠 본 것뿐이지 그걸 사실이라고 믿나?

평신도 : 너, 너무 하십니다요. 이럴 줄 알았으면 뭐하러 우리가 침 뱉습니까? 사, 살려 주십시오.

괴뢰대장 : 살려 달라구? 어디 너부터 뒈지라우. 에잇!(총을 쏜다. 이때 평신도 쓰러진다)동무 들! 이 더러운 것들을 모두 날려 버리라우.

일 동 : 사, 살려줘요!

부하들 : 죽으라우. 에잇! (총을 쏜다. 총에 맞고 다 쓰러진다)

괴뢰대장 : 자! 에미나이 선생동무. 그리고 너 꼬마야. 너희들의 변함없는 신앙에 나 감탄했다. 나도 어릴 적에 교회에 나간 적이 있어서 이들의 믿음을 보고서 진짜 신앙을 가졌으면 살려 주려고 했는데 저것들은 죽어도 싼 인간들이야.

여선생 : 그래도 죽이실 필요까지는 없잖아요.

괴뢰대장 : 그런 소리 말기요. 저것들은 천벌을 받은 것 뿐이니끼니, 자! 동무들 우리는 어서 나가자우. (퇴장한다)

철 이 : 선생님!(선생님 품에 안긴다)

여선생 : 그래 철아! 잘했어. 죽도록 충성한다는 것이 바로 이것임을 알았지? 앞으로 죽기까지 우리를 살려주신 하나님께 목숨을 다해 더 충성하도록 하자. (이때 336장의 반주가 나오며 이들과 등장인물들이 모두 퇴장하면 설교자가 등장한다)

여러분! 잘 보셨어요? 만일 여러분이 이와 같은 상황이었다면 어떻게 했으리라고 보십니까? 어쩌면 죽는 게 무서워서 예수님의 그림에 침을 뱉지는 않았을까요? 그래서 진짜 신앙은 교회에 오래 다니고 직분을 맡은 것이 아니라 죽음이나 위기 같은 문제 앞에서 어떻게 행동 하느냐에 따라서 판단됩니다. 이 시간 우리 다같이 두 눈을 감고 나 자신의 신앙 모습은 어떠한지 살펴보십시오.(이때 찬송가 336장 전주가 흐른다) 과연 나는 죽도록 충성할 수 있는 순교적인 신앙을 가지고 있는지 말입니다. 김선생님과 철이처럼 죽음 앞에서도 아랑곳하지 않는 신앙을 가졌다고 보십니까? 이들은 오늘 본문의 예수님이 하신 말씀처럼 몸은 죽여도 영혼은 능히 죽이지 못하는 자들을 두려워하지 않았습니다. 그러나 죽음을 당한 저들은 몸되 영혼을 능히 지옥에 멸하시는 하나님보다 몸을 죽여도 영혼은 능히 죽이지 못하는 자들을 두려워하여 예수님의 초상화에 침을 뱉었습니다. 그 결과는 산 것이 아니라 오히려 부끄러운 죽임을 당하고 말았습니다. 만일 여러분이 이러한 상황이었다면 어떤 선택을 했을거라고 보십니까? 부끄럽게도 죽음을 당한 저들과 같은 신앙을 가졌다고 보십니까? 저들은 심판대 앞에서 예수님을 만났을 때 얼마나 부끄러웠을까요? 많은 교인들이 위기 앞에서 신앙을 저버리거나 타협하는 신앙을 가질 때가 많습니다. 그것이 피할 길로 생각하기가 쉬운데 그렇지 않습니다. 위기속에서도 환난과 핍박중에도 성도는 신앙 지켰네라는 찬송처럼 신앙을 지키는 것이 진짜 신앙이요 산 믿음입니다. 우리의 모습이 선생님과 철이보다는 죽음을 당한 저들의 모습과 다를 바 없지는 않은지 자신을 돌아보며 부끄러운 신앙을 가진 것을 회 개하며 새로운 마음으로 결단하여 죽도록 충성하는 결심을 하시는 시간이 되시기 바랍니다. 다같이 "환난과 핍박중에도" 찬송을 부르신 후에 기도하겠습니다.(찬양인도자가 나와 3절까지 인도한다. 마친후 반주가 끝날 때까지 기도회를 인도하며 설교자의 마무리 기도를 따라하게 한 뒤에 마친 뒤 "충성하라 죽도록 찬송을 부르며 마친다.)

◈ 마무리기도

하나님 아버지. 드라마를 통해 은혜 받게 하심을 감사합니다 / 어쩌면 저 자신도 죽음 앞에서 두려운 나머지 주님의 그림에 / 침을 뱉는 배교자가 되었는지도 모릅니다 / 김선생님과 철이처럼 죽음 앞에서도 두려워하지 않고 / 죽도록 신앙을 지키는 충성된 종이 되게 하옵소서 / 어떤 위기나 어려움에도 타협하거나 주님을 배반하지 않게 하옵소서 / 예수님의 이름으로 기도합니다. 아멘 /

21. 사랑의 원자탄

(전교인 헌신예배 드라마)

20. 사랑의 원자탄

◈ 등장인물 : 학생1,2,3, 동인, 동신, 손목사, 동회, 사모, 이전도사, 김집사,
박장로, 교인들, 괴뢰대장, 부하들

◈ 성경 : 마태복음 5:43-48

◈ 준비 찬양 : 네 맘과 정성을 다하여서(218), 해보다 더 밝은 저 천국(606),
사랑 복음송가

◈ 소품 : 화약총 3개, 몽둥이(산문을 말아 청테이프나 회색테이프로 감는
다), 응급용 들것 2개 (단, 들것은 학교에서 빌리든지 만들던지 하라)

◈ 지시 사항 : 드라마를 하기 전에 교인들에게 "제1막, 제2막,제3막"할 때 "
와"하고 소리를 지르며 박수를 치게 한다.(어린이들이 참석하면 효과적이며 따
로 주일학교나 중고등부 예배때 교사들이 준비하여 보여주어도 효과적이다)

◈ 주의 사항 : 예배 전에 부르는 찬송은 준비 찬양만 부른다.

◈ 해설 : 지금부터 드라마를 시작하겠습니다. 드라마를 시작하기 전에 다같
이 '네 맘과 정성을 다하여서"찬송 1절을 부르겠습니다.(찬양인도자가 나와
인도한다. 마친후) 드라마의 제목은 '사랑의 원자탄 제1막 박수"

◆ 배경 : 학생들이 동인이를 세운 채 인민재판을 하고 있다.

학생1 : 야! 동인이 지금부터 내 말 잘들어. 니가 믿는 예수사상 지금이라도 포기하고 우리 공산주의를 협력한다면 살려주겠다. 더구나 예수사상은 우리 공산주의가 제일 싫어하는 미국 놈들 사상인 친미주의니까 잘 생각하기 바란다.

동 인 : 친미주의라고? 이봐! 나는 다만 하나님만 섬기고 예수님을 믿는 기독교 신자일 뿐이야.

학 생1 : 그래서 포기 안하겠다는 거야?

동 인 : 그렇다. 너희들이 아무리 나를 협박한다고 할지라도 예수님은 절대 버릴 수 없다.

학 생1 : 이, 이런 반동새끼. 이런 놈은 맛을 보여줘야 사상이 바뀔거야. 에잇!(들고 있던 몽둥이로 때린다)

동 인 : 으윽!(비틀거리며) 너, 너희들 제발 정신들 차리고 예수님을 믿어라.

학 생2 : 뭐? 예수 믿으라구? 예수 좋아하네. 미친놈. 너나 예수 실컷 믿어라. 에잇!(몽둥이로 때린다)

학 생3 : 야! 이 자식을 어떻게 할려구 그래?

학 생1 : 어떻게 하긴 죽여 버려야지. 이런 놈은 악질분자로 세워 공개처

형 시키자구.

학 생3 : 그, 그건 너무 잔인한 거 아냐?

학 생2 : 야! 너 이 자식 감싸고 도는 거야? 뭐야?

학 생3 : 아, 아니 그게 아니라 실은 어떻게 되는가 싶어서...

학 생1 : 애들아! 쓸데없는 것 가지고 싸우지 말고 시간도 없으니까 이 자
        식을 빨리 없애버리자.

학 생2 : 좋아. 야!(동인이를 일으켜 세우며) 너 살고 싶으면 지금이라도 잘
        생각해보라구. 옛 우정을 생각해서 특별히 봐줄테니까. 자! 어떠냐?
        지금이라도 예수사상을 포기하는 것이?

동 인 : 난 너희들에게 죽으면 죽었지 절대로 예수님을 포기할 수 없다.

학 생2 : 이 자식이 자기 아버지가 목사라고 누구한테 설교하나? 에잇!(때
        린다) 이봐! 뭣들 해 이런 놈은 총으로 벌집을 만들어야 해.

학 생1 : 내가 총을 가지고 있으니까 내가 쏴 버리겠어. 저 자식 똑바로 일
        으켜 세워.

학 생2 : 야! 너 뭐해? 같이 거들지 않고? 이 자식 꽉 잡아

학 생3 : 아, 알았어. 야! 동인아. 정신차려. 죽지 않으려면?

학 생1 : 내가 한 방에 날려 보낼테니 똑바로 세워. 자! 그럼 쏜다. (이때 동
        생 동신이가 달려든다)

동 신 : 아, 안돼요. 우리 동인이 형 대신 날 죽여요.

학 생1 : 아니, 넌 뭐야? 이 자식은 동인이 동생 동신이 아냐?

동 신 : 형, 형님! 우리 형은 우리 집의 장남입니다. 부모님을 모셔야 하기

때문에 차라리 날 죽여주세요. 네? (붙들고 사정한다)

동 인 : 동신아! 너 빨리 집에 가지 못해? 널 죽이려는게 아냐? 넌 날 대신

하여 부모님을 잘 모시도록 해라. 이러다간 너까지 죽어

동 신 : 싫어! 형. 차라리 내가 죽을래.

학 생1 : 야! 누가 애 좀 데려가라. (이때 학생3이 나와 강제로 떼어 놓는다)

이것 봐. 저 자식을 아예 검은 천으로 눈을 가려 버려. 날 노려보면

총을 못 쏠지도 모르니까.(눈을 가린다)

동 인 : 이제 나는 죽으면 천국으로 가지만 너희들은 그 죄 값을 어떻게 다

치르려고 하느냐? 지금이라도 예수 믿고 회개하도록 하여라.

학 생2 : 야. 인마! 그런 쓸데없는 말은 집어 치우고 마지막으로 할 말이 있

거든 말해.

동 인 : 다른 할 말은 없다. 마지막으로 찬송이나 부르도록 허락해 다오.

학 생1 : 미친놈! 죽는 마당에 노래를 부르겠다구? 좋아! 불러 봐. 시작!

(총을 겨눈다)

동 인 : (이때 전주 나온다. 반주에 맞추어) "하늘가는 밝은 길이 내 앞에 있

으니 슬픈 일을 많이 보고 늘 고생하여도 하늘 영광 밝음이 어둔 그

늘 헤치니 예수 공로 의지하여 항상 빛을 보도다." 자! 쏴라.

학 생1 : 잘 가거라. 천당으로. 에잇! 탕! 탕! (두번 쏜다)

동 인 : 아버지여! 내 영혼을 받아주세요. 으윽~(쓰러진다. 이때 동신이가

손을 뿌리치고 뛰어든다)

동 신 : (쓰러진 형을 부여안고) 흐흐흑 동인이 형! 나도 동인이 형 따라서

같이 천국 갈게. (일어서며) 무엇 때문에 죄 없는 우리 형을 죽인거야? 형들은 하나님의 심판이 무섭지도 않아? 예수님 믿는다고 함부로 사람을 죽여도 되는 거야? 나도 동인이 형이 간 천국에 갈테니까 쏠테면 쏴. (양팔을 벌린다)

학 생1 : 야, 아니 저 자식이 미쳤나? 야! 너 정말 죽고 싶어 환장했냐?

동 신 : 그래. 죽고 싶어 환장했다. 자! 쏴봐. 빨리!

학 생1 : 이거 어떻게 하지?

학 생2 : 어떻게 하긴! 총 이리 내. (빼앗으며) 내가 쏴 주지. 죽는 게 소원이라는데 내가 못 들어줄 수 없지. 에잇! 탕!(총을 쏜다)

동 신 : (하늘을 향해 부르짖으며)하나님 아버지! 내 영혼을 받아주세요. 그, 그리고 저들의 죄를 용서해 주세요. 으윽!(쓰러진다. 이때 학생 2가 다가와서 총으로 확인 사살을 한다)

학 생1 : (박수를 치며) 야! 정말 잘했다. 오늘부터 니가 대장해라.

학 생2 : 정말이냐? 좋아. 오늘부터 내가 대장이다.와하하하하.

학 생3 : 애들아! 이러고 있다간 사람들이 올지 몰라. 빨리 도망치자.

학 생1.2 : 그, 그래. 빨리 이 자리를 뜨자. (퇴장한다. 이때 하늘가는 밝은 길이 찬송이 커졌다 작아지며 조명이 꺼진다)

◈ 해설

여러분! 잘 보셨습니까? 손양원 목사님의 두아들 동인이는 당시 고등학생이었고 동신이는 중학생이었습니다. 이들은 죽음 앞에서도 굴하지 않는 용감한 신앙을 가진 순교의 제물이 되었습니다. 이제 다음 장면에서 어떤 교훈을 주는지 살펴보겠습니다. 2막이 시작되기 전에 다같이 "네 맘과 정성을 다하여서" 찬송 2절을 부르겠습니다.(찬양인도자가 나와 인도한다. 마친후) 지금부터 드라마를 시작하겠습니다. 제2막 박수"

◈ 배경 : (쓰러진 두 아들이 누워 있는 곳에 사모님이 뛰어든다)

사　모 : 동인아! 동신아! 아이고~ 내 아들들아!(부등켜 안으며) 이놈들아! 이 불효막심한 놈들아! 아비, 어미가 이렇게 멀쩡히 살아있는데 먼 저 죽는 법이 어디 있단 말이냐? 하나님! 이게 어찌된 일입니까? 으 흐흐흑. 으윽-(쓰러진다. 이때 교인들도 뒤따라와서 흐느끼다가 놀 란다)

김집사 : 아이고! 사, 사모님예! 정, 정신 차리이소. 뭐, 뭣들하고 있능교? 퍼뜩가서 물을 가져오지 않고? (이때 여집사가 물을 가져온다. 김집 사 물을 받아 먹인다) 사, 사모님예. 정, 정신이 드는교?

사　모 : 동인아. 동신아. 으음.(다시 쓰러진다)

교인들 : 사모님! 으흐흐흐흑. (이때 손목사 나타난다)

손목사 : 여러분! 우리 다같이 찬송하십시다. 이 자리에 앉아 있는 00교회 성도님들도 같이 부릅시다. 다같이 천국을 생각하며 "해보다 더 밝 은 저 천국" 1절을 부릅시다.(찬양인도자가 나와 인도한다. 마친후 엎드려 운다) 흐흐흐흑. (이때 이인제 전도사 등장한다)

박장로 : 이전도사님! 어서 오세요. 손목사님! 우리 교회 부흥회 강사님이 신 이인제 전도사님이 오셨습니다.(손목사 일어난다)

이전도사 : 손목사님! 좀전에 소식 듣고서야 알았습니다. 너무 마음 아파

마세요. 이 젊고 아름다운 두 아들을 초대교회 스데반 집사님처럼 하나님께 순교의 제물로 드렸으니 얼마나 큰 영광입니까?

손목사 : 네. 맞습니다. 이전도사님! 내게 용기를 주는 말씀을 주셔서 감사합니다.

이전도사 : 감사하긴요. (이때 사모가 정신이 들어 일어난다. 이전도사 다가가서 손을 붙잡는다) 사모님! 익은 과일이 먼저 떨어지는 법입니다. 우리는 아직 익지 못해서 이렇게 살아 있지 않습니까? 그러니 진정하세요. (이때 손목사 하늘을 우러러 두 팔을 벌리고 기도한다)

손목사 : 하나님! 내 아들들의 순교를 통하여 감사의 조건을 주시니 감사합니다. 첫째, 나 같은 죄인의 혈통에서 순교의 자식들이 나오게 하셨으니 감사합니다. 둘째, 3남3녀 중에 가장 아름다운 두 아들 장자와 차자를 하나님께 바치는 축복을 주심을 감사합니다. 셋째, 한 아들의 순교도 귀하다 하거늘 두 아들의 순교라니요. 너무 감사합니다. 넷째, 미국 유학가려고 준비하던 내 아들 미국보다 더 좋은 천국에 갔으니 내 마음이 안심되어 감사합니다. 다섯째, 나의 두 아들을 총살한 원수를 회개시켜 내 아들로 삼고자 하는 사랑의 마음을 주신 하나님께 감사합니다.

교인들 : 목사님! (붙잡으며 같이 흐느낀다)

이전도사 : 여러분! 이제 더 이상 슬퍼하지 말고 찬송함으로 천국으로 먼저 간 두 아드님들과 유가족들을 위로합시다. 여기 모인 00교회 성도님들도 같이 좀 전에 불렀던 "해보다 더 밝은 저 천국"2절을 찬송합

시다(찬양 인도자가 나와 인도한다. 찬송할 때 동인이와 동신이를
　　　사람들이 들 것에 운반하며 퇴장한다)

손목사 : (나가는 모습을 보고 나서) 동희야.

동 희 : (등장하며) 네. 아버지.

손목사 : 아버지는 지금 부흥회 때문에 집을 떠나야 하는데 내 대신 나덕환
　　　목사님께 다녀오너라. 가서 내 뜻을 전하고 오너라.

동 희 : 아버지 뜻이라니 그게 무슨 말씀이세요?

손목사 : 오빠들을 죽인 학생 하나가 잡혔다고 하더구나. 그러니 나 목사님
　　　께 가서 그 학생을 때리거나 혼내지도 말고 내가 그 애를 양아들을
　　　삼을 테니까 사형장에서 빼내달라고 부탁해라.

동 희 : (놀라며) 네? 아버지. 그게 무슨 말씀이세요? 그 말이 진정이세요?(
　　　손목사 고개만 끄덕인다) 아버지! 말도 안돼요. 아무리 예수님이 원
　　　수를 사랑하라고 하셨지만 그놈은 당연히 벌을 받아야 해요. 절대
　　　로 그럴 수는 없어요.

손목사 : 동희야! 그 학생을 죽인다고 우리에게 무슨 유익이 있겠니? 그
　　　애를 죽인다고 죽은 오빠들이 다시 살아서 돌아오겠니? 차라리 그
　　　를 살려서 예수님을 믿게 한다면 영혼을 살리는 일이 되지 않겠니?

동 희 : 그렇지만 아버지. 생각해 보세요. 용서하면 용서했지 아들을 삼겠
　　　다는 것은 무슨 말이예요? 내가 그 사람을 오빠라고 불러야 하는데
　　　절대로 그럴 수는 없어요. 흐흐흑.

손목사 : 동희야! 원수를 사랑하는 것은 용서만 가지고 되는 것이 아니야.

예수님의 완전한 사랑을 실천하기 위해서 아들을 삼으려는 것이란다. 예수님이 지신 십자가를 생각해 보아라.

동 희 : 네. 아버지! 아버지 말씀대로 하겠어요.

손목사 : 고맙구나. 역시 너는 내 딸답구나. 그가 사형을 당하기 전에 도착해야 하니 빨리 가도록 해라. 그럼 나도 부흥회에 가야겠다.(같이 퇴장한다)

◆ 해설

여러분! 잘 보셨어요? 손목사님의 모습을 통해 우리 같으면 과연 저럴 수 있을까요? 그 어느 누구도 할 수 없는 예수님이 말씀하신 사랑을 손목사님은 실천하셨습니다. 두 아들을 죽인 것도 용서할 수가 없는데 죽인 학생을 양아들로 삼겠다니요? 도무지 납득이 안가는 모습입니다. 그래서 손목사님의 이러한 모습에 온세상 사람들이 감동하여 "사랑의 원자탄"이라고 별명을 붙여준 것입니다. 그럼 다음 마지막 3막의 장면에서 손목사님의 모습은 어떻게 되는지 살펴보겠습니다. 3막을 시작하기 전에 다같이 "네 맘과 정성을 다하여서" 찬송 2절을 부르겠습니다.(찬양인도자가 나와 인도한다. 마친후) 지금부터 드라마를 시작하겠습니다. "사랑의 원자탄 제3막 박수"

◈ 배경 : 손목사 기도하고 있다. 이때 괴뢰대장과 부하들이 등장한다.

괴뢰대장 : 동무가 손양원 목사요?

손목사 : 그렇소이다만 무슨 일로 오셨소?

괴뢰대장 : 목사 동무가 예수 믿으라고 전도한다는데 그게 사실이오?

손목사 : 예수 믿고 천국에 가자는 것이지요. 이 세상의 삶은 잠깐이지만
천국의 삶은 영원토록 계속됩니다. 그러니 당신도 사람들을 괴롭히
는 일은 그만 두고 예수를 믿으시오.

괴뢰대장 ; 뭐야? 이런 정신나간 놈을 봤나? 내가 누군줄 알고 나한테 예수
를 믿으라고 해. 천국이 어딨어?

손목사 ; 천국은 있습니다. 여기에 모인 00교회 교인들도 다 아는 사실입
니다. 여러분! 천국은 있지요? (네) 보십시오. 아이들도 있다고 하
지 않습니까?

괴뢰대장 : 이 종간나 새끼들! 무시기 허튼 소리들 하고 자빠졌어 천국 같
은 거는 없어. (있어) 없어. (있어) 이것들이 에이! 쌍!(총을 쏜다) 누
구든지 내 말에 반대한 것들은 몽땅 죽여 버리갔어.

손목사 : (성경을 내밀며) 이 성경을 보시면 천국이 있음을 알게 될 것입니
다. 드릴테니 보시고 천국을 발견하시지요.

괴뢰대장 : 정말 이놈이 미쳤나? (성경을 내 던지며) 목사 동무나 열심히 천

국가서 살으라우. 이봐! 동무들 천국 갔다 왔다는 사람 본 적 있어?

부하들 : 천국이 어디 있갔시오? 다 꿈같은 얘기지요. 그거 다 기독교인들

인지 뭔지 하는 것들이 몽땅 꾸민 야기야요.

괴뢰대장 : 자! 봐라. 우리 부하들도 없다고 하는데 천국이 어디 있어? 살

려 줄 기회를 줄테니까 지금이라도 당장 없다고 하라우. 그렇지 않

으면 여기 아새끼들 보는 앞에서 날려 버리갔어.

손목사 : 눈에 보이는 것만 믿어서는 안됩니다. 보이지 않는 곳에 더 큰 진

리가 있습니다. 의심하는 마음은 사탄이 주는 것이지요. 이번 기회

에 무서운 지옥게 가지 말고 예수를 믿고 천국에 가십시오.

괴뢰대장 : 닥치라우! 나를 뭘로 보고 전도야. 전도가? 이거 정말 보자보자

하니까 안되갔구먼. 에잇!(총으로 친다)

손목사 : (쓰러지며)으윽- 주, 주여.

괴뢰대장 : 이보라우 동무들! 이런 악질 반동은 어떻게 하는 것이 좋갔어?

부하들 : 여기 아새끼들 보는 앞에서 본때를 보여주도록 공개 처형해야 합

네다.

공산당원 : 좋소. 동무들이 찬성하였으므로 이 손목사를 최고 악질 반동으

로 총살 시키갔오. 자! 어쩌냐? (멱살을 잡고 일으켜 세우며) 손목

사! 이래도 천국이 있다고 할텐가?

손목사 : 이보시오! 나는 죽어서 천국에 가지만 당신들은 영원히 꺼지지 않

는 지옥의 불속에 들어갈 터인데 마지막으로 죽기 전에 소원이니 제

발 예수 믿고 천국에 가시오.

괴뢰대장 : (때리며) 닥치라우. 이거 예수에 미쳐도 단단히 미쳤구만. 이봐.
　　　　　동무들! 이 손목사를 저기에 세우고 눈을 가려 버리라우.

부하들 : 네. 알갔습네다. 자! 일어나라우. (손목사를 세우도 눈을 가린다)

괴뢰대장 : 자! 죽기 전에 더 이상 할 말이 있으면 해 보라우. 예수 믿으라
　　　　　는 말은 빼고.

손목사 : 마지막으로 찬송이나 하고 가겠소. 여기 계신 00교회 여러분들도
　　　　　제가 찬송하며 천국 가도록 "하늘가는 밝은 길이"찬송 1절을 다같
　　　　　이 불러주시기 바랍니다(찬양인도자가 나와 인도한다. 마친후 손목
　　　　　사 두 손을 벌리며) 주여! 내 영혼을 받으시옵소서.

괴뢰대장 : 그럼 천국으로 잘 가라우. 에잇! 탕! 탕! (총을 쏜다)

손목사 : 으윽~ 주여! 저들의 죄를 용서하여 주옵소서. 저들이 저지른 죄를
　　　　　알지 못하나이다. (쓰러진다. 괴뢰대장과 부하들이 퇴장할 때 찬송
　　　　　이 나오면 설교자가 등장한다)

◆ 설교자

　여러분! 잘 보셨어요? 손양원 목사님은 이후에 많은 사람들이 "사랑의
원자탄"으로 불렀어요. 왜냐하면 세상 모든 사람들에게 원자탄처럼 사랑
의 영향을 끼쳤기 때문입니다. 우리는 말로는 누구든지 원수를 사랑해야
한다고 하지만 막상 원수를 대하면 사랑보다는 저주와 욕설이 나올 때가
얼마나 많은가요? 그래서 원수를 사랑하는 것이 사람의 힘으로는 도무지
쉽지가 않은 것입니다. 오직 예수님의 사랑이 아니고서는 사랑할 수가 없

습니다. 이 시간에 우리 다같이 두 눈을 감고 내가 미워하고 생각하기조차 싫은 원수가 있는가 생각해 보세요.(이때 "네 맘과 정성을 다하여서" 찬송 반주가 나온다) 네. 없는 사람은 거의 없을 것입니다. 원수가 가족이나 형제나 찬척이나 시댁 식구와 이웃이나 심지어 교인들 가운데도 있지 않습니까? 그동안 그들을 미워하고 상대 조차 안하고 살지는 않았습니까? 원수를 사랑할 뿐 아니라 그들을 위해 기도하라고 주님은 말씀하셨는데 기도는커녕 미운 마음으로 빨리 죽었으면 좋겠다고 생각하지는 않았습니까? 사랑의 원자탄이었던 손양원 목사님처럼 이 시간에 원수 조차도 예수님의 말씀에 순종하여 사랑하는 마음을 가지도록 내가 생각하는 원수들을 예수님의 사랑으로 품고 기도합시다. 그들의 죄를 용서하지 못하면 나도 역시 죄 사함을 받지 못함을 주기도문을 통해서 말씀하셨듯이 내가 미워했던 못된 마음들을 이 시간을 통해 회개하고 사랑의 원자탄이 되시기를 바랍니다. 다같이 "네 맘과 정성을 다하여서" 찬송을 3절까지 부르면서 내가 그동안 이와 같은 마음을 갖지 못한 것을 진정으로 회개하는 시간이 되시기를 바랍니다. (찬송을 부른 뒤에 반주가 끝날 때까지 기도회를 인도한 후 인도자의 마무리 기도를 따라하게 한 뒤에 "사랑"복음송으로 마친다.)

◈ 마무리기도

하나님 아버지 감사합니다 / 이시간 사랑의 원자탄 드라마를 통해 은혜받게 하시니 감사합니다 / 저희들도 동인이와 동신이처럼 죽음 앞에서도 / 굴하지 않는 참 신앙을 갖게 해주소서 / 손 목사님처럼 원수도 사랑하는

마음을 갖게 해주소서 / 그동안 제가 미워하고 죽기를 비랬던 원수를 사랑
하게 하소서 / 미워했던 마음을 회개하오니 사랑으로 가득찬 마음을 갖게
하소서 / 예수님의 이름으로 기도합니다. 아멘 /

22. 십자가와 부활

(전교인 부활절 드라마)

22. 십자가와 부활(전교인 부활절 드라마)

◈ 등장인물 : 백부장, 빌라도, 예수님, 바라바, 대제사장1.2.3, 무리들, 병사
1.2.3, 막달라 마리아, 베드로, 요한, 도마

◈ 성경 : 마가복음 15:6-15, 요한복음 20:1-18,24-29

◈ 준비 찬양 : 예수 나를 위하여(144), 웬말인가 날 위하여(143), 주님께 영
광(165)

◈ 지시 사항 : 드라마를 하기 전에 교인들에게 "제1막, 제2막, 제3막"할 때
"와"하고 소리를 지르며 박수를 치게 한다.(어린이들이 참석하면 효과적이
며 따로 주일학교나 중고등부 예배때 교사들이 준비하여 보여주어도 효과
적이다)

◈ 주의 사항 : 예배 전에 부르는 찬송은 위의 준비 찬양만 부른다.

◈ 해 설

지금부터 드라마를 시작하겠습니다. 1막이 시작되기 전에 다같이 "예수 나
를 위하여" 찬송 1절을 부르겠습니다.(찬양인도자가 나와 인도한다. 마친후)

드라마의 제목은 "십자가와 부활 제 1막 박수"(로마 백부장이 예수님과 바라바를 채찍으로 때리며 등장한다)

◆ 제 1 막 ◆

◈ 배경 : 로마 재판석

백부장 : 야! 이놈들아! 빨리 나가지 못하겠어? 어차피 너희들은 죽은 사형수란 말이야.

　　　　(앞에 세운다) 여기 교인들이 보는 앞에서 양쪽으로 똑바로 서있으라우. 이제 빌라도 총독님이 곧 나오실 거니까 말이다.(이때 빌라도 총독이 채찍을 들고 나온다. 백부장 경례한다) 충성! 총독님께서 말씀하신대로 죄수들을 대령했습니다.

빌라도 : 좋아. 수고했어. (바라바를 바라보며) 아니? 이 죄수는 지난번에 우리 로마제국에 대항하여 갈릴리에서 폭동을 일으킨 주범 바라바가 아닌가? (채찍으로 얼굴에 대며) 역시 생긴 것이 못 되먹게 생겼구먼. 게다가 사람들도 많이 죽인 강도 출신이라지? 이런 자들은 우리 로마 제국에도 쓰레기 같은 골치 덩어리 들이란 말이야. (예수를 바라보며) 그런데 이자는 생긴 것을 봐서는 도무지 죄수처럼 안 생겼는데 무슨 죄로 여기에 잡혀왔지? 어디 나에게 말해보라.

백부장 : 네. 유대인들에 의하면 그는 예수란 자인데 자신이 하나님의 아

들이요 유대인의 왕이라고 하여 신성 모독죄로 잡혀 온 것으로 알고 있습니다.

빌라도 : 오! 그래? 그것 참 재미있는 일이구먼. (예수를 향해) 니가 정말 유대인의 왕이냐?

예수님 : 너의 말이 옳도다. (이때 대제사장들이 일어나서 소리친다)

대제사장1 : 이보시오. 빌라도 총독님! 지금 유대 나라의 왕은 헤롯 임금 이시거늘 자신이 유대인의 왕이라니 저게 반역이 아니고 뭐겠소이 까? 당장 사형을 시키시오.

대제사장2 : 빌라도 총독이시여. 우리 유대인들은 하나님을 믿는 백성들 이요. 그런데 저 예수란 자가 난데없이 나타나서 자신이 하나님의 아들이라고 헛소리를 하고 다니며 무리들을 선동하는데 우리 유대 종교법에 의하면 신성모독죄로 돌에 맞아 죽을 사형감이요. 저런 자를 살려두는 것은 율법을 어기는 것이니 당장 사형에 처하시오.

대제사장3 : 아디 그 뿐인 줄 아십니까? 자기가 무슨 슈퍼맨이나 된다고 46년간이나 지은 헤롯 성전을 삼일만에 다시 짓겠다고 큰소리를 쳤 다는데 그런 허풍장이가 세상에 어디 있습니까? 저런 자는 본때를 보여 줘서라도 당장 사형에 처해야 합니다.

   (이때 모든 무리들이 동시에 외친다)

무리들 : (한 손을 주먹을 쥔 채 올리며) 옳소. 예수를 당장 사형에 처하시 오. 처하시오. 처하시오.

빌라도 : (예수를 향해) 예수! 어찌하여 아무 대답이 없느냐? 저들이 얼마

나 많이 너를 고소하고 있는지 억울하지도 않느냐?(아무런 반응도 보이지 않자) 참으로 기가 막히구만. 다른 자들 같으면 벌써 따지고 들었을 텐데 말이야. (청중들을 향해) 그럼, 너희들에게 한 가지 조건을 걸겠다. 명절이면 죄수 하나를 살려주는 법이 있는데 여기 살인자 바라바와 유대인의 왕 예수 둘 중에 누구를 살려주면 좋겠느냐? 너희들이 요구하는 대로 살려주겠다.

무리들 : (한 손을 주먹을 쥔 채 올리며) 바라바를 살려 주소서. 살려주소서. 살려주소서.

빌라도 : 그렇다면 유대인의 왕 예수는 어떻게 하기를 원하느냐?

무리들 : (한 손을 주먹을 쥔 채 올리며) 십자가에 못 박게 하소서. 못 박게 하소서. 못 박게하소서.

빌라도 : 좋다. 병사! 손 씻을 물을 가져와. 나는 이 사람의 피에 대하여 죄가 없으니까 그 죄값은 너희가 당하라. (손을 씻는다)

무리들 : 예수를 죽인 피는 우리와 우리 자손에게 돌리겠소.

빌라도 : (예수를 채찍으로 때리며) 예수! 억울하겠지만 백성들의 뜻이 이러하니 어쩌하겠느냐? 자 잘 가거라. 병사들! 뭣들하고 있나? 이 예수를 당장 골고다 사형장에 끌고가서 십자가에 처형하도록!(바라바와 함께 퇴장한다. 이때 병사들이 나온다)

병사1 : 유대인의 왕이시여. 왕관을 쓰옵소서. (가시관을 씌우며) 잘 어울리는군.

병사2 : 유대인의 왕이시여. 왕이 입는 홍포도 입으소서.(홍포를 입히며)

왕 같이 보이는군.

병사3 : (갈대를 들리며) 유대인의 왕이시여. 왕의 지팡이도 들으소서. (절
　　　한다) 평안할지어다. (일어서서 갈대를 빼앗아 머리를 치며) 니가 유
　　　대인의 왕이라구? 그렇게 왕이 되고 싶으면 나한테 부터 잘 보여 봐
　　　라. 우하하하하. 퉤. (침을 뱉는다)

병사1 : 자! 이제 그만 장난치고 죄인 유대인의 왕 예수를 끌고 가서 십자
　　　가에 못 박아 버리자구.

병사들 : 그러지. (채찍으로 때리며) 자. 나갓! 유대인의 왕아.(끌고 퇴장
　　　한다)

◈ 배경 : 패션 오브 크라이스트에 등장한 예수님이 십자가에 달린 모습
을 보여준다. (찬양인도자가 나와 웬말인가 날 위하여 찬송을 인도한다)

◈ 해설

　이렇게 하여 예수님은 아무 죄도 없으신데 십자가에 달려 돌아가셨습
니다. 예수님이 십자가에 돌아가신 것은 우리의 죄를 위하여 돌아가신 하
나님의 방법이셨습니다. 누구든지 예수님의 십자가와 흘리신 피를 믿기
만 하면 죄가 용서를 받고 구원해 주시는 것이 하나님의 뜻이었습니다. 십
자가에서 죽으신 예수님은 과연 어떻게 되었을까요? 무덤에 묻히시고 그
냥 끝이 났을까요? 십자가 이후의 사건을 살펴보겠습니다.

◆ 제 2 막 ◆

◈ 배경 : 예수님의 빈 무덤(영상으로 띄운다)

마리아 : 으흐흐흑. 보고 싶은 예수님. 돌아가신 지가 벌써 삼일이 되었는
데 마지막으로 한 번 더 예수님의 모습을 보고 예수님의 몸이 썩지
않게 이몰약이라도 발라드려야 내 맘이 편하겠어. 그런데 예수님의
무덤 앞에 군사들이 지키고 있으면 어떡하지? (무덤 앞에 도착한다)
어머? 무, 무덤문이 열려 있잖아? 이, 이게 어떻게 된거야? 분명히
누가 예수님의 시체를 옮겨간 것이 틀림없어. 베드로와 요한에게
이 사실을 알려야겠어. 베드로! 요한!(퇴장한다)

요 한 : 예수님의 시체가 없어졌다구? 그, 그럴 리가 없어. 그건 분명히 예
수님을 못박아 죽인 그놈들 짓이야. (무덤 앞에 도착한다) 이거 어
떡하디? 어디 무서워서 들어갈 수도 없고.

베드로 : 헉.헉. 아이고! 숨 차라. 야! 요한아. 왜 그렇게 걸음이 빠르냐? 어
휴- 숨차. 뭐하냐? 무덤안에 들어가지 않고? (들어가며) 이게 어찌
된거지? 예수님의 시체는 어디로 가고 시체를 쌌던 세마포만 있는
거야? (나온다)

요 한 : 이건 분명히 예수님을 죽이라고 했던 대제사장들 짓일거야.

베드로 : 이런 나쁜 놈들. 이제는 예수님의 시체마저도 없애버리다니.

요 한 : 빨리 가서 다른 제자들에게도 알려야겠어. (퇴장한다. 마리아 등

장한다)

마리아 : <u>으흐흐흑.</u> 보고 싶은 예수님 어디 계셔요? 이럴 줄 알았으면 무
　　　　덤을 떠나지 말고 지켜드릴 것을~. 예수님! <u>흐흐흐흐흑.</u> (무덤 안
　　　　을 들여다 본다)

천사들 : 여자여. 어찌하여 우느냐?

마리아 : 네. 누가 예수님을 어디다 두었는지 알지 못해 속이 상해서 울어
　　　　요. <u>흐흐흐흑.</u> (이때 예수님이 등장한다)

예수님 : 여자여. 어찌하여 울며 누구를 찾느냐?

마리아 : (고개를 숙인 채) 예. 아저씨가 예수님의 무덤을 관리하시는 분이
　　　　시라면 예수님을 어디로 옮겼는지 가르쳐 주세요. 아저씨 제발 부
　　　　탁해요. 제가 예수님을 다시 옮겨 놓을께요.

예수님 : 마리아야.

마리아 : 어머? 예, 예수님! (달려가 안기려 한다)

예수님 : (물러서며) 나를 만지지 말라. 내가 아직 하나님 아버지께로 올라
　　　　가지 못하였단다. 너는 제자들에게 가서 내가 내 아버지 곧 너희 하
　　　　나님 아버지께로 올라간다고 하여라. (사라진다)

마리아 : (고개를 들며) 네. 예수님. 어? 예수님이 어딜 가셨지? 예수님은
　　　　분명히 살아 나신거야. 그렇죠? 여러분? (네) 지금 이러고 있을 때
　　　　가 아니야. 예수님이 살아나신 것을 빨리 가서 알려야겠어. 여러분!
　　　　우리 다같이 입가에 손을 모으고 저를 따라 외쳐보세요. "내가 예수
　　　　님을 보았어요! 예수님은 다시 사셨어요!" (퇴장한다)

여러분! 잘보셨습니까? 예수님은 삼일만에 다시 사셨습니다. 할렐루야!(아멘) 예수님이 다시사신 것은 죽음의 권세를 이기신 것과 십자가에서 예수님이 죽으셨을 때 마귀는 자기가 예수를 죽였다고 승리했다고 기뻐했을 것입니다. 그런데 예수님이 살아나심으로 마귀의 권세는 박살이 났습니다. 마귀의 권세가 죽음이라면 예수님은 죽음보다 뛰어나신 부활의 권세이므로 예전에 마귀가 시험했던 예수님의 모습과는 다른 마귀의 권세를 이기신 하나님의 아들의 모습으로 살아나셨습니다. 그럼 제자들은 어떤 모습으로 있는지 3막을 살펴보겠습니다. 3막이 준비 되는 동안 다같이 "할렐루야 우리 예수" 찬송 1절을 다같이 부르겠습니다.(찬양인도자가 나와 인도한다. 마친후) 지금부터 드라마를 시작하겠습니다. 드라마의 제목은 "십자가아 부활 제3막 박수"(제자들이 테이블을 두고 앉아 있다)

◆ 제 3 막 ◆

◈ 배경 : 제자들이 있는 방

베드로 : 막달라 마리아가 그러는데 예수님이 살아 나셨다고 그러더구만.

요 한 : 베드로 형! 혹시 마리아가 천사를 보고서 예수님으로 착각한 게 아닐까?

베드로 : 요한아! 마리아가 예수님과 천사를 구분 못할 그런 여자는 아니야.

빌 립 : 나 빌립도 동감은 가는데 말이야. 어디 근거가 확실해야 말이지.

　　　(이때 예수님이 나타난다)

예수님 : 너희에게 평강이 있을지어다. (벌벌 떠는 제자들에게) 어찌하여 무서워하며 의심하느냐? 내 손과 발을 보고 만져보라. 영은 살과 뼈가 없지만 나는 살아났기에 그대로 있느니라. 내가 너희에게 성경에 기록된 대로 삼일만에 다시 살아날 것을 말하지 않았느냐? 너희들은 부활한 나를 증거 하는 증인이 될 것이다. (사라진다)

베드로 : 이게 어떻게 된거지? 정말 예수님이 살아 나신거야. (찬송곡조에 맞추어) "예수 다시사셨네"

도 마 : (등장하며) 뭐? 예수님이 다시 살아나셨다구? 이젠 예수님이 돌아가시니까 헛소리하는 자들까지 늘어나고 있으니 이거 참 한심들 해서 큰일이야, 큰일. 여기 모인 교인들은 헛소리를 하지 않겠지. 여

러분! 예수님이 살아나신게 사실입니까? (네) 떽! 여러분도 뭔가 잘 못 보고 엉뚱한 소리를 하는거죠. 그렇죠?(아뇨) 아니긴 뭐가 아니 야? 어떻게 십자가에서 끔찍하게 물과 피를 다 쏟으신 예수님이 다 시 살아난단 말입니까? 난 이 손가락을 예수님이 못박힌 못자국에 넣어 보지 않고는 절대로 안믿어요. 암! 안 믿고 말고. (이때 예수님 이 등장한다)

예수님 : 도마야! 너에게 평안이 있을지어다.

도 마 : 아이고! 예, 예수님. 정, 정말 살아나셨군요.

예수님 : 너의 손가락을 이리 내밀어 내 손의 못자국에 넣어 보아라. 그리 고 믿음 없는자가 되지 말고 믿는 자가 되어라.

도 마 : 아, 아닙니다. 예수님은 진정한 나의 주님이시며 나의 하나님이십 니다.

예수님 : 너는 나를 보고서야 믿느냐? 나를 보지 못하고 믿는 자들이 복이 있도다. (교인들을 향해) 여러분도 내가 다시 살아난 것을 믿느냐? (네) 오히려 여러분이 도마보다도 복이 있구나. 또한 나를 증거 하 는 자는 복이 있나니 천국의 상이 큼이니라. 알겠느냐? (네) 힘써 전 도하여 천국에서 만나도록 하자.

도 마 : 주여! 저의 믿음 없는 것을 용서해 주세요. (일어서서)여러분! 우리 다같이 부활하신 예수님을 축하하는 마음으로 "할렐루야 우리 예 수" 찬송 1절을 찬송합시다.

(이때 출연진 모두가 나와 같이 찬송한다. 마친후) 여러분! 천국에서

만날 때까지 열심히 다시 사신 예수님을 전합시다. 할렐루야!(모두 손을 흔들며 퇴장할 때 설교자가 등장한다)

◈ 설교자

여러분! 잘 보셨습니까? 오늘 우리는 부활절을 맞이하여 해마다 그동안 설교만 들었는데 이렇게 드라마를 통해 보니까 마치 이천년 전의 현장에 들어가 보는 것 같아 더 큰 은혜를 받았으리고 봅니다. 먼저 이 드라마를 준비하여 우리에게 큰 은혜를 끼친 드라마 팀에게 칭찬의 박수를 보냅시다. 박수!(박수친다) 오늘 십자가와 부활 드라마를 통해 무엇을 느끼셨습니까? 예수님이 미움과 조롱을 당하시고 십자가를 달리실 때 여러분은 "저게 다 내 죄때문이야!'라는 생각이 드셨습니까? 아니면 "저건 모두 다 빌라도와 로마군병들과 십자가에 못박으라는 대제사장들과 손을 들고 외친 무리들"때문이라고 보십니까? 세상 사람들이나 심지어 초신자들도 예수님이 십자가에 달리신 것은 이들 때문이라고 여기는데 그것은 예수님이 십자가에 달리시도록 도구로 사용된 것에 불과합니다. 더구나 예수님이 달리신 십자가는 전인류를 위해 희생하신 십자가였습니다. 구약시대 때부터 행하여온 양을 잡아 드린 속죄제사는 영원히 속죄가 되는 것은 아니었습니다. 율법에 따라 속죄제물을 가져와 마치 내 죄가 제물에게 옮겨지도록 머리에 손을 얹고 안수하여 드리면 제사장이 그것을 받아 죽여 불태움으로 속죄가 되는 것이라 여겼습니다. 이러한 행위는 온전히 죄가 해결되지 않아 때마다 해   마다 드려도 소용이 없는 형식적인 제사 일뿐입니다. 그래서 하나님은 한 개인이 아닌 전 인류를 구원 시키고자 하나밖에 없는 독생자 예수님을 이 땅에 보내셔서 아무 흠이 없으신 예수님을 양을 잡아 드린 것처럼 십자가에서 희생제물이 되게 하신 것입니다. 예수님이 흘리신 십자가의 피는 인류의 모든 죄를 속죄하시는 피였기에 보배로운 피로 여겨 "보혈"이라고 부르는 것입니다. 그러므로 어느 누구든지 예수님이 내 죄를 위해 십자가에서 흘리신 보혈을 믿고 회개하면 죄 사함을 받는 것입니다. 그래서 우리가 예수님을 믿는 이유가 이 때문입니다. 그러나 예수님이 십자가에서 죽으심으로만 끝났다면 어느 누구도 예수님의 속죄를 믿지 않았을 것입니다. 그야말로 하나님을 모독한 신성모독죄로 죽은자로 여겼을 것입니다. 그러나 예수님은 죽음에서 다시 살아나심으로 당당히 하나님의 아들이심을 보이셨고 죽음의 권세로 인류를 위협했던 마귀의 권세를 이기셨습니다. 할렐루야!(아멘)

그럼에도 불구하고 도마처럼 예수님의 부활을 믿지 못하는 교인들이 적지 않습니다. 뭐든지 꼭 보야 믿겠다는 것은 믿음이 아니라 불신앙입니다. 이 불신앙은 예수님을 믿는 장애가 되어 결국 "그런 게 어디 있냐고?" 부정하는 신앙을 가져 마귀의 시험에 빠지고 맙니다. 그래서 예수님께 책망받는 도마처럼 되고 마는데 만일 지금 여러분이 이러한 마음을 가졌다면 회개하시기 바랍니다. 이 시간에 다같이 예수님이 나를 위해 지신 십자가의 보혈을 생각하고 그동안 지은 죄를 회개하고 도마처럼 의심했던 불신앙으로 살아온 것을 다같이 "웬말인가 날 위하여" 찬송 1절,2절,5절을 부른 뒤에 회개하는 시간을 갖겠습니다.(찬양인도자가 나와 인도한다. 마치면 설교자의 마무리기도를 따라하게 한 후) 여러분! 오늘 이 부활절이 승리의 날이요 어쩌면 예수님이 오신 성탄절보다 더 기쁜 축제의 날인 것입니다. 이 기쁘고 즐거운 축제의 부활절에 예수님께 부활을 축하하는 마음으로 다같이 "주님께 영광" 찬송 1절을 부르겠습니다.(찬양인도자가 나와 인도한후 마친다)

◈ 마무리기도

하나님 아버지. 부활절을 맞이하여 드라마를 통해 은혜 받게 하심을 감사합니다 / 예수님이 내 죄 위해 십자가에 달려 죽으심을 진심으로 깨달았습니다 / 다시 한번 회개하오니 나의 모든 죄를 용서하여 주소서 / 주님의 보혈로 나를 정결하게 씻어주소서 / 도마처럼 의심하며 불신앙으로 산 것도 회개하오니 용서하여 주소서 / 주님의 부활뿐만 아니라 기도를 하고도 신뢰하지 못한 죄도 용서하여 주소서 / 주님의 부활하심을 증거하는 전도자가 되게 하여 주소서 / 예수님의 이름으로 기도합니다. 아멘 /

23. 내가 예수님을 보았어요

(부활절 어린이 인형극 부흥회)

23. 내가 예수님을 보았어요

◈ 등장인물 : 막달라 마리아, 베드로, 요한, 예수님, 도마

◈ 성경 : 요한복음 20:1-10

◈ 준비 찬양 : 할렐루야 우리예수(161), 사랑의 주

◈ 지시 사항 : 인형극을 하기 전에 어린이들에게 인형들이 질문하면 반드시 대답을 해줄 것과 "제1막, 제2막"할때 마다 "와!"하고 큰소리를 지르며 박수를 지르게 한다.

◈ 주의 사항 : 예배 전에 부르는 찬양은 준비찬양만 부른다.

◈ 해설 : 지금부터 인형극을 시작하겠습니다. 인형극을 시작하기 전에 다같이 "할렐루야 우리 예수" 찬송 1절을 부르겠습니다.(찬양 인도자가 나와 인도한다. 마친후) 인형극의 제목은 "내가 예수님을 보았어요. 제1막 박수

◈ 배경 : 예수님의 무덤 앞

마리아 : <u>으흐흐흐흑</u>. 예수님! 어떻가면 좋아요? 아무 죄도 없으신 예수님
이 십자가에 못박혀 돌아가시고 이제는 내가 누구를 의지하며 살아
야 해요? <u>으흐흐흐흑</u>. (이때 무덤을 바라본다) 아니? 예, 예수님의
무덤이 열렸잖아? 누군가 예수님의 시체를 가져간거야. (울부짖는
소리로) 이걸 어떡하면 좋아? 빨리 베드로와 요한에게 알려야겠어.
베드로! 요한! 큰일났어요. 예수님의 시체가 없어졌어요.(퇴장한다.
이때 인형을 갈아 끼우면서 목소리만 내며)

베드로 : (목소리만) 뭐, 뭐라구? 예수님의 시체가 없어졌다구? 게다가 무덤 문까지 열렸다구? 빨리 가봐야겠어. 요한아 같이 가자.(나온다)

요 한 : 베드로 형! 내가 먼저 빠른 길로 갈테야. (뛰어간다) (무덤 앞에 서서) 어? 정말 무덤이 열렸잖아. 이거 어디 무서워서 들어갈 수도 없고 어떡하지?

베드로 : 헉헉, 아이고 숨차 죽겠네! 요한아! 뭘 그렇게 빨리 가냐? 뭐해? 들어가지 않고? 왜? 겁나냐? (무덤을 보면서) 예수님은 안 보이고 예수님의 몸을 쌌던 세마포만 있잖아.

요 한 : 베드로 형! 어떡하면 좋지? 예수님이 없어졌으니 큰일났네. 다른 사람들이 우리를 욕할 텐데. 예수님도 지키지 못한 제자들이라고 말이야.

베드로 : 할 수 없지 뭐. 그렇지만 어떡해던지 예수님을 찾아야 해. 여기 있다가는 유대인들이 우리를 잡아갈지 모르니까 다른 제자들이 있는 곳에 가서 예수님을 찾아보자.

요 한 : 혹시 여기 있는 애들이 알지 않을까? 애들아! 너희들 여기 무덤 속에 있는 예수님 못봤니? (못 봤어요) 참, 되게 걱정되네. 베드로 형! 빨리 집으로 가자. (퇴장한다. 이때 마리아의 인형과 예수님의 인형을 바꾸면서 시간을 끈다)

제자들 : (목소리만) 뭐여? 예수님이 없어졌다구? 큰일 났구먼. (이때 마리아 등장한다)

마리아 : 으흐흐흑. 예수님 어디 계세요? 우리 예수님이 억울하게 십자가

에서 죽으신 것도 속상한데 예수님의 시체마저 없애 버리다니. 나
쁜 사람들! 예수님! 어디 계세요? 흐흐흐흑. (이때 예수님이 나타
난다)

예수님 : 여자여! 어찌하여 울며 누구를 찾느냐?

마리아 : (고개를 숙인체) 예. 아저씨가 예수님의 무덤을 지키시는 분이시
라면 예수님을 어디로 옮긴지 아시겠지요? 아저씨 제발 부탁해요.
제가 예수님을 다시 옮겨 놓을게요.

예수님 : 마리아야.

마리아 : 아, 아니 예수님! 정말 예수님 맞죠? (달려가 안기려 한다)

예수님 : 나를 만지지 말라. 내가 아직 하나님 아버지께로 올라가지 못하였
노라. 너는 내 제자들에게 내가 내 아버지, 곧 너희 하나님 아버지
께로 올라간다고 하여라.(사라진다)

마리아 : 네. 예수님. 어? 예수님이 어딜 가셨지? 예수님은 분명히 살아 나
신거야. 여러분! 예수님은 분명히 다시 살아 나셨죠? (네) 이 기쁜
소식을 빨리 제자들에게 알려야겠어. 여러분도 예수님이 다시 사신
부활절을 맞이하여 이웃들에게 예수님의 부활 소식을 알리세요. 알
았지요? (네) 그럼 우리 다같이 같은 목소리로 외쳐봐요. '내가 예
수님을 보았어요"(2번 정도 외치게 한다) 그럼 다시 만날 때까지 안
녕! (퇴장한다)

◆ 해설 : (막을 내리며) 여러분! 잘 보셨어요? (네) 예수님이 사신 것을 누가 제일 먼저 만났지요? (마리아) 마리아가 아니라 막달라 마리아입니다. 막달라 마리아처럼 예수님이 부활하신 소식을 전할 친구들은 다같이 큰 소리로 "아멘" 해 보세요.(아멘) 네. 여러분 때문에 우리 00교회 주일학교가 크게 부흥될 줄 믿습니다. 그럼 제자들의 모습은 어떠하였는지 제 2막을 살펴보도록 하겠습니다. 2막이 준비되는 동안 다같이 "할렐루야 우리 예수"찬송 1절을 부르겠습니다.(찬양인도자가 나와 인도한다) 지금부터 인형극을 시작하겠습니다."내가 예수님을 보았어요 제2막 박수"(막이 오른다)

◈ 배경 : 제자들이 모인 방(그림 삽입)

베드로 : 예수님이 다시 사셨다구? 막달라 마리아가 그러는데 만일 내가 예
　　　　수님을 만난다면 너무나 부끄러워 어떡하지? 예수님을 모른다고 세
　　　　번씩이나 여자 종 앞에서 부인했는데. 그때 일을 생각하면 너무 괴
　　　　롭다. 주님 용서해 주세요. 흑흑. (이때 예수님이 나타난다)

예수님 : 베드로야! 너에게 평안이 있을지어다.

베드로 : 아, 아니? 주님! 정말 살아나셨군요.

예수님 : 너는 내가 다시 살아나리라고 여러 번을 말한 것을 모르느냐?

베드로 : 예, 알았지만 주님이 십자가에서 너무 끔찍하게 돌아가셔서 다시
　　　　는 살아나시리라고 생각을 못했어요.

예수님 : 나는 부활이요, 생명이라고 하지 않았느냐?

베드로 : (고개를 숙이며) 네. 주님! 저의 믿음이 부족했음을 용서해 주세
　　　　요.

예수님 : 너는 다른 제자들에게 내가 살아났음을 알리도록 하여라. (사라
　　　　진다)

베드로 : 네. 주님. (고개를 들며) 어? 어디로 가셨지? 주님 어디 계십니까?
　　　　밖으로 나가셨나? 주님! (퇴장한다. 이때 도마 등장한다)

도 마 : 뭐? 예수님이 다시 살아나셨다구? 나는 절대 믿을 수가 없어. 어떻
　　　　게 죽은 예수님이 살아나? 잘못 본 것이겠지. 그렇지 애들아? (아뇨)
　　　　뭐? 아니라구? 너희들도 잘못 본거야.(아니야) 맞아.(아니야) 그렇
　　　　다면 나는 이 손가락으로 예수님을 만져보지 않고는 믿을 수 없어.
　　　　(이때 예수님이 등장한다)

예수님 : 도마야! 너에게 평안이 있을지어다..

도 마 : 어? 정, 정말 예수님이십니까?

예수님 : 너는 나를 보고도 안 믿느냐? 믿어지지 않는다면, 이제 나한테
　　　　와서 나를 만져 보아라. 그리고 이제부터는 의심하지 말고 믿으라.

도 마 : 아, 아닙니다. 주님은 나의 주시며 살아계신 하나님이십니다. (고
　　　　개를 숙인다)

예수님 : 너는 나를 보고서야 믿겠지만 나를 보지 않고도 믿는 사람은 복

이 있도다.

(사라진다)

도 마 : 네. 주님! 저의 믿음 없는 것을 용서해 주십시오.(고개를 든다) 어?

　　　　주님이 어디로 가셨지? 주님! 주님! (이때 베드로가 등장한다)

베드로 : 도마! 무슨 일이야? 예수님을 만났어?

도 마 : 그래. 내가 똑똑히 예수님을 보고 만났어.

베드로 : 예수님이 뭐라고 하셨는데?

도 마 : 믿음 없는 자가 되지 말라고 그러셨어.

베드로 : 그것 봐. 도마는 꼭 보고야 믿으려고 하니까 예수님께 혼난거야.

도 마 : 우리 여기서 가만히 있지 말고 예수님이 다시 사신 소식을 다른 제

　　　　자들에게 알리자구.

베드로 : 그래. 여기 있는 00교회 친구들과 함께 예수님을 전하자구. 여러

　　　　분도 같이 예수님을 전하도록 해요. 알았지요? (네) 그럼 다같이 큰

　　　　소리로 외쳐봐요. "예수님은 다시 사셨어요"(2번 외친다) 이 기쁜

　　　　소식을 이웃이나 친구들에게 알려 예수님을 전해요. 알았지요? (네)

　　　　다음에 다시 만날 때까지 안녕! (막이 내린다)

◆ 참고 : 성경에는 도마가 다른 제자들과 함께 있을 때 예수님이 나타
나셔서 도마에게 말씀하셨는데 인형극에는 여러 제자들이 출연할 수 없으
므로 이해하기 바란다.

◆ 해설

여러분! 잘 보셨어요? (네) 예수님이 다시 사셨지요? (네) 며칠만에 다시 사셨지요? (삼일만에요) 누가 먼저 예수님의 부활하심을 보았나요? (막달라 마리아요) 네. 그런데 어떤 제자가 예수님의 부활하심을 믿지 않다가 나중에 믿었나요.(도마요) 네. 그래서 예수님께 책망을 받았어요. 여러분도 도마처럼 행동할 때가 많았을 것입니다. 부활절에 막달라 마리아처럼 예수님이 다시 사신 기쁜 소식보다 계란이나 받으러 나온 친구도 있을 거여요. 이 시간에 도마처럼 부끄럽게 행동했던 것과 전도하지 못했던 것을 회개하는 기도를 드려봅시다. 다같이 "사랑의 주"를 부른 뒤에 기도하겠습니다.(찬양인도자가 나와 인도한다. 마친후 반주가 끝날 때까지 설교자는 기도회를 인도한 후 마무리기도로 마친다)

◆ 마무리기도

하나님 아버지. 감사합니다/인형극을 통해 예수님의 부활하신 모습을 보았어요 / 저희도 도마처럼 의심하는 불신앙으로 살 때가 많았어요. / 용서해 주세요 / 베드로처럼 위기를 만나면 예수님을 안 믿는 것처럼 행동할 때도 있었어요. / 용서해 주세요 / 막달라 마리아가 예수님의 부활하신 모습을 처음 본 것처럼 / 예수님을 사랑하여 날마다 예수님을 먼저 만나게 해주세요 / 내가 예수님을 보았어요. 예수님은 다시 사셨어요라고 전도하도록 도와주세요 / 예수님의 이름으로 기도합니다. 아멘 /

◈ 준비 찬양

"사랑의 주"(2, 3절은 각색함)

1. 사랑의 주 사랑의 주 사랑의 주 나의 예수님

2. 부활의 주 부활의 주 부활의 주 나의 예수님

3. 생명의 주 생명의 주 생명의 주 나의 예수님

24. 오직 하나님께 감사를 드려요

(전교인 추수감사절 가면극 드라마 부흥회)

24. 오직 하나님께 감사를 드려요(시136:25-26)

◈ 등장인물 : 밥, 빵, 김치, 사과, 감자, 농부, 조상귀신, 예수님(그림 삽입)

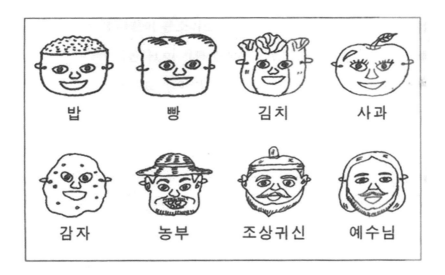

◈ 성경 : 시편 136:25-26

◈ 준비 찬양 : 넓은 들에 익은 곡식(589), 장미꽃 가시 감사

◈ 주의 사항 : 예배 전에 부르는 찬송은 준비 찬양만 부른다.

◈ 지시 사항 : 드라마를 하기 전에 교인들에게 출연자들이 질문하면 반드

시 대답을 해줄 것과 "제1막" 할 때 "와!"하고 큰소리를 지르며 박수를 치게 한다.

◈ 참고사항 : 어린이들에게 질문하는 대사가 있으므로 주일학교 어린이들을 모두 참석시킨다(모두 앞자리에 앉게 한다).

◈ 해설

지금부터 가면극 드라마를 시작하겠습니다. 가면극 드라마를 하기전에 다같이 "넓은들에 익은 곡식" 찬송 1절을 부르겠습니다.(찬양인도자가 나와 인도한다. 마친후) 가면극 드라마의 제목은 "오직 하나님께 감사를 드려요 제1막 박수"

◈ 제 1 막 ◈

◈ 배경 : 과수원이나 밭을 배경으로 한다(스크린에 영상으로 띄운다)

밥 : (노래하며 등장한다) "이 세상에 밥이 없으면 무슨 재미로 해가 떠도 밥이 달이 떠도 밥이 최고야" 최고야 그렇죠? 여러분? (네) 오늘 아침에 밥을 못 온 친구들 있으면 손들어 보세요. 아이고! 저럴수가? 여러분! 무슨 일이 있더라도 제발 밥은 굶지 마세요. 옛날부터 어른들이 말씀하신 밥이 보약이란 말을 모르세요? 그러니 밥을 많이 사랑해 주시고 이번 추수감사절에는 나 밥한테 감사를 드리세요. 알았지요? (네)

빵 : (미국인 목소리로) 오우! 노! 노! 무슨 소리를 섭섭하게 하십니까? 요

즘에 밥을 좋아하는 사람들이 점점 없어지고 있음을 모르십네까? 요즘처럼 바쁜 세상에나 빵하고 우유를 먹는 것이 얼마나 간편한데 밥타령이십네까?

밥 : 어허? 한국사람이 밥을 먹어야지 자네 미국 사람들처럼 빵 가지고 살 수 있다고 생각하나?

빵 : 오우! 그러면 여기 칠드런 앞에서 내기를 하십시다. 지는 자는 이긴 자에게 인사하고 들어 가기로 말입니다

밥 : 그거 좋은 생각이야. 어디 한 번 시작해 봐. (손을 뒷짐지고 으쓱거린다) 에헴!

빵 : 오우! 여러분! 학교 갈 때 집에서 빵 먹는 게 좋습니까? 밥 먹는 게 좋습니까?(빵이요) 오우! 원더풀 자! 밥씨. 보십시오. 빵이 더 좋다고 하지 않습니까?

밥 : 아이고! 창피해라. 내기에 졌으니 인사 받게나. (인사한다) 이제는 밥 먹는 시대는 끝났구나. 앞으로 농부들은 어떻게 살라고.. 흐흑. 아이고! 억울해라. (퇴장한다)

빵 : 오우! 여러분! 땡큐 베리머치. 앞으로 우리 미국 쌀람처럼 나 빵을 많이 많이 러브해 주시고 온리 빵한테만 감사하세요. 알았지요?(네)

김 치 : 놀고 있네. 헬로우! 미스터 빵! 나 좀 쪼까 보잔께.

빵 : 오우! 누 누구십니까? 김치씨가 아니십네까?

김 치 : 자넨 한국 사람이 빵만 가지고 살 수 있다고 보는겨? 한국 사람은 뭐니 뭐니 해도 김치 없이는 못 사는 거 모르는감? 조금 있으면 김장철

도 오는데 김치 없어봐. 자네 빵 같은 거 며칠만 먹으면 금방 싫증나지만 나 김치는 김치찌개, 김치볶음밥, 김치전, 김치만두, 수십가지도 넘는 김치 요리에 게다가 김치는 요구르트에 나오는 유산균이 많이 있어서 건강에도 좋아 전 세계적으로 수출 하는 거 모른당가? 또 김치는 코로나도 막아준당께.

빵 : 오우! 아이 엠 쏘리. 몰라뵈서 대단히 죄송합네다. 인사부터 받으시지요. (인사를 한다)

김 치 : 그럼 자넨 별 볼일이 없으니께 퍼뜩 사라져 버리랑께.

빵 : 오우! 한국말로 이런 경우를 쪽 팔린다고 하지요? 오우! 쪽 팔려.(퇴장한다)

김 치 : 헤헤헤. 어디 미국 냄새 나는 빵놈이 우리 한국에서 큰 소릴쳐? 여러분! 이번 추수감사절에는 무조건 나 김치한테만 감사를 많이 하셔잉. 알았지라우?

사 과 : 이봐요? 김치씨! 밖에서 들어보니 잘난 체가 너무 심하시군요.

김 치 : 아니 넌 뭐여? 사과 아닝겨?

사 과 : 그래요. 나 사과예요. 노래에도 " 사과 같은 내 얼굴 예쁘기도 하지요. 눈도 반짝 코도 반짝 입도 반짝 반짝"이라고 했지 만일 김치 같은 내 얼굴이라고 했다면 너무 끔찍했을 거예요.

김 치 : 사과 넌 얼굴만 이쁘지 김치한테는 쨉도 안된당께.

사 과 : 어머, 그렇게 심한 말을? 좋아요. 그럼 누가 이기나 내기 해봐요.

김 치 : 거 듣던 중에 반가운 말이랑께. 그럼 퍼뜩 시작해 보드라고.

사 과 : 여러분! 밥 먹고 나서 김치가 나오는게 좋아요? 사과가 나오는게

좋아요? (사과요) 또 하나 묻겠어요. 아플 때 김치 먹는게 좋아요? 사과

먹는게 좋아요?(사과요) 김치씨 보셨죠? 모두 저 사과가 좋다고 하잖아

요. 또 여러분 김치를 먹은 다음에는 이빨에 고춧가루가 끼기 때문에

반드시 양치질을 해야 하지만 저 사과를 먹고서 양치질을 하는 사람은

아무도 없답니다. 더구나 저 사과에는 김치와는 비교할 수 없는 비타민

이 많아서 피부도 고와지지요. 그래서 옛 말에 예뻐지려면 사과를 많이

먹으라는 말도 있지요. 이보세요. 김치씨! 뭐하세요?

김 치 : 아, 알앗당께 여기 인사 받으랑께. (인사한다) 이거 창피해 죽겠당

께. (퇴장한다)

사 과 : 여러분! 앞으로 저 사과를 많이많이 사랑해 주시고 이번 추수감사

절에는 저 사과한테 감사를 드리세요. 알았지요?

감 자 : 잠깐 보이십더. 사과 처녀요. 정말 듣자듣자 하니까 못들어 주겠심

더. 뭐라꼬예? 사과가 최고라꼬예?

사 과 : 어머? 못 생긴 당신은 감자씨 아니세요?

감 자 : 뭐라꼬? 니 지금 뭐라꼬 했노? 나보고 못 생겼다꼬? 니 사과 잘나

면 얼마나 잘났는지 모르겠는데 여기 애들한테 물어보자꾸마 이 문둥

이 가시나야?

사 과 : 아니? 어쩜 그런 엽기적인 말을? 참 무식하면 용감하다더니 흥 좋

아요. 어디 한 번 해보세요.

감 자 : 니, 사람이 사과만 먹고 살 것 같다고 보나? 사과 두개만 먹어도 질

려서 못 묵는다. 왠지 아나? 입이 시어서 더 이상 못 먹는기라. 게다가 니를 많이 먹으면 배탈이 나서 설사병 생기는 거 모르나? 나 감자는 애들이 좋아하는 포테토칩도 만들어 묵고 감자를 으깨어서 샐러드도 해 묵고 심지어 캠프파이어 때 감자 구워 묵어봐라 팍 죽인다 아이가? 여러분! 그렇지요?(네) 자! 봐라. 애네들도 그렇다고 하잖나?

사 과 : 아니? 여러분! 어쩌면 그럴 수가 있어요? 조금 전만 해도 저 사과가 최고라고 했잖아요? 아이참! 요즘 애들은 뺀질거려서 믿을 수가 없다니까.

감 자 : 이 문둥이 가시나야 뭐하고 있노? 퍼뜩 인사하고 들어가지 않고?

사 과 : 아, 알았어요 인사하면 될거 아니예요? (인사한다) 아이. 창피해. 빨간 내 얼굴이 더 빨개졌네.(퇴장한다)

감 자 : 여러분! 이번 추수감사절엔 나 감자에게 감사를 엄청하시기 바랍니더. 알았지요?(네)

농 부 : 야! 너 감자야! 이놈이 어디 분수를 모르고 함부로 떠드는 거여?

감 자 : 아이고메! 노, 농부 아저씨 아닌교?

농 부 : 그렇다. 내가 밖에서 니들이 큰소리를 치는 걸 보고 있으니까 분통이 터져서 나왔다. 내가 니들을 심고 거름주고 비료주고 잘 자라라고 잡초까지 뽑아주고 피땀 흘려 고생해서 키워 놨더니 서로가 잘났다고 큰 소릴 쳐? 너 감자를 비롯해서 너희들 모두를 혼내줘야겠다.

감 자 : 아이고메! 농부아저씨요. 잘, 잘못했심더. 용서해 주이소 이렇게 두 손을 모아 빌겠심더. 인사 받으시이소.(인사를 한다)

농 부 : 좋아. 용서해 주겠다. 뭐해? 인사했으면 빨리 들어가지 않고?

감 자 : 네. 퍼뜩 들어갑니더. (퇴장한다)

농 부 : 에헴! (뒷짐을 지며) 여러분! 이번 추수감사절에는 뭐니뭐니 해도 이 농부 아저씨에게 감사를 드려야 합니다. 알았지요?

조상귀신 : 네 이놈! 농부야. 누구한테 감사를 하라고 하였느냐?

농 부 : 아니? 누, 누구십니까? 왠 노인이시지요?

조상귀신: 어허? 이놈이? 너는 너의 조상도 몰라보느냐?

농 부 : 네? 조, 조상님 이시라구요?

조상귀신 : 그렇다. 너의 대고조 할애비다.

농 부 : 아이고~ 그럼 저의 대고조 할아버지 십니까?

조상귀신 : 이제야 네놈이 나를 알아보는구나.

농 부 : 아이고~ 대고조 할아버지 절 받으세요. 몰라 뵈었음을 용서해 주세요.(절을 한다)

조상귀신 : 오냐. 됐다. 내가 무덤 속에서 들어보니까 감사를 너한테 돌리라고 들었는데 니가 조상없이 저절로 태어난 줄 아느냐? 더구나 조상의 도움이 없이 저절로 농사가 잘된줄 아느냐?

농 부 : 아, 아닙니다요. 이게 다 조상님의 덕이지요.

조상귀신 : 그러니 누구에게 추수감사를 드려야 하느냐?

농 부 : 네. 다, 당연히 조상님께 드려야지요.

조상귀신 : 암! 그래야지. 앞으로 나를 위해 제사를 잘 드리도록 해라(농부의 대답을 들은 뒤 애들을 향해) 너희들도 알았느냐? (아니요) 뭐라고?

아니라고? 이런 못된 놈들 보았나? 내가 너희들을 가만히 두지 않겠다.

예수님 : 너 조상으로 가장한 더러운 귀신아 썩 물러가지 못할까?

조상귀신 : 아이고! 다, 당신은 하나님의 아들이신 예수님이 아니십니까?(엎
　　　드려 떤다)

예수님 : 마귀의 종인 네가 사람들을 유혹하고도 무사할 줄 알았더냐? 저
　　　영원한 불못인 지옥으로 들어가라.

조상귀신 : 으악! 하필이면 이때 예수가 나타나다니 너무 억울하다. (퇴장
　　　한다)

예수님 : 애들아! 그리고 00교회 여러분! 감사는 누구에게 돌려야 하는 줄
　　　아느냐? (하나님이요) 그렇단다. 감사는 오직 나의 아버지요 우리 모두
　　　의 아버지이신 하나님께 돌려야하느니라. 알겠느냐?(네) 자! 그럼 이번
　　　추수감사절을 맞이하여 하나님 아버지께 감사와 영광을 찬송으로 돌리
　　　도록 하자.(이때 "장미꽃 가시 감사"찬송을 부른다. 전 출연자들 나와서
　　　같이 찬송함으로 퇴장하면 설교자가 등장한다)

◈ 설교자

　여러분! 잘 보셨습니까? 오늘 추수감사주일을 맞이하여 가면극 드라마
를 보고 여러분은 무엇을 느끼셨습니까? 금년 한해에 누구에게 감사를 하
였습니까? 하나님께 보다 다른 대상에게 감사하지는 않았습니까? 오늘 나
온 인물처럼 양식이 될 식물이나 농부나 조상귀신에게 감사하는 것이 당
연한 것처럼 보이지만 예수님이 하신 말씀처럼 추수감사는 오직 하나님께

드려야 합니다. 본문 시편 136편 25절과 26절에도 "모든 육체에게 먹을 것을 주신이에게 감사하라 그 인자하심이 영원함이로다. 하늘의 하나님께 감사하라 그 인자하심이 영원함이로다"고 하였듯이 감사의 대상은 하나님이십니다. 그럼 부모님이나 은혜를 입은자들에게는 감사를 하지 말라는 말입니까?"라고 반박하시는 분도 있을 것입니다. 하나님께 감사하라는 것은 그런 뜻이 아닙니다. 모든 일에도 하나님께 감사하고 모든 영광도 하나님께 돌리며 감사하라는 것입니다. 심지어 먹을 양식도 주심을 감사하고 한해 동안도 지켜주심과 찬송 가사처럼 "지금까지 지내온 것 주의 크신 은혜라"고 한 것처럼 지금까지 지내오게 하신 하나님의 은혜에 감사해야 합니다. 여러분은 지난 한해동안 얼마나 하나님께 감사하셨습니까? 감사보다 불평과 원망이 많지는 않았습니까? 오늘 우리는 추수감사주일을 맞이하여 하나님께 감사를 드리지 못한 삶을 회개하는 시간이 되어야 합니다. 좋은일이 생기면 하나님께 감사보다 내가 잘해서 된줄로 여겨 기분 좋아라 하고 나쁜일이 생기면 하나님을 원망하는 삶을 살지는 않았습니까? 어쩌면 이러한 모습이 내 자신의 모습은 아닌지 생각해 보십시오. 하나님을 믿는 성도라면 어느때나 감사해야 합니다. 그래서 데살로니가전서 5장 18절에 "범사에 감사하라 이것이 그리스도 예수 안에서 너희를 향하신 하나님의 뜻이니라"고 한 것입니다. 모든 일에 감사하는 것이 하나님의 뜻이라는 사실을 처음으로 아는 분도 있으리라 봅니다. 좋은일이 생겨도,나쁜일이 생겨도 심지어 죽을 상황에 놓였을지라도 감사하는 것이 하나님의 뜻입니다. 욥이 불행을 만났을 때도 하나님을 찬송하며 감사하였을 때 갑절의 축복을 받았고 다니엘이 사자굴에 들어갈 것을 알고도 하루에 세 번씩 감사하였을 때 하나님은 사자의 입을 천사들을 통해 막아주셨습니다. 이처럼 어떤 상황속에도 하나님의 뜻으로 알고 감사하면 축복이 되는 것입니다. 사랑하는 성도 여러분! 이 시간에 하나님의 뜻인 감사를 하지 못한 삶을 회개하고 하나님의 뜻을 이루는 감사의 삶을 살도록 기도하겠습니다. 다같이 "천부여 의지 없어서"찬송1절을 부른뒤에 기도하겠습니다 (찬양인도자가 나와 인도한다. 마친후) 반주가 끝날 때까지 기도회를 인도한 후 마무리 기도를 따라 기도하게 한 후 "지금까지 지내온 것"찬송을 부른뒤 마친다)

◈ 마무리 기도

하나님 아버지. 오늘 추수감사주일을 맞이하여 / 가면극 드라마를 통해 은혜받게 하심을 감사합니다 / 한해동안 감사보다 불평과 원망이 많은 삶을 산 것을 회개합니다 / 범사에 감사하는 것이 하나님의 뜻이라고 했는데 / 감사하지 못한 것을 용서하여 주옵소서 / 이제부터 하나님의 뜻을 이루는 모든 일에 감사하는 삶을 살겠습니다 / 예수님의 이름으로 기도합니다. 아멘 /

25. 욥의 감사

(전교인 맥추,추수감사주일 드라마 부흥회)

25. 욥의 감사

◈ 등장인물 : 욥, 부인, 아들1, 며느리, 손자애기, 아들2,3,4,5,6,7 딸 1,2,3,
마귀, 하나님, 천사들, 종 1,2,3, 엘리바스, 빌닷, 소발

◈ 성경 : 욥기 1:20-22

◈ 준비 찬양 : 그리 아니 하실지라도, 내주여 뜻대로(549), 내 평생에 가는
길(413)

◈ 지시 사항 : 드라마를 하기 전에 교인들에게 "제1막, 제2막,제3막"할 때 "
와"하고 소리를 지르며 박수를 치게 한다.

◈ 주의 사항 : 예배 전에 부르는 찬송은 준비 찬양만 부른다.

◈ 해설 : 지금부터 드라마를 시작하겠습니다. 1막이 시작되기 전에 다같이
"그리 아니 하실지라도" 찬양 1절을 부르겠습니다.(찬양인도자가 나와 인도
한다. 마친후) 드라마의 제목은 "욥의 감사 제 1 막 박수" 우스 땅에 욥이라
이름 하는 사람이 있었는데 그 사람은 성실하고 정직하여 하나님을 경외하
며 악에서 떠난 자더라. 그 소생은 아들이 일곱이요 딸이 셋이며 그의 가진

재물은 양이 칠천마리요. 낙타가 삼천마리요. 소가 오백쌍이며, 암나귀가 오백마나나 되었으며 수많은 종들을 거느리고 있었으니 동방에서 제일가는 부자였더라.

◆ 제 1 막 ◆

◈ 배경 : 욥의 부부가 등장하여 이야기 하며 나란히 서 있다.

욥 : 여보! 오늘이 혹시 큰애 생일이 아니오?

부 인 : 아이고! 내 정신 좀봐! 그러고 보니 바로 오늘이 큰애 생일이네요. 영감 생각나요? 내가 큰애 가질 때 영감이 분명 쌍둥일 거라고 했던 것 말이예요?

욥 : 나는 임자가 배다 하도 크게 불러서 쌍둥인 줄 알았지. 그런데 녀석이 그렇게 큰 놈인줄 몰랐어. 지금도 그렇지만 큰애는 역시 장군감이야..

부 인 : 나머지 애들은 어떻구요? 다 인물이 훤해서 나라의 큰일들을 할 애들이지요.

욥 : 그게 다 날 닮아서 그런거 아니겠오?

부 인 : 뭐라구요? 그럼 나 닮은데는 하나도 없단 말인가요?

욥 : 허허허허. 당신의 질투심은 젊을 때나 지금이나 여전하구만. 어디 자식들이 아비만 닮겠오? 다 아비, 어미 닮게 마련이지. 자! 화 푸시구려. (이때 욥의 큰 아들 부부 등장한다)

아 들 : 아버님! 어머님! 저희 왔습니다.

욥 : 아이구! 어서들 오너라. 그렇잖아도 너희 얘기를 하고 있던 참인데...
그래 그동안 별일 없었구? 아이고!! 우리 이쁜 손자 어디 보자.(안으며
뽀뽀한다)

며느리 : 네. 아버님! 건강하시지요? 어머님도요?

부 인 : 그럼 큰 애기도 이제 몸이 많이 좋아졌구나.

욥 : 너희들이 해마다 자기 집에서 생일잔치를 하더니 오늘은 왠일로 우리
집으로 모였느냐?

아 들 1 : 예. 오늘부터는 두 분을 모시고 잔치하기가 더 좋은 것 같아서 모
시러 왔어요.

부 인 : 그것 참 잘 생각했다. 이제 우리도 나이가 들어서 그런지 어디 멀
리 길을 떠나려해도 예전 같지가 않더구나.(이때 욥의 9명의 자녀들이
등장한다)

아 들 2 : 아버님! 저희들 왔습니다.

욥 : 허허허허. 어서들 오너라 너희들이 올 줄 알았다. 그래 그간별일 없
었느냐?

아 들3 : 네. 아버님! 아버님은 전 보다 더 간강이 좋아 지신 것 같아요.

욥 : 그렇게 보이느냐? 그게 다 하나님이 내리신 축복이 아니겠느냐?

딸 1 : 아버지! 요새는 어머니께 바가지 안 긁히세요?

욥 : 네 엄마가 바가지 안 긁으면 천사지. 암. 천사고 말고! 좀 전에도 너의
큰 오빠 때문에 한 바탕 했는걸!

부 인 : 아니? 이 영감이 오랜만에 모인 애들 앞에서 못하는 소리가 없네. 이봐요. 영감! 내가 뭘 잘못했다고 그래요?

욥 : 아, 아니, 당신이 뭘 잘못했다는 것이 아니라 바가지를 긁혔다고 하는 것뿐이지.

부 인 : 그러니까 바가지를 긁은 내가 잘못이 있다는 것 아니예요?

욥 : 글쎄 그게 아니래두...

딸 2 : 엄마! 우리 보는 앞에서 계속 싸우실 거유? 빨리 큰 오빠 생일상이나 치리도록 준비합시다.

부 인 : 아이고! 내 정신 좀 봐. 내가 벌써 치매가 오려고 그러나? 하여간 저 영감하고 얘기 하다 보면 내가 할 일을 깜빡 한다니까? 자 애들아. 어서들 들어가자. (퇴장한다. 조명이 어두웠다 다시 켜지며 욥이 다시 등장한다. 모형 제단을 자녀들과 함께 가져와 번제를 드린다)

욥 : 애들아! 우리가 먹든지 마시든지 무엇을 하든지 하나님께 영광을 돌리고 감사를 드리는 것을 잊지 말아야 한다. 더구나 우리가 이렇게 늘 먹고 마시며 즐기다 보면 하나님께 영광을 가리우고 죄를 범하는 실수를 저지를 수도 있기 때문에 철저히 회개하여야 한다. 자! 그럼 다같이 기도하자꾸나. (두 손을 번쩍들고) "하나님 우리를 축복해 주셔서 자녀들의 축복과 물질적인 축복과 영적인 축복을 내려 주심을 감사하옵나이다. 어제는 큰애의 생일잔치로 모여 저희들이 떡을 떼며 즐거운 시간을 가졌나이다. 혹시라도 저희가 모여 마음으로 죄를 범하여 하나님을 욕되게 하였거나 영광을 가리운 짓을 하였다면 용서하여 주옵소서. 자녀

들의 숫자대로 제물을 바치오니 우리의 회개함을 받아 주시고 축복하여 주옵소서. 하나님을 기쁘시게 하며 하나님의 영광을 위해 살아가게 하옵소서. 우리의 기도를 받으신 줄 믿고 간절히 기도 하옵나이다. 아멘!" 자! 애들아! 너희들이 어디를 가든지 늘 하나님과 함께 하는 삶을 살아야 한다. 알았느냐?

자녀들 : 네. 아버지!

욥 : 그럼 다시 만날 때까지 잘들 있어라.

자녀들 : 아버님! 어머님! 안녕히 가세요.

부 인 : 그래. 그래 잘들 있어라. (수건으로 눈물을 훔친다) (양쪽으로 퇴장한다) (조명 꺼지며 천둥과 번개치는 소리가 나며 이후에 찬송 소리가 울려 퍼지고 조명이 밝아진다)

◈ 해설

이렇게 욥의 가정은 남이 부러워 할 만큼 행복한 가정이었습니다. 그러나 욥의 가정은 마귀로 인해 엄청난 불행을 당하게 되는데 어찌하여 불행을 당하게 되는지 그 원인을 살펴보도록 하겠습니다. 2막이 시작되기 전에 다같이 "내주여 뜻대로" 찬송 1절을 부르겠습니다. (찬양인도자가 나와 인도한다. 마친후) 지금부터 드라마를 시작하겠습니다. 드라마의 제목은 "욥의 감사 제2막 박수"

◆ 제 2 막 ◆

◈ 배경 : 천사들이 보좌 옆에 섰고 마귀가 등장한다. (하나님을 목소리
만 내게 할 수 있으나 성경에 나타낸 대로 하여 등장하는 것이 효과적이다)

하나님 : 마귀야! 어디를 돌아다니다 왔느냐?

마 귀 : 예. 이 세상을 여기 저기 살펴보고 오는 길입니다.

하나님 : 그래? 내 종 욥도 유심히 보고 왔느냐? 온 땅을 살펴보아도 욥처
럼 살아가는 모습이 건실하고 정직하며 나 하나님을 두려운 마음으로
섬기며 사는 자가 없느니라. 더구나 악하고 못된 짓은 아예 거들떠보
지도 않는 자니라.

마 귀 : 욥이 까닭 없이 하나님을 잘 섬기는 줄 아십니까? 하나님께서 그가
가진 재물과 하는 일마다 복을 주셔서 잘 되게 하시니까 그런 것이 아
닙니까? 만일 하나님께서 그를 내리쳐서 그의 가진 재물과 모든 것을
거두어 보십시오. 그러면 욥은 당장 하나님을 저주하고 욕할 것입니다.

하나님 : 좋다. 그렇다면 그의 재산을 한 번 네 마음대로 해 보아라. 그러나
욥의 몸과 생명은 건드려서는 안되느니라

마 귀 : 예. 알겠습니다. 하나님께서는 욥이 반드시 내 말대로 하는 모습을
보시게 될 것입니다. 그럼 이만 물러가겠습니다. (퇴장한다 이때 천둥
과 번개 소리가 들린다)

하나님 : 천사들아! 나의 사랑하는 종 욥의 믿음을 살펴 보도록 하자.

천사들 : 네, 하나님!(보좌를 옮기며 퇴장한다. 조명 어두웠다 꺼지며, 이때

　　　욥과 그의 부인이 등장한다. 까마귀 소리가 멀리서 들려온다.)

◈ 배경 : 욥의 집

욥 : 여보! 임자 오늘 따라 왠 까마귀 소리가 들리지?

부 인 : 그러게 말이예요. 어디서 무슨 불길한 일이라도 생겼나봐요. (이때

　　　종이 뛰어 들면서 큰소리로 외친다)

종1 : 주인님! 큰일 났습니다요.

욥 : 아니? 무슨 일이냐?

종1 : 예. 다름이 아니오라 우리가 소로 밭을 갈고 나귀는 그 곁에서 풀을

　　　먹고 있는데 스바 사람이 갑자기 쳐들어와서 그것들을 빼앗고 칼로 종

　　　들을 모두 죽였습니다요. 겨우 저만 혼자 피하여 간신히 살아나서 이렇

　　　게 도망쳐 온 것입니다.

욥 : 아니! 이게 어찌된 일이란 말이냐?

부 인 : 영감! 어찌하면 좋아요? 흑흑흑. (털썩 주저앉는다. 이때 종2가 뛰

　　　어 들면서 큰소리로 외친다)

종2 : 주인님! 주인님! 크, 큰일 났습니다.

욥 : 크, 큰일이라니 무슨 일이 또 났느냐?

종2 : 예, 하늘에서 벼락이 떨어지는 바람에 양떼와 목자들이 모조리 불에

　　　타 죽었습니다. 오직 이 몸만 겨우 살아남아 이렇게 주인님께 말씀드

리려고 왔습니다.

욥 : 아니! 이, 이럴수가 있단 말인가? 오! 하나님!

부 인 : 세상에 어쩌면 이럴 수가 있단 말이예요? 영감! 하나님도 무심하시
지. 우리가 무슨 잘못을 저질렀다고 갑자기 이런 일이 생기게 하십니
까? 흐흐흑. (이때 종3이 뛰어 들면서 큰소리로 외친다)

종3 : 주인님. 으흐흐흑 도련님들과 아씨들이 첫째 도련님 댁에서 잔치를
벌이고 있었는데... 으흐흐흑.

욥 : 그, 그런데 어떻게 되었단 말이냐?

종3 : 네. 갑자기 빈들에서 강풍이 불어 닥쳐, 집이 쓰러지는 바람에 모두
돌아 가셨습니다. 이렇게 저만 간신히 살아남아 주인님께 말씀드리려
고 이렇게 달려왔습니다. 흐흐흑.

욥 : 뭐, 뭐라구? 우리 아이들이 모두 죽었다구? 으흐흐흐흑. (옷을 찢고 머
리를 쥐어 뜯으며 땅에 얼굴을 숙였다 다시 든다) 어머니 뱃속에서 빈
몸으로 나온 이 몸 다시 빈 몸으로 돌아갈지라 내게 모든 것을 주신 자
도 여호와시오 이제 가져가시는 자도 여호와시오니 오직 여호와의 거
룩하신 이름을 찬송하며 감사하나이다. "내 주여 뜻대로 행하시옵소
서" (조명 꺼지며 욥과 그의 부인 퇴장한다)

◆ 해설

여러분! 잘 보셨습니까? 이렇게 욥은 마귀의 시험으로 열명의 자녀들도
모든 재산도 다 잃어 버렸음에도 불구하고 하나님께 찬송을 하며 감사로

영광을 돌렸습니다. 욥의 시련은 여기에서 끝나지 않고 부인과 친구들까지 와서 괴롭히는데 욥은 어떻게 이기는지 제 3막을 살펴보겠습니다. 3막이 시작되기 전에 다같이 "그리 아니 하실지라도" 찬송 1절을 부르겠습니다.(찬양인도자가 나와 인도한다. 마친후) 지금부터 드라마를 시작하겠습니다. 드라마의 제목은 "욥의 감사 제3막 박수"

◆ 제 3 막 ◆

◆ 배경 : 1막의 모습과 똑같이 하나님의 보좌와 천사들이 서 있고 이때 마귀 등장한다.

하나님 : 마귀야! 어디를 다녀 왔느냐?

마 귀 : 네. 이 세상을 두루 돌아 여기저기를 살펴보고 오는 길입니다.

하나님 : 그래. 내 종 욥도 자세히 보고 왔느냐? 온 땅을 살펴보아도 욥처럼 살아가는 모습이 온전하고 정직하며 나 하나님을 두려운 마음으로 섬기는 사람은 없다. 악하고 못된 일은 거들떠보지도 않느니라. 네가 욥이 아무런 까닭 없이 하나님을 모시며 사느냐고 하기에 그를 내리쳐 보라고 하였다만 오히려 욥은 더 진실하게 믿음을 지켜가며 살아가고 있지 않느냐?

마 귀 : 가죽은 가죽으로 바꾼다는 옛말이 있지 않습니까? 사람이란 원래 목숨을 부지하기 위해서는 가지고 있는 재산도 아까와하지 않는 법이지요. 어디 이번에는 하나님께서 욥의 몸을 해쳐 보십시오. 그래도 그가 하나님을 찬양할까요? 아마도 욕을 해 댈 것이 분명합니다.

하나님 : 그래. 너의 말이 그렇다면 좋다 욥의 몸을 너의 맘대로 하도록 너의 손에 붙이겠다. 그러나 그의 생명은 건드리지 말아라.

마 귀 : 네. 알겠습니다. 제가 반드시 욥이 하나님을 욕하는 것을 보엿겠습니다. (퇴장한다. 이때 천둥과 번개 소리가 들린다)

하나님 : 자! 그럼 우리도 욥이 마귀의 시험을 어떻게 물리쳐 이기는지 보
　　　　 도록 하자. (천사들 퇴장한다. 조명이 어두워졌다 다시 켜진다)

◈ 해설

　　마귀가 욥을 쳐서 발바닥에서부터 머리끝까지 심한 종기가 나게 하였습
니다.(욥이 등장하며 온 몸을 도자기 조각으로 긁고 있다. 부인은 옆에서
못마땅한 듯이 쳐다보고 있다)

욥 : (긁으면서) 사람이 가려운 것 참기가 어렵다고 하더니 견딜 수가 없구
　　 려. 아이고! 임자! 내 등도 같이 좀 긁어 주구려.
부 인 : 그래, 이 지경이 되었는데도 아직도 믿음을 지키고 있단 말이예요?
　　　 참 속 터지는 양반 다 보겠네. 차라리 하나님에게 욕이나 실컷 퍼 붓고
　　　 그 벌로 죽는 편이 낫지 않겠어요?
욥 : 말도 안되는 소리 하지도 마시오. 당신조차도 어리석은 여자와 같이
　　 말하는구려. 하나님께서 복을 주셨을 때 우리가 얼마나 좋아했오? 그
　　 런데 이렇게 어려움을 겪는다고 해서 어찌 하나님을 비난할 수 있겠오?
　　 다시는 그런 소리 말아요.
부 인 : 여보! 영감! 그렇지만 우리 상황이 너무 비참하지 않아요? 하나님
　　　 앞에 무슨 큰 죄라도 지었다면 그 벌로 받는 것이라지만 우리가 하나님
　　　 께 지은 큰 죄가 무엇이 있다고 이런 재앙을 한꺼번에 만난단 말이예
　　　 요? 흐흐흑. 더 이상은 못살겠어요. 흐흐흑.(나간다)

욥 : 여보! 임자! 나를 두고 어디를 가오? 돌아와요. 여보! <u>흐흐흐흐흑. 오!</u> 하나님 저를 불쌍히 여겨 주옵소서. <u>흐흐흐흑.</u>

◆ 해설

이때 욥의 친구 세 사람이 그에게 모든 재앙이 임하였다 함을 듣고 데만 사람 엘리바스와 수아 사람 빌닷과 나아마 사람 소발이 욥에게 찾아 왔으니(세 친구들 멀리서 욥의 모습을 보며 큰소리로 울며 겉옷을 찢고 재를 뿌리며 몸부림을 친다)

세친구 : <u>흐흐흐흑.</u> 욥! 자네가 어찌하여 이렇게 되었단 말인가? 오! 하나님! 우리의 친구 욥을 불쌍히 여겨 주옵소서.

욥 : 차라리 내가 이 세상에 태어나지 않았으면 좋았을 것을, 차라리 내가 태어난 날 이 멸망의 날이 되었더라면,.. 어찌하여 이 목숨 어머니 뱃속에서 끊어지지 못하였을까? 그때 이 목숨이 끊어졌더라면 지금쯤 편안히 쉬고 있을 것을..

엘리바스 : 욥! 나를 기억하겠나? 나 엘리바스일세. 내가 자네에게 하는 말을 엎잖아 하진 말게나. 자네가 이렇게 당한 일을 생각해 보게나. 세상에 흠이 없는 사람이 망하는 꼴을 보았는가? 더구나 하나님 앞에서 잘 못을 저지른 일이 없는 사람이 재앙을 만난 일을 보았는가? 사람이 심은대로 거두게 마련인데 자네가 이렇게 큰 재장을 만난 것은 하나님 앞에 숨은 죄악이 있기 때문에 당하는 하나님의 징계의 채찍일세. 그러

니 지금도 늦지 않았으니 속히 하나님께 회개한 것이 살 길이라 보네.

욥 : 뭐, 뭐라구? 내가 숨은 죄악이 있어서 하나님이 내리시는 징계의 채찍이라구? 그렇다면 자네가 보기에 내가 무슨 잘못을 저질렀는지 내게 가르쳐 주게나. 자네들 말을 들어 보겠네. 하지만 분명히 말할 수 있는 것은 내가 하나님 보시기에 이 큰 재앙을 만날 정도로 큰 죄악을 저지르지 않았다는 것일세. 그러니 제발 내 말을 믿어주게나.

빌 닷 : 여보게! 욥! 나 빌닷일세. 자네 말을 들어보니 쓸데없는 고집을 피우고 있네 그려. 생각해 보게 . 자네 자식들이 설마 까닭 없이 한꺼번에 죽어 갔을까? 하나님께 죄지은 것이 분명하니까 벌을 내리신게 아니겠는가? 아무 까닭없이 죽었다는 것은 말이 안되는 소리지. 이제라도 하나님께 잘못했다고 용서를 빌게나. 그러면 하나님께서 자네를 돌아보아 주실 걸세.

욥 : 여보게. 빌닷! 자네도 내가 죄가 있어 이런 재앙을 만났다고 보는가? 나는 아무런 잘못이 없어. 이렇게 산다는 것이 지긋지긋할 뿐이야. 하나님은 허물이 없는 자이든지 약한자이든지 심판 날에는 똑같이 쓸어버리시고 심판하시는 분이시기도 하지. 그러니 제발 내가 죄를 지어 벌을 받는다고 단정하지 말게나.

소 발 : 자네 나를 알겠는가? 소발이네. 자네가 우리 말을 듣고서 회개하기는 커녕 오히려 잘못이 없다고 큰소리만 치니 도저히 참을 수가 없어 나도 한마디 하겠네. 이보게! 말많은 사람치고 옳은 말을 하는 것을 본 적이 있는가? 더구나 자네가 하나님 앞에서 죄지은 것이 없이 깨끗하

다고 하는데 그 소리를 어느 누가 믿어주겠나? 여보게. 욥! 자네가 마음을 바르게 하길 바라네. 두 손 들고 하나님께 나가도록 하게. 지금이라도 늦지 않았으니 나쁜 죄악이나 허물이 있다면 빨리 회개하고 고치도록 하게. 그래야 흠없이 얼굴을 들고 살 수 있으며 이 겪고 있는 고통도 물러 갈 것이 아닌가?

욥 : 이보게. 소발! 나도 자네와 저 두 친구들이 하는 말씀은 다 알고 있다네. 하나님께서 내 목소리를 들으시고 대답하여 주시기를 내게 아무런 잘못이나 흠이 없다고 말일세. 그런데 자네들은 오히려 나를 회개하라고만 하니 내게는 그것이 나를 비웃고 가지고 노는 것처럼 여겨지는구면. 그러니 제발 더 이상 나를 괴롭히지들 말게나. 나는 누가 뭐라해도 하나님 앞에서도 흠이나 티하나 없는 의인이지 결코 죄인이 아니라네. 그건 하나님도 아마 인정하실 걸세. 하지만 이제는 나의 처지와 형편이 이러하니 하나님은 의인의 하나님만이 아니라 불의의 하나님도 되시는 것으로 생각이 날 정도라네.

엘리후 : 나이 제일 어린 저 엘리후가 한 마디 하겠습니다. 지금까지 여러분들이 하신 말씀을 들으면서 제 마음이 답답하였습니다. 욥의 친구 되시는 세 분들은 욥에게 무조건 회개하라고 책망만 하셨어요. 사람이 어려운 일을 당하는 것이 꼭 잘못을 저질러야만 찾아오는 것은 아니라고 봅니다. 그런데 세분들은 욥을 큰 죄인처럼 취급하신 것은 매우 잘못된 일이라고 판단합니다. 안 그렇습니까? 여러분! (네) 보십시오. 내 말이 맞다고 하지 않습니까?

세친구 : 어이쿠! 이거 쑥스럽구만.

엘리후 : 이번에는 욥에게 말씀드립니다. 욥이여! 당신께서 이 세상을 살면서 아무리 의롭게 살아 왔을지라도 하나님 앞에서는 어쩔 수 없는 죄인입니다. 그럼에도 불구하고 말씀하시기를 하나님 앞에서 흠이나 티 하나 없는 의인이라고 하신 것은 잘못된 것입니다. 아담 이후의 자손들은 누구나 죄인이거늘 내가 하나님을 섬기며 옳은 행실로 살아간다고 해서 그것이 의인이 될 수는 없습니다. 그래서 이런 찬송도 있지 않습니까? ♬울어도 못하네. 참하도 못하네. 힘써도 못하네.♬라고 말입니다. 특히 당신이 하신 말씀 중에 큰 실수를 하신 것은 현재 당신의 처지와 형편이 비참하다고 하여 함부로 하나님을 불의의 하나님으로 생각하는 것은 극히 잘못된 일이라고 봅니다. 여러분! 그렇지요?(네)

욥 : 오! 엘리후! 고맙네. 내게 참으로 좋은 말을 해 주었네. 그래 자네 말이 맞네. 내가 잘못 생각해 왔어. (이때 천둥과 번개 소리와 함께 폭풍소리가 나며 조명이 꺼졌다 켜졌다한다. 욥과 네 명의 친구들 무서워서 엎드리며 벌벌 떨고 있다)

하나님 : (목소리만) 무지한 말로 나의 계획을 어둡게 하는 자가 누구냐? 욥이여! 너는 대장부처럼 그 자리에서 일어나 내가 묻는 말에 대답해 보아라. (이때 욥이 일어난다)

욥 : 오! 하나님이시여! 말씀 하옵소서.

하나님 : (목소리만) 이 세상의 모든 만물은 누가 만들었느냐?

욥 : 그야 당연히 하나님께서 만드셨지요.

하나님 : (목소리만) 내가 만든 세상 만물 가운데 어는 하나라도 욥 네가 만들 수 있다고 보느냐?

욥 : 아, 아닙니다. 이 미천하고 보잘 것 없는 제가 어찌 하나님이 하신 일을 할 수가 있겠습니까?

하나님 : (목소리만) 그럼에도 불구하고 이 세상의 인간들은 마치 나 하나님 보다 뛰어난 것같이 여기며 스스로 의인으로 생각한 자들이 많으니라.

욥: 오! 하나님 이 부족한 종을 용서하여 주옵소서. 제가 무지한 말로서 하나님의 영광을 가리웠나이다. 이 부정한 입술을 용서하여 주옵소서. 제가 전에는 하나님께 대하여 귀로만 들었는데 이제는 눈으로 하나님을 뵈오니 이 얼마나 큰 영광인지요? 그러므로 내가 스스로 회개하며 하나님 앞에 비오니 용서하여 주소서(성령이여 강림하사 찬송 후렴구에 맞추어) ♬하나님! 비오니 나의기도 들으사 애통하고 회개한 맘 충만하게 합소서♬

하나님 : (목소리만) 내가 너의 회개함을 보고서 용서하여 주겠노라.

욥 : 오! 하나님. 감사 하옵니다.

하나님 : (목소리만) 욥의 세 친구인 엘리바스와 빌닷과 소발아.(이들 "네"를 외치며 무서워떤다)나는 너희들에 대하여 심한 분노를 참을 수가 없구나. 너희는 나를 오직 심판의 하나님으로만 생각하고 욥을 정죄한 죄가 매우 커서 너희들에게 큰 벌을 주려 하였으나 용서할 기회를 주겠노라. 너희는 지금 숫 송아지 일곱과 숫양 일곱을 취하여 내 종 욥에게

가서 너희 번제를 드리게 하여라. 그리하면 내가 너희들에게 내릴 벌을 내리지 않겠노라.

세친구 : (일어나며) 네. 하나님 알겠습니다. (욥에게 다가 가서) 욥! 우리가 잘못했네. 용서해주게나. 용서해 줄 수 있겠지?

욥 : 암! 자네들은 내 친구인걸. (같이 껴 안는다)참! 엘리후도 이리 오게나. 고맙네. 엘리후

엘리후 : 아, 아닙니다. 제가 한 일이 무엇이 있다고요? 오히려 어르신께 무례하게 함부로 말씀드린 것을 용서를 빌 뿐입니다.

욥 : 아니야. 무슨 소리를! 내가 잘못된 신앙관을 가졌던 것을 잘 지적해 주었지.

엘리바스 : 이보게! 욥. 제사 드릴 준비가 다 되었네.

욥 : 아! 그런가? 자! 그럼 우리 다같이 하나님께 제사를 드리도록 하지. (다른 친구들은 기도하는 자세로 모두 무릎을 꿇고 앉는다. 욥은 일어난 채로) "하나님! 저와 우리의 친구들   이 저지른 말과 행실의 잘못을 용서하여 주옵소서" (인애하신 구세주여 곡조에 맞추어)   ♬인애하신 주 하나님 내 말 들으사 자복하고 회개하니 받아 주소서 주여 주여 내말 들으사 친구들의 모든 죄를 용서하소서♬ 아멘.

하나님 : (목소리만)내가 너희들 제사를 기쁘게 받았노라. 이제 믿음으로 승리한 욥에게 갑절이나 되는 복을 내릴 것이니라.

욥 : 하나님. 감사합니다. 모든 영광을 하나님께 찬송으로 돌립니다. 여기 모이신 여러분들도 다같이 찬양합시다. ♬모든 영광을 하나님께 모든

영광을 하나님께 온 맘과 뜻 다해 주 사모합니다. 모든 영광을 하나님께♬(이때 욥의 형제 친척들이 등장한다)

친지들 : 욥! 우리가 왔네. (욥의 주위로 모이면서) 자네의 모습을 보니 말이 아니네 그려. 이게 어찐된 일인가?

욥 : 형제 여러분들이여! 이제 나의 모든 고통은 다 지나갔습니다. 하나님이 내게 갑절의 복을 내려 주신다고 하셨습니다. 저를 위해서 염려하지 마십시오. 이렇게 모였으니 여기 계신 00교회 성도님들과 함께 하나님께 그리 아니하실지라도 찬송으로 영광을 돌립시다. 여러분! 여러분도 어떤 일이든지 감사하며 살아가기를 주의 이름으로 간구합니다. 믿습니까?(아멘) 다같이 "그리 아니하실지라도 감사해요" 찬양으로 영광을 돌립시다(찬양인도자가 나와 인도한다. 이때 전출연진이 모두 등장한다)

♬ 그리 아니하실지라도 감사해요. 주님 뜻을 믿기 때문이죠. 언제나 나를 향한 신실한 사랑 우리를 향한 그 크신 사랑 우리가 함께 높이며 주를 찬양해. 할렐루야 하나님께 영광. 그리 아니하실지라도 사랑해요. 협력해서 선을 이루어요 언제나 나를 향한 신실한 사랑 우리를 향한 그 크신 사랑 우리가 함께 높이며 주를 찬양해. 할렐루야 하나님께 영광.♬ (마친후 퇴장하면 설교자가 등장한다)

◆ 설교자

여러분! 잘 보셨습니까? 먼저 수고한 모든 출연진에게 수고의 박수를 보냅시다. 박수! 오늘 욥의 감사 드라마를 통해 그동안 설교로만 들었던 욥의 설교를 드라마를 통해 욥의 신앙을 실감하셨을 것입니다. 여러분이 욥과같은 처지에 놓였다면 어떠했으리라 보십니까? 대부분이 하나님을 원망하였을 것입니다. 전 재산이 다 날라가버리고 자녀들이 모두 죽었다면 어찌 감사의 찬송이 나올 수 있겠습니까? 아무리 신앙생활을 오래 했어도 직분을 맡아 교회에 충성을 다해 봉사를 다했어도 이런 불행을 만났다면 "하나님. 어찌하여"하며 "너무하십니다"라고 했을 것입니다. 우리가 부르는 찬송중에 "내주여 뜻대로 행하시옵소서" 라는 찬송은 독일에서 목회한 벤자민 슈몰크목사님이 지은 찬송시인데 어느날 두부부가 심방을 갔다 돌아와보니 집에 불이 나서 두 형제가 껴안고 새까맣게 타서 죽은 모습을 보고 눈물을 흘리며 나온 찬송 기도가 "내주여 뜻대로 행하시옵소서"입니다.

또 우리가 잘 부르는 찬송 "내 평생에 가는 길" 찬송은 미국의 변호사 호레이스 스파포드가 지은 찬송시인데 미국에 시카고 대화재 사건으로 전 재산을 다 잃어버려 상실한 가족들을 위로하기 위해 유럽여행을 여객선으로 보냈는데 그만 영국 배와 충돌하여 아내는 구조되었으나 네 딸은 배에 있던 승객들과 모두 익사하고 말았습니다. 스파포드는 사고가 난 지점에 가서 눈물을 흘리며 지은 찬송시가 바로 "내 평생에 가는 길"입니다. 여러분! 이들은 어떻게 이럴 수가 있었을까요? 그것은 이 세상 어떤 것보다 하나님을 더 사랑했기 때문입니다. 마태복음 10:37에 예수님이 "아버지나 어머니를 나(예수)보다 더 사랑하는 자는 내게 합당하지 아니하고 아들이나 딸을 나보다 더 사랑하는 자도 합당하지 아니하며" 라고 하였듯이 부모나 자녀를 예수님보다 더 사랑하면 예수님과 상관이 없는 자가 된다고 하셨습니다. 여러분은 하나님이나 예수님보다 부모님이나 자녀들이나 그 외에 더 애착을 갖고 있는 것이 있습니까? 욥이나 벤자민 슈몰크 목사님이나 스파포드처럼 불행한 일을 만나도 찬송하며 감사할 수 있습니까? 어쩌면 우리는 주님의 말씀처럼 살지 못하고 저들처럼 불행한 일을 만났을 때 찬송하며 감사하지 못했을 것입니다. 이 시간에 다같이 회개하는 마음으로 "내주여 뜻대로" 찬송을 3절까지 부른 뒤에 기도하겠습니다.(찬양인도자가 나와 인도한다. 마친후) 설교자가 반주가 끝날 때까지 기도회를 인도한 후 마무리기도를 따라하게 한후 "내 평생에 가는 길" 찬송을 부르고 마친다.

◈ 마무리기도

하나님 아버지. 오늘 맥추(추수) 감사주일을 주심을 감사합니다 / 이 시간 욥의 감사 드라마를 통해 감사하지 못했음을 회개합니다 / 불행을 만났을 때 감사하기 보다는 불평하고 원망했습니다 / 이제는 욥과 같이 어떤 불행을 만나도 찬송하며 감사하게 하여 주십시오 / 주님의 말씀처럼 부모나 자녀나 이 세상 어떤 것보다 / 하나님과 주님만 더 사랑하게 하옵소서 / 남은 한해와 남은 인생을 늘 찬송하면서 주께 더 나가는 복된 인생이 되게 하여 주십시오/예수님의 이름으로 기도합니다. 아멘 /

26. 하나님께 감사해요

(추수감사주일 어린이 인형극 부흥회)

26. 하나님께 감사해요

◈ 등장인물 : 예수님, 유대인 문둥이(줄여 유문), 사마리아 문둥이(줄여 사문) (문둥이들은 모두 붕대를 감고 빨강 물감을 피고름이 나듯이 칠한다)

◈ 성경 : 누가복음 17:11-19

◈ 준비 찬양 : 감사해요 주님의 사랑,수고하고 무거운 짐진자들아를 개사한 찬양

◈ 주의 사항 : 예배 전에 부르는 찬양은 준비찬양만 부른다.(인형극을 하기 어려우면 교사들이 드라마로 해도 효과적이다)

◈ 지시 사항 : 인형극을 하기 전에 어린이들에게 인형들이 질문하면 반드시 대답을 해줄 것과 "제1막"할 때마다 "와!"하고 큰소리를 지르며 박수를 지르게 한다.

◈ 해설 : 지금부터 인형극을 시작하겠습니다. 1막을 시작하기 전에 다같이 "감사해요 주님의 사랑" 찬양 1절을 부르겠습니다.(찬양인도자가 나와 인도한다. 마친후)인형극의 제목은 "감사해요 제1막 박수"(막이 오른다).

◈ 배경 : 산이나 혹은 들판(이웃을 내몸같이 사랑해요 1막 배경으로 삽
입할 것)

유 문 : (손, 얼굴에 붕대를 감고 나온다. 인애하신 구세주여 후렴에 맞추
　　　어) "주여주여 내가 비오니 나의 문둥병을 고쳐 주시옵소서." 아! 온몸
　　　에 고름이 흐르고 손가락이 떨어져 나가는 문둥병을 고칠 수는 없을까?
　　　예수님이시라면 고칠 수가 있다고 하던데? 이 모습을 하고서 예수님
　　　을 찾아 갔다가는 동네 사람들에게 돌에 맞아 죽겠고 어찌하면 좋지?
사 문 : (찬송가를 부르며 나타난다) "너 근심 걱정 말아라 주 너를 지키리

주 날개 밑에 거하라 주 너를 지키리” 이봐! 무슨 걱정을 하고 있나? 무슨 일이라도 생겼나?

유 문 : 오! 사마리아 문둥이 친구군. 난 우리가 이렇게 살다가는 언젠가 온몸이 고름으로 다 썩어서 죽게 될텐데 예수님께 찾아갈 수도 없고 어떡하면 좋은가 해서 말이야.

사 문 : 참, 이 친구도 뭘 그런걸 가지고 걱정을 하나 그래. 우리가 예수님이 이곳에 오시기를 기도하면서 기다리면 될 것 아닌가? 자네는 나와는 달리 유대인이면서 그런 믿음도 없나?

유 문 : 아 참! 그렇지. 내가 왜 그 생각을 못하고 예수님만 찾아가려고 그랬지? 그럼 이럴 것이 아니라 문둥병에 걸린 내 여덟명의 친구들도 있는데 그들에게도 알려서 같이 기다려야겠어.

사 문 : 그래! 그 것 참 좋은 생각이야. 예수님께 우리 모두가 문둥병을 고친다면 얼마나 기쁜 일이겠는가? 빨리 그 친구들에게 알려서 오도록 하자구. 같이 가세. (퇴장한다. 이때 예수님 등장한다)

예수님 : (수고하고 무거운 짐진 자들아 찬양곡에 맞추어 노래하며) “이 세상의 모든 병든 자들아 다 내게로 오라 다 내게로 오라 내가 너희를 고쳐 주리라. 내가 너희를 낫게하리라”(어린이들을 향하며) 00교회 어린이들아 잘 있었느냐? 나는 너희들이 사랑하는 예수님이란다. 병든 문제가 있으면 누구든지 내 이름으로 기도하거나 내 앞에 나오면 모두 고쳐 주겠다. 혹시 이곳에 병자들이 있느냐?(문둥병자요)오! 문둥병자라고? 그들이 어디에 있느냐? 내가 지금 고쳐 주리라(이때 사마리아 문둥

이가 인형극 무대위에서 나타난다)

사 문 : 예수님! 저희들의 더러운 냄새나는 모습을 주님 앞에 감히 보일 수
가 없나이다. 저희 10명을 고쳐 주소서 불쌍히 여기소서.

예수님 : 가서 제사장들에게 너희 몸을 보이라.

사 문 : 예. 알겠습니다. 말씀대로 순종하겠나이다.(사라진다)

예수님 : 그들이 길을 가다가 모두 문둥병이 나을텐데 얼마나 하나님께 감
사하면 네게 찾아오는지 기다려봐야겠구나. 그럼 잠시 나갔다가 이곳
에 다시 와야겠다.(퇴장한다. 이때 두명의 문둥이들이 등장한다)

유 문 : (붕대를 벗긴 모습으로 나타난다) 야! 사라미아 문둥이 친구 내 몸
이 이상해진 느낌이야. 막 새살이 돋는 기분이야. 어? 어? 내, 내 몸이
나았다.

사 문 : 오! 하나님 감사합니다. 내 몸을 예수님을 통해 고쳐 주심을 감사합
니다. 영광을 돌립니다.

유 문 : 이봐 뭐하고 있어? 빨리 제사장들에게 가서 우리의 나은 몸을 보여
야 한다구. 여기서 시간 보내지 말고 빨리 가자구.

사 문 : 제사장들에게 가는 것 보다 먼저 예수님께 찾아가서 감사의 인사를
드리고 오는 것이 우선일 것 같네.

유 문 : 무슨 소리야? 다른 여덟명의 친구들은 벌써 갔다구. 제사장들을 만
나서 나은 몸을 보이고 가족들도 만나야 하는데 언제 예수님을 찾아가
만나서 시간을 낭비하나? 그러지 말고 나랑 같이 가세.

사 문 : 아니야. 그건 자네가 잘못하는거야. 은혜를 입었으면 당연히 감사

의 인사를 드려야 되는 것이 사람의 도리라고 보네. 그렇죠? 어린이여 러분?(네) 저 봐 여기 00교회 어린이들도 맞다고 하잖아.

유 문 : 뗵! 언제 예수님이 다시 오라고 그랬냐? 제사장들에게 가서 몸을 보이라고 했지, 너희들은 시간이 금이라는 것을 못 들어 봤나? 인사는 나중에 만나서 하면 되는 거야. 이봐! 난 가겠네 먼저 가서 미안하네. 빠이 빠이. (사라진다)

사 문 : 어쩌면 저럴 수가 있단 말인가? 전에는 예수님만 만나면 문둥병을 고칠 수가 있다고해서 예수님이 오셔서 고쳐 주셨는데 아무리 급해도 그렇지 인사도 안 드리고 가다니.. 그러면 안되지. 그렇죠? 여러분?(네) 여러분도 예수님께 감사하는 마음을 가지고 꼭 어디서든지 기도하는 어린이가 되세요. 예수님께 기도하는 것은 인사하는 것과 꼭같은 거예요. 그런데 예수님이 어디 계시지? 예수님! 예수님! (퇴장한다. 이때 예수님이 반대쪽에서 등장한다)

예수님 : 지금쯤 문둥병이 나은 열명의 친구들이 올 때기 되었는데 내가 여기 있는 것을 모르는 것이 아닐까? 00교회 어린이들아! 혹시 내가 고쳐준 문둥이 친구들을 보았느냐? (네) 그들이 지금 어디에 있느냐?(어린이들의 대답을 듣고 나서)오! 그래?(이때 사마리아 문둥이 나타난다)

사 문 : 예수님! 여기에 계셨군요. 부정하고 더러운 저를 고쳐 주셔서 감사합니다. 저를 고쳐주심을 하나님께 영광을 돌립니다.(엎드려 절을 한다)

예수님 : 열사람이 다 깨끗함을 받지 않았느냐? 나머지 아홉은 어디 있느

냐?

사 문 : 네. 그들은 모두 제사장들에게 갔습니다. 같이 오려고 했는데 제사
　　　장들에게 빨리 가야한다고 해서 오지 못했습니다.

예수님 : 그 아홉명은 모두 유대인이 아니더냐? 여기에 온 자는 사마리아인
　　　인데 이 이방인 외에는 하나님께 영광을 돌리러 돌아 온 자가 없느냐?

사 문 : 예수님 죄송해요. 제가 그들을 억지라도 끌고 올 것을 그랬습니다.

예수님 : 아니다. 그들은 육신의 문둥병만 고치고 갔으나 너는 너의 마음의
　　　문둥병 조차도 고치고 가는 복을 받게 되었느니라. 일어나 가라. 네 믿
　　　음이 너를 구원하였느니라.

사 문 : (일어서서)예수님! 감사합니다. 흐흐흑. 저에게 이런 축복까지 허
　　　락해 주시니 감사합니다.

예수님 : 그 은혜를 알고 감사하는 자에게는 더 큰 축복이 있느니라.

사 문 : 예수님의 은혜를 평생 잊지 않고 감사하는 자가 되겠습니다. 내 입
　　　속에서 불평을 하지 않고 오직 감사만 하고 살겠습니다. 여러분! 우리
　　　다같이 "감사해요 주님의 사랑"
　　　　찬양을 부르겠습니다.(찬양인도자가 나와 인도한다)

예수님 : 이번 추수 감사절을 맞이하여 더욱 감사하는 어린이들이 되어라.
　　　알겠느냐? (네) 그럼 우리 천국에서 꼭 만나도록 하자.

사 문 : 여러분! 꼭 감사하는 마음으로 사세요. 알았지요? (네) 안녕! (퇴장
　　　한다. 막이 내린다)

여러분! 잘 보셨어요? (네) 누가 예수님께 감사하였나요?(사마리아 문둥병자요)네. 사마리아 문둥병자가 감사했어요. 나머지 아홉명의 문둥병자는 감사를 했나요? 안했나요? (안했어요) 이처럼 똑같이 은혜를 받고도 감사할 줄 모른다면 돼지와 다를 바 없어요. 돼지는 주인이 아무리 음식을 많이 줘도 감사는커녕 꿀꿀거리며 먹는 것 밖에 모르듯이 감사랄 줄 모르는 자는 이와 같습니다. 이 시간에 우리 다같이 두 눈을 감고 두 손을 모으고 기도해 보아요. 지난 한 해 동안 내가 예수님께 얼마나 감사했는지 생각해 보세요. (이때 감사해요 주님의 사랑 반주가 흐른다.) 어쩌면 우리는 감사보다 불평하고 원망하고 베드로처럼 예수님을 부인하고 저주까지 했는지도 몰라요. 이 시간에 다같이 "감사해요 주님의 사랑"을 부르면서 그동안 감사하지 못했던 것을 회개하도록 하겠습니다. (감사해요 주님의 사랑 찬송가사를 불러 주며 기도할 분위가가 될 때까지 찬송을 인도한 후 인도자의 재량에 따라 기도회를 인도하고 마무리 기도를 따라하게 한 뒤 마친다.

하나님 아버지. 오늘 추수감사주일을 주셔서 감사합니다 / 인형극을 통해 감사하지 못한 아홉 명의 유대인 문둥병자를 보았어요 / 저희도 은혜를 받고도 감사하자 못할 때가 많았어요 / 용서해 주세요. 사마리아 문둥병자처럼 감사하며 살겠어요 / 성경말씀처럼 모든일에 감사하며 살 것을 약속합니다 / 나를 감사하는 어린이로 변화시켜 주세요 / 예수님의 이름

으로 기도합니다. 아멘 /

◆ 준비 찬양

1. 감사해요 주님의 사랑 감사해요 주님의 은혜 목소리 높여 주님을 영원히 찬양해요 나의 전부이신 나의 주님

2. 고마워요 주님의 축복 고마워요 주님의 은총 목소리 높여 주님을 영원히 찬양해요 나의 전부이신 나의 주님

27. 제사장과 문둥이

(지적 발달 장애인을 위한 예비 인형극)

27. 제사장과 문둥이

◈ 등장인물 : 문둥병을 이해 못하기 때문에 이해를 돕기 위해서이다.

◈ 등장인물 : 사회자, 문둥이, 제사장(사회자는 인형이 없이 공연자가 인형들과 대화한다.)

◈ 진행 : 무대 앞에 나와 양손에 인형을 끼고 한다.

◈ 해설

00교회 여러분! 안녕하세요? 오늘은 하나님께 가장 많이 감사하는 추수감사 주일 이예요. 항상 하나님께 감사하는 마음을 가지세요.(인형을 보여주며)

사회자 : 먼저 이 인형을 볼까요? 어? 이 인형은 왜 이렇게 붕대를 감았죠? 손에도 얼굴에도 다 감았어요. 많이 아픈가봐요. 물어볼께요. 여보세요. 어디가 아파요?(인형의 입을 움직이며)

문둥이 : 네. 난 많이 아파요. 약을 먹어도 안 낫고 병원에 가도 안돼요.

사회자 : (놀라는 소리로)네? 어디가 아픈데요?

문둥이 : 난 문둥병이래요. 엉엉.

사회자 : 네? 문둥병이요? 문둥병이 뭔데요?

문둥이 : 문둥병은 몸에 피와 고름이 나고 아파도 감각이 없어요. 그리고
　　　　냄새도 나요.

사회자 : 저런 어떡해요?

문둥이 : 그래서 이 병에 걸리면 아빠, 엄마도 형이나 동생들도 냄새난다
　　　　고 싫어해요.

사회자 : 아이구 저런! 식구들과 같이 못살겠네요?

문둥이 : 네, 그래서 문둥병에 걸리면 따로 살아야 해요. 엉엉.

사회자 : 쯧쯧. 그러나 울지 마세요. 예수님을 만나면 돼요.

문둥이 : 예? 예수님을 만나면 된다구요? 예수님이 문둥병도 고칠수 있나
　　　　요?

사회자 : 그럼요. 예수님은 못 고치시는 병이 없어요.

문둥이 : 정말요? 그럼 쓴 약 안 먹어도 아픈 주사 안 맞아도 되겠네요?

사회자 : 그럼요. 예수님을 만나면 그런 것 필요 없어요.

문둥이 : 예수님을 어떻게 만날 수 있어요?

사회자 : 예수님을 만나시려면 따라 오세요.

문둥이 : 네. 고마워요. 따라 갈게요.(인형을 내려 놓는다. 제사장 인형을
　　　　바꿔들며)

사회자 : 어? 아저씨는 누구세요?

제사장 : 아저씨라니 난 제사장이다.

사회자 : 네? 제사장이 뭐예요?

제사장 : 제사장이란 지금으로 말하면 목사님이다.

사회자 : 목사님이요? 그런데 왜 목사님이라고 안 부르고 제사장이라고 그래요?

제사장 : 옛날에는 하나님께 야이나 소를 잡아서 부에 태워 드렸지 그것을 제사라고 하지.

사회자 : 그래서요?

제사장 : 그 제사를 드리는 일을 하는 것이 제사장이지.

사회자 : 네. 그렇군요. 또 다는 일도 하나요?

제사장 : 그럼. 문둥병에 걸린 자가 낫게 되면 나한테 와서 싸인 받고 가면 자기가 살던 집에서 살게 되지.

사회자 : 와! 그래요? 그럼 아까 그 문둥병자도 병이 나으면 제사장님한테 와야 되겠네요?

제사장 : 암! 나한테 와야 되지.

사회자 : 알았어요. 그럼 인형극을 시작해야 되니까 가시죠.

제사장 : 알았다. 가자(인형 무대로 들어간다)(그리고 나서"감사해요" 인형극을 시작한다)

◈ 참고 사항

지적 발달 장애인들은 문둥병을 이해하지 못하여 예비 인형극을 준비하고 보여 주었더니 매우 효과가 컸다. 예전에 LA에 있는 토랜스 제일 장로

교회에 장애인부서인 소망부에서 인형극 초청이 추수감사주일에 요청이 와서 이 채에 실린 내용인 "감사해요"를 인형극을 한다고 하니까 담당 여 전도사가 "우리 애들은 문둥병을 모르니 온몸에서 피가 난다고 해주세요" 라고 부탁을 하길래 이건 말이 안된다고 여겨 인형극을 하기 전에 만든 것 이 이 내용을 만든 것이다. 그래서 인형극을 하기전에 공연자가 문둥병자 와 제사장과 대화를 하여 문둥병이 무엇인지 깨닫게 한뒤에 공연을 했는 데 결과는 매우 효과가 컸다. 더구나 장애인들이 십분도 가만히 있지 못한 다고 인형극을 십분만에 끝내야 한다는 것을 삼십분이나 공연을 하였는데 여전도사가 이를 보고 "이것은 기적 같은 일"이라며 감탄을 하였다. 이처 럼 인형극은 발달 장애인도 은혜받고 변화될 수 있는 어느 시청각 영상보 다 뛰어남을 알고 지적 발달 장애인 교사들은 열심을 다해 준비하 면 반드 시 복된 열매를 거두리라 본다.

28. 예수님이 이 땅에 오셨어요

(전교인 성탄절 드라마 부흥회)

27. 예수님이 이 땅에 오셨어요

◈ 등장인물 : 동방박사1,2,3, 가브리엘 천사, 목자1,2,3, 요셉, 마리아, 여관주인1,2

◈ 성경 : 마태복음 2:9-11, 누가복음 2:7,15-20

◈ 준비 찬양 : 동방에서 박사들(116, 1절), 참반가운 성도여(122, 3절), 그 어린 주 예수 (114, 1절), 저들밖에 한밤중에(123, 1,2절), 기쁘다 구주 오셨네(115)

◈ 지시 사항 : 드라마를 하기 전에 교인들에게 "제1막,제2막,제3막,4막,5막"할 때 "와"하고 소리를 지르며 박수를 치게 한다.(주일학교나 중고등부에서 준비하여 연출하게 해도 효과적이다)

◈ 주의 사항 : 예배전에 다른 찬양은 부르지 말고 준비찬양만 부른다.

◈ 해설

드라마를 시작하기 전에 다같이 "동방에서 박사들" 찬송1절을 부르겠습니다.(찬양인도자가 나와 인도한다. 마친후) 지금부터 드라마를 시작하겠습니

다. 드라마의 제목은 이 땅에 예수님이 오셨어요 제1막 박수

◆ 제 1 막 ◆

◆ 배경 : 세 명의 박사들이 별들을 관측하고 있다(스크린에 별들을 영상으로 띄운다)

박 사1 : (별을 가르켜 손짓하며) 오! 저것 보시오! 우리가 보던 별과는 다른 것 같지 않소?

박 사2 : (고개를 끄덕이며)정말 그렇군요. 저렇게 크고 밝게 빛나는 별은 내 생애에 처음 보는 것 같소.

박 사3 : (심각한 표정으로) 아무래도 귀하신 분이 태어나실 징조요.

박 사1 : 마치 우리를 따라 오라고 손짓하는 것처럼 빛나고 있군요.

박 사2 : 우리가 이럴 것이 아니라 저 별을 따라 가 보도록 합시다.

박 사1,3 : 그럽시다. (이때 천사가 나타난다)

박사들 : 아, 아닌 당, 당신은 누구시오?

가브리엘 : (안심하라는 듯이 손짓하며) 놀라지들 마십시오. 나는 저 하늘에서 내려 온 천사 가브리엘입니다. 당신들이 지금 따라 가려는 저 별은 유대 땅 베들레헴에 세상을 구원하실 메시야께서 태어나실 것을 알려 주려고 여러분들을 인도하고자 하는 것이니 저 별을 따라 가도록 하십시오.

박 사2 : 그럼 구약 성경에 오신다고 하던 그 메시야 구세주시란 말입니까?

가브리엘 : 그렇습니다. 메시야께서는 선지자들로 인하여 이미 오시기로 약속된 분이십니다. 그 분은 온 세상의 인류를 구원하시기 위하여 세상 죄를 지시려고 오셨습니다.

박 사1 : 어허? 그렇게 위대하 분이 이 보잘 것 없는 세상에 오셨다니 이 얼마나 경사스런 일입니까?

가브리엘 : 그렇습니다. 그 분으로 인하여 하늘에는 큰 영광이요 이 땅에서는 평화가 넘칠 것 입니다. 자! 그럼 박사님들은 속히 저 별을 따라 가십시오.(천사 가브리엘 사라진다)

박 사3 : 자! 우리 이럴 것이 아니라 메시야께서 태어나신다니 각자 선물을 준비하여 가도록 합니다.

박 사1,2 : 그것 참 좋은 생각이오.

박 사1 : 난 세상에서 제일 귀한 황금을 가져가겠오.

박 사2 : 난 언제나 향기가 넘치는 세상에서 제일 값진 유향을 가져 가겠오.

박 사3 : 난 썩지 않게 하는 약인 이 세상에서 하나 밖에 없는 몰약을 가져가겠오.

박 사1 : 그럼 빨리 준비하여 출발하도록 합시다.

박 사2,3 : 그럽시다. (박사들 퇴장한다)

◈ 해설

여러분! 잘 보셨습니까? 이렇게 동방박사들은 가브리엘 천사의 지시를 받고 별을 따라 예물을 준비하여 먼 거리나 되는 곳으로 길을 여러 날을 걸려 떠났습니다. 그럼 제2막에는 어떤 장면이 나오는지 살펴보도록 하겠습니다. 제2막이 시작되기 전에 다같이 "참 반가운 성도여"찬송 3절을 부르겠습니다.(찬양인도자가 나와 인도한다. 마친후) 지금부터 드라마를 시작하겠습니다. 드라마의 제목은 "예수님이 이 땅에 오셨어요. 제2막 박수"(요셉이 배부른 마리아를 부축하며 나타난다)

◆ 제 2 막 ◆

◈ 배경 : 이곳은 베들레헴 어느 여관(영상으로 띄운다)

요 셉 : 이거 미안하구려. 고생을 시켜서…. 힘들지 않소?

마리아 : 무슨 말씀을요. 요셉! 당신이 나 때문에 더 고생하시는 걸요.

요 셉 : 나야 남자라서 괜찮지만 마리아 당신은 아기를 가진 몸이라 더 힘 들텐데…. 여관이란 여관은 다 찾아 봤지만 가는 곳 마다 빈방이 없다 고 하니 걱정이구려.

마리아 : 요셉! 너무 염려마세요. 아무리 그렇다고 길바닥에서 밤을 보내 는 일은 없을 거예요.

요 셉 : 거참. 그러고 보니 마리아, 당신은 나보다 생각하는 것이 낫구려.

마리아 : 아무 걱정마시고 용기를 가지세요. 요셉.

요 셉 : 내 당신 말대로 하겠소. 어허. 그러고 보니 벌써 여관에 다 왔구면. 거 주인장 계십니까?

여관주인1 : (투덜거리는 소리로)아니! 이 늦은 밤중에 왠 손님이람? 이젠 빈방이라고는 없는데… 거 누구시오?

요 셉 : 네. 저희들은 저 멀리 갈릴리 나사렛에서 왔는데 아무리 빈방을 찾 아도 여관마다 없다고 해서 혹시나 이 여관에는 빈방이 있나 해서 왔습 니다. 더구나 이 사람은 이렇게 배가 불러서 곧 아기를 나을 때도 됐구 요. 부탁합니다만 제발 빈방 하나 좀 부탁합니다.

여관주인1 : 저 대단히 미안합니다만 빈방이라고는 하나도 없구려. 지금
　　　　잘 시간도 넘었으니 딴데 가서 알아보슈(뒤돌아서며)어험! 돈 푼께나
　　　　있는 자들 인줄 알았더닌 왠 거지 같은 것들이 와서 잠을 깨우고 난
　　　　리야? 돈 많은 부자라면 내 방이라도 내줬겠지만 저런 것들에게 빌
　　　　려 줬다가는 장사 망하지 망해. 그렇지요? 여러분?(아니요) 아니긴 뭐
　　　　가 아니야? 여러분도 내 입장 되어보슈. 그렇게 되나? 빨리 들어가서
　　　　잠이나 자야겠다. 아휴. 졸려.

요　섭 : 어허. 저, 저런 몰인정한 사람을 보겠나? 오! 하나님 어떡해야 합
　　　　니까?

마리아 : 요셉! 용기를 내세요. 또 다른 곳이라도 찾도록 해봐요.

요　섭 : 알았오.이제 저기 있는 여관이 마지막 여관인 것 같구려. 제발 저
　　　　곳에는 빈방이 있어야 할텐데.... 주인장 계십니까?

여관주인2 : 아이고! 이 늦은 밤에 왠 손님인교? 거 뉘신교?

요　섭 : 네. 저희들은 빈방을 찾고 있습니다만 혹시 방이 있나 해서요?

여관주인2 : 아이고마. 이거 어쩌면 좋노? 오늘따라 호적한다꼬 방마다 사
　　　　람들이 꽉꽉 차 있어서 이거 죽이는 기라. 내사마 방을 내주고 싶어도
　　　　내 줄 방이 없으니 어쩌면 좋노? 혹시 딴 데는 가봤습니꺼?

요　섭 : 네. 가는 곳마다 방이 없다고 하여 결국 이 여관이 마지막이라 혹시
　　　　나 기대를 하고 왔습니다만 어떻게 안될까요? 더구나 집사람은 이렇게
　　　　배가 불러서 곧 아기가 나올때가 됐거든요.

여관주인2 : 이거 참 미치겠구마. 내 이럴 줄 알았으면 내 방을 딴 손님에게

주는게 아니었는데.... 저 누추하지만 마굿간은 어떻습니꺼? 내가 지금 퍼뜩 가서 깨끗하게 치워 주겠습니더. 대신 여관비는 받지 않겠습니더.

요 셉 : 마구간이라구요? 할 수 없지요. 그 곳이라도 주신다면 감사하겠습니다. 자! 그럼 그곳으로 안내하시지요.

여관주인2 : 저를 따라 오이소. 저 사모님예 죄송하게 되었지만 이해하이소.

마리아 : 아닙니다. 마구간이라도 배려를 베푸심에 감사합니다.

여관주인2 : 이거 정말 더 미안해서 할 말이 없십더. 따라 오이소.(들어간다)

요 셉 : 마리아! 미안하오. 정말 미안하오.

마리아 : 요셉! 난 괜찮아요. 다만 예수님이 마구간에서 태어나신다니 슬퍼져요.

요 셉 : 그것도 하나님의 뜻인 줄 모르잖소?

여관주인2 : (안에서 소리를 지른다) 아니 뭐하시능교? 퍼뜩 들어오이소.

요 셉 : 예. 들어갑니다.(퇴장한다)

◈ 해설

여러분! 잘 보셨습니까? 이렇게 예수님은 빈방이 없어 마구간에서 태어나십니다. 만왕의 왕이신 우리 주님이 마구간에서 태어나신 모습을 통해 무엇을 느끼십니까? 예수님이 마구간에서 태어나신 것은 사람들의 무관심과 가난하고 초라한 모습으로 오셔서 모시고자 하는 마　음이 없었기 때문입니다. 그렇다면 예수님을 찾아가 경배한 첫 번째 사람들이 있었는데 그들이 누구인지 제3막을 살펴보겠습니다. 3막이 준비되는 동안 다같이 "그 어리신 예수" 찬송 1절을 부르겠습니다.(찬양인도자가 나와 인도한다. 마친후) 지금부터 드라마를 시작하겠습니다. 드라마의 제목은 "예수님이 이 땅에 오셨어요. 제3막 박수"

◆ 제 3 막 ◆

◆ 배경 : 여기는 유대 베들레헴 들판(스크린에 영상으로 띄운다) 목자들이 밤에 양떼들 틈에 누워있다. (찬송가 "저 들 밖에 한밤중에"찬송 소리 커졌다 점점 작아지며)

목 자1 : 여보게! 지금 들려왔던 노랫소리를 들었는가?

목 자2 : 그래. 분명히 들었어. 도대체 이 아름다운 노래 소리는 어디서 들려오는 소리일까?

목 자3 : 내가 듣기로는 이건 사람의 노래 소리가 아니라 천사들이 찬송하는 노랫소리 같은데 자네들은 어떻게 생각들 하는가?

목 자1 : 아니? 이 친구가 농담하나? 이봐! 천사가 어디 있다구 그래? 그건 다 어른들이 하는 옛날이야기에 나오는 인물이라구.

목 자 2 : 이 사람아! 우리 조상 야곱이 천사와 씨름한 것과 또 최초의 인류의 조상인 아담과 하와가 에덴동산에서 쫓겨났을 때도 천사를 통하여 불타는 화염검을 가지고 지키게 하였다는 말씀이 창세기에 나와 있는데 그럼 그 말씀이 옛날이야기란 말인가?

목 자1 : 그, 그야 그렇지만 어디 천사를 직접 본 적이 있어야 말이지. 나는 내 눈으로 천사를 보지 않고는 믿을 수가 없네

목 자3 : 참으로 이 친구 어리석구만. 어찌 믿음이 없는 소리만 하는가? 하나님 말씀은 하나도 틀리는 것이 없는데 꼭 눈으로 확인하여야만 사실

로 알고 그제서야 믿다니... 쯧쯧, 그래가지고서 어떻게 천국을 가겠나?

목 자1 : 이보라구! 난 천국도 내 눈으로 봐야 믿지, 그러기 전에는 믿을 수가 없네.

목 자2 : 예끼! 이 친구야! 그러고도 자네는 아브라함의 자손이라고 큰소릴 치는가? 어찌 사마리아 사람들 보다도 못하이.

목 자1 : 뭐, 뭐라구? 내가 사마리아 사람보다 못하다구? 자네 말 다했나?

목 자3 : (말리며)어허? 이 사람들 왜 이러는가? 이러다가 정말 싸우겠어. 그러지들 말고 마음들을 가라 않히게나. (이때 천사 나타난다)

목자들 : (무서워 떨며) 당, 당신은 누구십니까?

가브리엘 : 무서워들 마시오. 나는 하늘에서 내려 온 천사 가브리엘입니다.

목 자1 : 천, 천사시라구요? 정, 정말 천사가 있었구나.

목 자2 : 거 봐라. 정말 있지.

목 자3 : 여, 여기에서 천사님을 만나다니 이게 꿈인가 생시인가? (꼬집어 본다) 아얏! 정말 꿈은 아니로구나.

가브리엘 : 나는 여러분들이 하는 이야기를 다 들었습니다. 두분의 믿음은 매우 훌륭한지만 여기의 목자님은 믿음이 너무나 부족하군요. 믿음이 없이는 결코 하나님의 나라에 들어갈 수가 없답니다.

목 자1 : 천, 천사님 용서해 주세요. 저의 믿음 없음을 용서해 주세요.

가브리엘 : 네. 저 친구들의 믿음을 본받아 무슨 말씀이든지 믿음으로 받아들이세요. 내가 여러분들에게 이렇게 찾아 온 것은 이 유대땅 베드레헴에 구세주이신 메시야께서 태어나셨기 때문에 이 기쁜 소식을 알

려주기 위해서입니다.

목 자3 : 예? 그런데 어찌하여 가난하고 초라한 저희들에게 기쁜 소식을 알려주시는 겁니까?

가브리엘 : 그것은 바로 메시야께서 가난한 자의 이웃과 죄인들의 친구로 오셨기 때문이랍니다. 더구나 누구든지 그분을 통하여 구원을 얻게 될 것입니다.

목 자2 : 그럼 성경에 예언된 바로 그분이시란 말입니까?

가브리엘 : 그렇습니다. 오늘 태어나신 그리스도 예수님은 오래 전부터 오시리라고 약속된 메시야이십니다.

목 자1 : 아까부터 메시야, 메시야 그러시는데 메시야가 무슨 뜻입니까?

가브리엘 : 메시야란 바로 이 세상을 구원하실 구세주란 뜻입니다. 이 세상의 모든 사람들을 죄와 사망에서 구원하실 분을 말하지요.

목 자2 : 천사님! 그분이 지금 어디에서 태어나셨는지요? 빨리 가서 경배 드려야겠어요.

가브리엘 : 그분은 베들레헴의 여관에 있는 마구간에서 태어나셨답니다. 여러분은 그분을 쉽게 만나게 될 것입니다. 염려 말고 지금 떠나시오. (두 손을 들고 찬송한다) "지극히 높은 곳에 서는 하나님께 영광이요 땅에서는 기뻐하심을 입은 사람들 중에 평화로다" (사라진다)

목 자3 : 이보게들! 빨리 가서 그 메시야를 만나 경배하자구.

목 자1,2 : 그러자구. (목자들 퇴장한다)

◈ 해설

여러분! 잘 보셨습니까? 이처럼 예수님의 탄생 소식을 들은 자들은 목자들이었습니다. 목자들은 그 당시에 가장 천한 직업을 가진 자들로 여겨 사람들이 무시하고 하찮게 여기는 자들 이었습니다. 세상 사람들은 부유한 자,권세 있는자,인기 있는자를 따르지만 그러나 예수님은 세상에서 무시당하고 하찮게 여기는 자들에게 찾아오시는 분이십니다. 그럼 목자들이 예수　님을 어떻게 만났는지 4막이 시작되기 전에 다같이 "저 들 밖에 한밤중에" 찬송 1절을 부르겠습니다.(찬양인도자가 나와 인도한다, 마친후) 지금부터 인형극을 시작하겠습니다. 드라마의 제목은 "이 땅에 예수님이 오셨어요. 제4막 박수"

◆ 제 4 막 ◆

◈ 배경 : 여관 그림(영상으로 띄운다) 마구간이 세워져 있고 동방박사를 인도한 전기로 장치 한별이 매달려있다. (목자들 등장한다)

목 자1 : 이것 봐! 바로 저 여관인가 봐.

목 자2 : 그래. 저 곳이 틀림없어.

목 자3 : 저 것 보게! 저 여관 위에 머문 큰 별을 말이야.

목 자1 : 야! 난 저렇게 크고 밝게 빛나는 별은 처음 보는데?

목 자2 : 이 사람들아! 지금 별 구경할 때인가? 빨리 메시야님을 만나러 가자구.

목 자1,3 : 그, 그러세. (여관 앞에 도착한다)

목 자1 : 이거 여관 주인을 불러야 하나?

목 자3 : 부르긴 뭐하러 불러? 방을 알아 볼 것도 아닌데. 괜히 욕이나 얻어 먹지 말구 살짝 들어가 보자구. 가브리엘 천사님이 마구간에서 메시야님이 태어나셨다구 했잖아?

목 자2 : 아니? 이 사람들이 여관 앞에서 쇼를 하나? 빨리 들어가 보자구. 이러다가 주인이라도 나오면 어떡하려구 그래?

목 자1 : 아, 알겠네. 자! 빨리 들어갑시다요. (퇴장한다. 이때 동방박사들 등장한다)

박 사1 : 저것 보시오. 저 별이 저 여관 위에 멈추어 있소.

박 사2 : 그렇게 위대하신 분이 저런 곳에서 태어나신다니 도무지 이해가
　　　 가질 않는군요.

박 사3 : 내가 보기에는 그분이 자기를 낮추시는 겸손의 왕의 모습으로 오
　　　 셨기에 저런 이름없는 곳에서 태어나신 것이 아닌가 하는 생각이 드는
　　　 군요.

박 사2 : 박사님의 말을 들으니 그 말씀도 일리가 있군요.

박 사1 : 자! 메시야께서 계신 곳으로 들어가 봅시다. 내가 주인을 부르지
　　　 요. 주인 양반 계십니까?

여관주인2 : 아이고마! 이거 미치겠구마. 방도 없어서 마구간마저 빌려 주
　　　 었는데 또 왠 손님인교? 거 뉘신교? (놀라며) 아니? 당, 당신들은 뉘십
　　　 니거? 딴 나라 사람 같은데....

박 사1 : 그렇소이다. 우리는 저 먼 동방에서 온 박사들입니다. 이곳에서
　　　 메시야께서 태어나신다기에 이렇게 여러 날을 걸려 찾아온 것이지요.

여관두인2 : 메, 메시야라꼬요? 메시아가 아니라 마구간에서 애기가 태어
　　　 났심더.

박 사2 : 어허? 그래요? 그곳이 어디요? 우리를 그곳으로 안내하시오.

여관주인2 : 내사마 평생 살면서도 이상한 사람들 다 보겠데이. 하도 세
　　　 상이 험하다 보니 별희한한 일도 다 보겠데이. 어서 따라들 오시오.(들
　　　 어간다)

박 사3 : 우리가 찾아 오기는 바로 찾아 왔군요.

박 사2 : 우리가 찾아 왔나요? 저 크고 밝은 별 덕분에 온 것이지요.

여관주인2 : (목소리만 들린다) 아니 뭣들 하는교? 퍼뜩 들어오지 않고?

박 사1 : 들어갑니다. 자! 메시야를 경배하러 들어갑시다. (퇴장한다)

◈ 해설

여러분! 잘 보셨습니까? 이처럼 목자들과 동방박사들이 아기 예수님께 경배하기 위해사 목자들은 양들을 들판에 두고 단숨에 달려왔고 동병박사들은 먼 동방에서 여러날니 걸려 차아 왔습니다. 과연 이들은 아기 예수님께 어떻게 경배하였는지 제5막을 살펴보겠습니다. 5막이 시작되기 전에 다같이 '저들밖에 한밤중에" 찬송 2절을 부르겠습니다(찬ㅇㅇ인도자가 나와 인도한다. 마친후) 지금부터 드라마를 시작하겠습니다. 드라마의 제목은 "이 땅에 예수님이 오셨어요 제5막. 박수"

◈ 배경 : 요셉과 마리아 구유 위에 놓인 아기를 바라보고 있고 목자들
도 둘러 앉아 있다.

여관주인2 : 자! 바로 이곳입니더. 보이소! 손님이 오셨심더.

요 셉 : 손님이라뇨? 이 시간에 왠 손님이? (일어선다)

박 사1 : 천사가 알려주신 메시야가 바로 이분이시구만. 이 세상을 구원
하실 만왕의 왕이신 메시야시여! 여기 황금을 드리옵니다. (절하며 드
린다)

박 사2 : 위대하신 메시야시여! 향기가 넘치소서! 여기 유향을 드리옵니다.

박 사3 : 귀하신 메시야시여! 영원토록 변함없는 이시여! 여기 몰약을 드
리옵니다.

요 셉 : 어디서 오신 분이신데 이 아기 예수님께 절을 하십니까?

박 사1 : 저희들은 동방의 파사에서 온 박사들입니다. 이 세상을 구원하실
메시야께서 천사의 소식을 듣고서 이렇게 여러날을 걸려서 하늘의 별
을 보고 찾아온 것입니다.

마리아 : 그렇게 먼데서부터 오셨다니 더구나 이렇게 누추한 곳에서 귀한
분들을 모시니 무어라 드릴 말씀이 없군요.

박 사2 : 무슨 말씀을요? 가장 귀하신 메시야께서도 이 초라한 마구간에
서 태어나셨는데 우리라고 해서 어찌 화려하고 좋은 곳에 있을 수 있

겠습니까?

여관주인2 : 아이고! 이런 줄 알았으면 방안에 잇는 손님들을 안 받더라도 이 귀하신 분을 특실로라도 모시는 긴데....내사마 잘못했심더. 용서하이소.

요 셉 : 아닙니다. 주인장의 베푼 성의에 오히려 감사하는 걸요.

여관주인2 : 아닙니더. 내가 퍼뜩 가서 미역국이랑 애기 옷이랑 음식들을 준비하여 오겠심더.(퇴장한다)

박 사3 : 참 좋은 성품을 가지신 분이시군요. 그런데 저분들은 누구신가요?

목 자1 : 네. 저희들은 양을 치는 목자들이온데 천사 가브리엘님이 알려준 소식을 듣고서 메시야님을 만나러 온 자들입니다.

박 사2 : 어허? 그래요? 그 천사 가브리엘이 기쁜 소식을 알려 주기 위하여 먼 곳에 사는 우리에게 그리고 목자님들에게 알린 것을 보면 이 아기 예수님이야말로 이 세상의 모든 사람들을 구원하실 분이 확실하군요.

목 자3 : 더구나 이 분은 가난한 자의 이웃이요, 친구로 오셨다구 하더군요.

목 자2 : 어디 가난한 자 뿐이겠어요? 이 세상의 모든 자들을 위해서 오신 거지요.

요 셉 : 그렇습니다. 이 아기 예수님이야말로 하나님이 우리와 함께하신다는 임마누엘이시오, 만백성을 구원하실 구세주이시지요.

박 사1 : 우리가 이렇게 귀하신 예수님을 보게 되었다는 것은 크나큰 영광이 아닙니까? 그럼 우리가 아기 예수님의 탄생을 축하해야 할 일이 있다면 무엇이 있겠습니까?

일 동 : 찬송이지요.

박 사1 : 그렇습니다. 우리 모두 이 세상을 구원하러 오신 메시야이신 아기
　　　예수님을 축하하는 찬송을 힘차게 불러 봅시다. 여러분! 어때요?

일 동 : 좋습니다.

박 사1 : 여기 모인 00교회 여러분도 다같이 일어나셔서 "기쁘다 구주 오
　　　셨네" 찬송1절로 예수님의 탄생을 축하합시다.(찬양인도자가 나와
　　　인도한다. 마친후 설교자가 등장한다)

◈ 설교자

　여러분! 잘 보셨습니까? 먼저 이 드라마를 준비해 수고한 출연진에게 수
소의 박수를 보냅시다. 박수! 우리가 해마다 축하하는 성탄절 예배에 이렇
게 전교인이 모두 모여 드라마를 통해보니까 감회가 새로웠을 것입니다.
동방박사가 여러 날을 걸려 밤에만 볼수 있는 별을 보고 세가지 예물을 가
져와 경배하고 목자들이 천사를 통해 마구간에 태어난 것을 보기위해 빨
리 달려온 것처럼 여러분은 얼마나 이런 심정으로 교회에 나오십니까? 예
배 시간에 늦게 나오거나 헌금을 드리기가 아까워서 가장 적은 헌금으로
드리지는 않습니까? 별이 동방박사들을 인도하여 아기 예수님께 인도했
는데 별처럼 예수님께 얼마나 인도하셨습니까? 오늘 예수님이 이 땅에 오
신 성탄절이 기쁨이 넘치는 축제의 날이지만 먼저 우리가 기뻐하며 즐거
워하기 전에 동방박사들처럼 목자들처럼 살지 못한 것을 회개하는 마음을
가지시기 바랍니다. 여관주인처럼 예수님을 자기 방에 모시지 못하고 마

구간으로 보낸 것처럼 여러분의 마음의 방에 예수님을 최고의 자리에 모시고 있습니까? 만일 그렇지 못하고 있다면 여관주인과 다를 바가 없음을 알아야 합니다. 그동안 성탄절을 맞이하여 무조건 탄생축하만 하였지 이렇게 회개하는 날로 여기며 가지지는 못하였습니다. 이 시간에 다같이 "고요한 밤 거룩한 밤" 찬송1절을 부른 뒤에 기도하겠습니다.(찬양인도자가 나와 인도한다. 마친후) 반주가 끝날 때까지 설교자의 인도로 기도한 뒤에 마무리기도를 따라하게 "기쁘다 구주 오셨네"를 모두 찬송한후 마친다.

◆ 마무리기도

하나님 아버지. 오늘 성탄절 축하 드라마를 통해 은혜받게 하심을 감사합니다 / 동방박사들 처럼 예수님을 만나려고 귀한 예물을 드린 것같이 / 정성을 다해 헌금을 드리지 못하였음을 회개합니다 / 목자들처럼 예수님을 만나려고 빨리 달려온 것같이 / 예배시간에 일찍 나오지 못한 것을 회개합니다 / 여관주인처럼 예수님을 쫓아내고 마구간에 가게 한 것같이 / 예수님을 내 마음의 방에 최고의 자리에 모시지 못하였음을 회개합니다 / 이 시간에 저희들의 회개를 받아주시고 동방박시들과 목자들처럼 변화시켜 주소서 / 예수님의 탄생하심을 축하드리며 예수님의 이름으로 기도합니다. 아멘 /

29. 변화된 스크루우지

(전교인 성탄절 드라마 부흥회)

29. 변화된 스크루우지

◈ 등장인물 : 스크루우지, 피터, 직원, 천사, 남편, 부인, 친구1,2

◈ 성경 : 에베소서 4:22-24

◈ 준비 찬양 : 돈으로도 못가요, 고요한 밤 거룩한 밤(109), 찬양하라 내영혼아 개사 찬양

◈ 지시 사항 : 드라마를 하기 전에 교인들에게 "제1막, 제2막, 제3막"할 때 "와"하고 소리를 지르며 박수를 치게 한다.

◈ 주의 사항 : 다른 찬양은 부르지 말고 준비찬양만 부른다.

◈ 참고 사항 : 이 드라마는 어린이들과 대화를 하므로 주일학교 어린이들을 모두 앞자리에 앉게 한다.

◈ 해설

지금부터 드라마를 시작하겠습니다. 1막이 시작되기 전에 다같이 "돈으로도 못가요 하나님 나라" 찬양 1절을 부르겠습니다.(찬양인도자가 나와 인도한다. 마친후 드라마의 제목은 "변화된 스쿠루우" 제1막 박수"(막이 오른다)

◆ 배경 : 장난감 파는 상점 앞 (영상으로 띄운다. 징글벨 캐롤송이 흘러 나온다)

스크루우지 : "징글벨 징글벨 징글 올더웨이" 하하하하. 오늘이 그리고 보니 크리스마스 이브구나. 역시 크리스마스는 즐거워. 이날은 선물도 받고 케익도 자르고 외식도 하고 츄리 장식도 하고 또 이날은 장사도 제일 잘 되는 날이니까. 그렇지 애들아? (아뇨) 뭐? 아니라구? 이런 못된 녀석들을 보겠나? 너희들 그리고 보니 교회 나가는 것들이구나. 한심한 것들. 하나님이 어디 있어? 하나님은 없어. (있어요) 뭐? 있다구? 없어. (있어) 어쭈구리! 요것들 보게. 아주 철저히 세뇌 교육 받았구먼. 좋다. 너희들이 할아버지 말을 잘 들으면 우리 장난감 가게에 있는 크리스마스 선물을 한 보따리씩 주겠다. 자! 따라해라. 하나님은 없다. (있다) 이,이런 괘씸한 것들을 봤나? 관둬라. 너희들에게 선물을 주느니 차라리 교회 안나가는 애들한테 주겠다. (이때 피터 나타난다)

피 터 : 안녕하세요? 사장님 저희 어머니가 매우 아프셔서 오늘 좀 늦었습니다. 죄송합니다.

스크루우지 : 뭐? 죄송하다면 다야? 오늘 같은 날이 얼마나 장사가 잘 되는 날인데 지각이라 니, 그렇잖아도 우리 장난감 가게에 손님들이 많

은 날인데 자네가 지각하는 바람에 많은 손해를 보게 되었어. 그래서 이번 봉급은 없는 줄 알아.

피 터 : 네? 사장님. 그, 그건 너무하십니다. 더구나 저희 어머니가 아프셔서 병원에 가야 하는데 병원비도 없는데요. 제발 이번 한 번만 용서해 주세요.(스크루우지를 붙잡는다)

스크루우지 : 이거 놓지 못해? (물리치며) 그런다고 해서 내가 봐 줄줄 아나본데 천만의 말씀이야. 내가 손해본 것만큼 하는 것뿐이야. 저리 비켜.

피 터 : 사장님! 제발 저희 어머니를 생각해서라도 봐주세요.

스크루우지 : 보긴 뭘 봐줘? 자네 아무래도 안되겠어. 자네 이름이 피터라고 했던가? 당장 오늘부터 우리 장난감 가게 그만두게.

피 터 : 네? 그, 그만 두라구요? 사장님 어쩌면 그러실 수가 있습니까? 정말 너무하십니다.. 흑흑흑(무릎을 꿇고 흐느낀다)

스크루우지 : 여기서 재수 없게 질질 짜지 말고 당장 사라져. 자네 때문에 여기 오는 손님도 끊어지겠어. 빨리 안가? 영업 방해로 경찰 부르기 전에 셋을 셀 동안 빨리 사라져. 내 성질 알지? 매 맞고서 쫓겨나기 전에, 하나, 둘, 셋. 어쭈구리! 이녀석 보게? 꼼짝도 안해? 이거 말로만 해서는 안되겠군. 어디 여기 애들 보는 앞에서 맞아 봐야 정신 차리지. 에잇!(마구 때린다)

피 터 : 아이쿠! 사장님. 갈, 갈게요. 흐흐흐흑.(사라진다)

스크루우지 : 우하하하하. 애들아 잘 봤지? 이 할아버지가 얼마나 무서운

지를? 그러니 너희들도 이 할아버지 말을 안들었다 가는 저 피턴지 비틀어진 녀석인지 하는 놈처럼 혼날 줄 알아? (이때 불우이웃 성금을 모금하는 직우너이 나타난다)

직 원 : 저, 할아버지 안녕하세요? 메리 크리스마스! 불우한 이웃들을 위하여 사랑의 모금 좀 부탁합니다.

스크루우지 : 뭐? 불우한 이웃을 위해 사랑의 모금을 부탁한다고? 사람 잘못봤구만.

직 원 : 네? 사람을 잘못봤다구요? 할아버지 같은 분이라면 불우한 이웃들을 도우실 수 있으리라고 보는데요. 이 가게도 할아버지 가게라고 들었는데요?

스크루우지 ; 그래서? 이 가게가 내 것이라고 쓸데없이 돈을 낭비하라고? 이봐! 불우 이웃은 바로 내가 불우 이웃이야. 오늘 장사를 제대로 못해서 손해를 봤으니 불우 이웃일 수밖에.... 그러니 썩 우리 가게 앞에서 사라지쇼.

직 원 : 정말 너무 하시는군요. 이 겨울에 불쌍한 이웃들을 생각해서라도 조그만 성의를 보이시면 안되겠습니까?

스크루우지 : 좋아. 그렇다면 주지. 종이돈은 아까와서 못 주겠고 내가 그 동안 몇 개 모아둔 10원짜리 동전5개가 있으니까 이거라도 가져가쇼. 그 이상은 안돼. 백원짜리는 자동판매기에서 커피 빼는데 사용해야 하니까.

직 원 : 주시는 것이니 감사하게 받겠습니다만 이것을 가지고는 아무 것도

살 수가 없습니다. 정말 구두쇠이시군요.

스크루우지 : 뭐? 구두쇠라고? 이, 이런 못된 놈이 있나? 나를 구두쇠라고
　　　　　 놀려? 당신 이리좀 와봐.

직 원 : 네. 이제야 할아버지께서 불우한 이웃을 도우시려고 하시는 군요.
　　　　 진작 그렇게 하실일이죠.

스크루우지 : 웃기고 있네. 내가 뭘 도와? 이 메리크리스마스 선물로 나한
　　　　　 테 실컷 좀 맞아봐라. 에잇!(때린다)

직 원 : 아이쿠. 할, 할아버지 내가 뭘 잘못했다고 이러십니까? 사, 사람
　　　　 살려.

스크루우지 : 그래. 소리를 질러 봐라. 우리 가게 앞에서 장사 방해죄로 신
　　　　　 고할 테니까 에잇!(때린다)빨리 꺼져 버려.

직 원 : 아, 아이쿠. 가, 갈게요. 지, 지독한 영감탱이. 잘 먹고 잘 살아라.(퇴
　　　　 장한다)

스크루우지 : 그래! 잘 먹고 잘 살테니까 잘 가거라. 빠이. 빠이. 빠이. 우하
　　　　　 하하. 오늘은 두놈이나 때려주니까 기분이 매우 좋구나. 너희들도
　　　　　 오늘 같은 날에 맘에 들지 않는 친구나 동생이 있으면 무조건 때려
　　　　　 줘라. 알았지? (싫어) 뭐? 싫다구? 녀석들이 하나같이 맘에 안 드는
　　　　　 구먼. 자! 그럼 가게에 들어가 볼까? (이때 죽음의 천사가나타난다)

천 사 : 잠깐! 스쿠루우지여. 오늘 그대는 나와 함께 갈 곳이 있노라.

스크루우지 : 아니? 당, 당신은 누구쇼? 누군데 나를 어디로 데려 가려 하
　　　　　 는거요?

천 사 : 나는 죽음의 천사니라. 성경 말씀에 욕심이 잉태한 즉 죄를 낳고 죄가 장성한 즉 사망을 낳는다고 했으니 그대는 오늘밤이 바로 죽는 날이니라.

스크루우지 : 네? 내가 죽, 죽는다고요? 내가 뭘 잘못했다고 죽는다는 말입니까? 난 죽지 않을 거예요. 절대로 난 죽었으면 죽었지 못 데려가.

천 사 : 하하하하. 참으로 어리석구나. 넌 이미 죽은 몸이니까 너의 영혼을 데려 가겠다는 거야. 너의 영혼은 하나님 것이니 이제 너는 하나님의 심판으로 불려가는 거야. 자! 가자. (끌고 간다)

스크루우지 : 싫어! 난 안갈거야. 사, 사람살려. (몸부림친다. 천사가 스크루우지를 끌고 나갈 때 막이 내린다.)

◈ 해설

여러분! 잘 보셨어요?(네) 스크루우지는 욕심이 많은 욕심꾸러기죠? (네) 이 스크루우지를 죽음의 천사가 찾아와서 어디를 데려 가는지 제2막을 살펴보도록 하겠습니다. 2막이 시작되기 전에 다같이 "돈으로도 못가요" 찬양을 3절까지 부르겠습니다.(찬양인도자가 나와 인도한다. 마친후) 지금부터 드라마를 시작하겠습니다. "변화된 스크루우지 제2막" 박수. (막이 오른다)

◆ 제 2 막 ◆

◇ 배경 : 1막과 같음(이때 천사와 스크루우지의 목소리만 들린다)

천 사 : 저기 가게를 보아라. 자네의 죽음을 사람들이 어떻게 평가하는 가
를 말이야.

스크루우지 : 사람들이 나를 어떻게 보겠습니까? 무척 슬퍼하겠지요.

천 사 : 과연 그럴까? 과연 자네 말대로 그렇게 되는지 지켜보도록 하지.
(이때 사람들이 나타난다)

남 편 : 거참! 스크루우지 영감, 끝내 욕심 부리더니 천벌 받아 결국 죽는구
면. 내 그럴 줄 알았다니까.

부 인 : 어디 그 뿐이어요? 인정머리라고는 눈꼽만큼도 없고 아까 보니까
여기서 일했던 직원과 불우이웃 성금을 모으는 직원에게 못되게 때
리고 하는 짓이 천벌을 받게 마련이죠. 그 영감 잘 죽었지 잘 죽었
어.

남 편 : 말을 들으니가 아무도 장례식에 찾아오는 자가 없다고 하더구만.

부 인 : 누가 찾아오겠어요? 그런 못된 욕심쟁이 영감한테? 새도 그 집에는
날아오다가도 도망가겠어요.

남 편 : 앞으로 이 가게는 누가 주인이 되는 거지. 그 영감한테는 자식들
도 없다던데.

부 인 : 글쎄요. 그동안 월급도 제대로 받지 못했던 피터가 주인이 되지 않

겠어요? 얘기를 들어보니까 받을 돈도 많다던데요.

남 편 : 차라리 피터가 주인이 되면 낫겠어. 그 젊은 친구는 어찌나 착하고 마음이 좋은지 병든 어머니를 간호하는 것도 열 명을 딸을 둔 자 못지않게 효성이 지극하기로 소문이 났더구먼.

부 인 : 우리에게 딸만 있어도 당장 결혼 시켰으면 좋겠어요. 그러나 저러나 스크루우지 영감이 우리 동네에서 사라지니까 속이 다 후련하네요.

남 편 : 그놈의 영감 지금쯤 지옥에서 꽤나 고생하고 있을 걸? 오늘 저녁에 00교회에서 성탄 축하예배가 있다던데 빨리 교회에 갑시다. 늦겠어. (퇴장한다. 이때 천사와 스쿠루우지 목소리만 들린다)

천 사 : 자! 잘 보았지? 사람들이 자네의 죽음을 어떻게 평가하고 있는 가를 말이야.

스크루우지 : 정말 내가 사람들에게 그렇게 못되게 했단 말입니까? 나는 그저 기분이 나빠서 행동한 것 뿐인데요.

천 사 : 그럼 자네의 친구들은 어떻게 생각하는지 보도록 할까? (이때 스크루우지 친구들이 나타난다)

친 구1 : 스크루우지 그 친구, 우리에게도 짜게 놀더니 결국 가는구먼.

친 구2 : 그 소금 같은 친구, 기분만 좀 나쁘면 어느 누구도 가만히 두는 성격이 아니어서 우리 동네 사람들이 모두 다 당했다고 하더구먼.

친 구1 : 그런 자를 친구로 두었다는 것이 너무나 부끄러워서 아예 난 장례식도 가지 않았다네.

친구2 : 안 가길 잘했네. 그 친구는 무덤에도 못 묻히고 결국 화장터에 가서 태워졌다고 하더구먼.

친 구1 : 결국 그렇게 끝날 인생을 뭐가 그렇게 아까워서 욕심을 부리는가 말이야.

친 구2 : 그러게 말이야. 그 친구의 죽음을 교훈 삼아서 우리들은 더욱 착하게 살아야겠어.

친 구1 : 착하게 살려면 예수님을 믿어야 할 거야. 그렇죠? 여러분? (네) 봐! 여기 00교회 모두가 그렇다잖아.

친 구2 : 좋아. 그럼 자네도 나와 함께 00교회로 가세. (퇴장한다)

천 사 : (목소리만)자! 잘 보았지? 어느 누구도 자네의 죽음을 슬퍼하거나 위로하는 자가 없는것을 말이야. 결국 자네는 불행한 인생이야.

스크루우지 : (목소리만) 제발 저에게 기회를 주십시오. 내가 착하게 살아갈테니 나를 살려 주십시오. 살려만 주신다면 예수님만 믿고 이웃들을 사랑하며 살게요. 네? 제발요. (이때 스크루우지 등장한다)아, 아니 여기가 어디야? 여기는 우리 가게가 아니야? 그런데 왜 내가 우리 가게 앞에서 있는 거지? 그리고 보니 내가 가게에서 깜박 졸았던 모양인데.... 그, 그럼 이게 다행이도 꿈이었단 말인가?(하늘을 우러러 보며)오! 주여! 감사합니다. 이제부터 약속한 대로 착하게 살겠습니다. (이때 피터가 나타난다)

피 터 : 저, 사장님 저희 어머니 병원비 때문에 다시 왔는데요. 무슨 일이든지 시키는 대로 다할테니까 용서해 주시고 병원비 좀 꾸어주세요.

스크루우지 : 피터군! 아까는 내가 잘못했네. 그동안 자네에게 제대로 못
준 월급과 크리스마스 보너스까지 합쳐서 모두 주겠네. 그리고 크
리스마스 선물로 어머니 병원비는 내가 모두 내겠네.

피 터 : 네? 그, 그게 정말입니까? 사장님? 농, 농담이 아니시죠?

스크루우지 : 이 사람아! 농담은 무슨 농담? 정말 이래두. (봉투를 주며)
자! 받아가게. 그리고 어머님을 잘 치료하도록 하게. 내일은 안 나
와도 되니까 크리스마스 잘 보내도록 하고, 알았지? 그럼, 메리크
리스마스!

피 터 : 네. 사장님! 메리 크리스마스!(돌아서며)야! 이럴수가! 어떻게 사
장님이 갑자기 저렇게 변했지? 하여튼 이건 빅 뉴스감이야. (퇴장
한다)

스크루우지 : 진작 착하게 살아갈 것을.... 지금까지 살아온 것이 후회가 되
는구나. (이때 불우이웃 성금을 모으는 직원 나타난다)

직 원 : 오늘은 모금이 제대로 안되서 어떡하지? 불우이웃들이 매우 어려
워 할텐데...

스크루우지 : 여보시오! 내가 모자란 성금을 모두 낼 테니 가져가시오.

직 원 : 네? 스크루우지 영감이 날 또 때리려고 하는 장난일 거야. 아, 아닙
니다. 이 가게 앞에서 사라질게요.

스크루우지 : 어허? 이 양반이 내 말을 믿지 않는 모양이구만. 정말 이래
두. 내가 아까 때린 것을 용서하시구려. 그게 다 내가 못나서 행동
한 거니까. 이거 백만원 밖에 안되지만 받아 가시구려.(봉투를 준다)

직 원 : (받으며) 네? 백만원씩이나요? 이게 꿈인가 생시인가? 영감님 감사

　　　　합니다. 복 많이 받으세요. 야! 어쩌면 이럴 수가 있단 말인가? 정

　　　　말 오늘은 메리크리스마스야. 하하하하. 영감님! 메리크리스마스!(

　　　　손을 흔들며 퇴장한다)

스크루우지 : (손을 흔들며) 메리 크리스마스! 잘가요. 허허허허. 착한 일

　　　　을 하니까 이렇게 즐겁고 기쁠 수가 없구나. 그동안 모은 재산들을

　　　　다 팔아서라도 어려운 이웃들을 도와주어야겠어. (이때 고요한 밤

　　　　찬송 반주가 나온다) 그래! 먼저 00교회에 가서 예수님께 귀한 예

　　　　물을 드리고 축하 드린 후에 사랑을 베풀도록 해야겠다. 00 교회 여

　　　　러분! 여러분도 오늘 크리스마스를 맞이하여 저처럼 새사람이 되

　　　　도록 하세요. 알았지요? (네) 크리스마스가 나에게는 거듭나게 된

　　　　날이예요. 여러분도 꼭 나처럼 거듭나는 새사람이 되도록해요. 그

　　　　럼 우리 다같이 고요한 밤 거룩한 밤 찬송을 불러봐요.(찬양인도자

　　　　가 나와 인도한다. 전주가 나올 때 전 출연진이 모두 나와 같이 찬

　　　　송한다. 마친후) 그럼 다음에 다시 만날 때까지 안녕! (퇴장할 때 설

　　　　교자가 나온다)

◆ 설교자

　여러분! 잘 보셨어요? 욕심 많던 스크루우지가 죽음의 천사로 인해 자신

이 얼마나 못된 죄인이었는가를 발견하고서 변화되었지요? 특히 어느 누

구도 스크루우지의 죽음을 안타까워하는 자가 하나도 없을 정도였습니다.

여러분은 어떻습니까? 만일 여러분이 죽는다면 여러분의 죽음을 얼마나 많은 사람들이 안타까워 할까요? 그래서 예수님께서도 마태복음 5장16절에 "이같이 너희 빛을 사람 앞에 비취게 하여 저희로 너희 착한 행실을 보고 하늘에 계신 너희 아버지께 영광을 돌리게 하라" 고 하시면서 세상의 빛이 되라고 하신 것입니다. 또한 에베소서 4장 22절과 24절의 말씀처럼 "욕심을 따라 썩어져 가는 구습을 따르는 옛 사람을 벗어 버리고 오직 너희의 심령이 새롭게 되어 하나님을 따라 의와 진리의 거룩함으로 지으심을 받은 새사람을 입으라"고 하였습니다. 여러분은 이번 성탄절을 맞이하여 얼마나 착한 행실로 사람 앞에 비취게 하는 세상의 빛이 되었습니까? 옛 습관을 버리고 새사람이 되어 누가 보아도 인정하는 크리스찬이 되었습니까? 만일 그렇게 살지 못했다면 이 시간에 회개하여 세상의 빛과 새사람이 되기를 바랍니다. 다같이 "회개하라 내 영혼아" 찬양을 3절까지 부른 뒤에 기도하겠습니다.(찬양인도자가 나와 인도한다. 마친후 반주가 끝날 때까지 설교자가 인도한후 마무리기도를 따라하게 한후 마친다)

◆ 마무리기도

하나님 아버지. 변화된 스크루우지 드라마를 통해 은혜 받게 하심을 감사합니다 / 변화되기 전의 모습인 스크루우지처럼 욕심을 부리고 / 불우한 이웃을 사랑하지 못했던 삶을 회개합니다 / 세상의 빛이 되어 착한행실을 가지지 못하고 / 옛 습관을 버리지 못한 옛 사람으로 산 것도 회개합니다 / 이제부터 변화된 스크루우지처럼 세상의 빛과 새사람이 되게 해주세

요 / 예수님의 이름으로 기도합니다. 아멘 /

◈ 준비 찬양

"찬양하라 내 영혼아"를 개사한 찬양

1. 회개하라 내 영혼아 회개하라 내 영혼아 내 속에 있는 모든 것들아 다 회개하라

2. 거듭나라 내 영혼아 거듭나라 내 영혼아 내 속에 있는 모든 것들아 다 거듭나라

3. 변화되라 내 영혼아 변화되라 내 영혼아 내 속에 있는 모든 것들아 다 변화도라

30. 빈 방 있습니까

(전교인 성탄절 드라마 부흥회)

30. 빈 방 있습니까?

◈ 등장인물 : 민지, 재희, 시우, 선생님, 요셉, 마리아, 여관주인

◈ 성경 : 누가복음 2:1-7

◈ 준비 찬양 : 고요한 밤 거룩한 밤(109),참 반가운 성도여(122),그 어린 주 예수(114),기쁘다 구주 오셨네(115)

◈ 지시 사항 : 드라마를 하기 전에 교인들에게 출연자들이 질문하면 반드시 대답을 해줄 것과 "제1막"할 때 "와"하고 소리를 지르며 박수를 치게 한다.

◈ 주의 사항 : 예배 전에 부르는 찬송은 준비 찬양만 부른다.

◈ 해설

지금부터 드라마를 시작하겠습니다. 드라마를 시작하기 전에 다같이 "고요한밤 거룩한밤" 찬송 1절을 부르겠습니다.(찬양인도자가 나와 인도한다) 드라마의 제목은 "빈 방 있습니까? 제 1막 박수".

◆ 제 1 막 ◆

◈ 배경 : 예배실(영상으로 본교회 유초등부실을 띄운다)

민 지 : (캐롤송을 부르며 등장한다) "창밖을 보라 창밖을 보라 흰 눈이 내
　　　　린다" 역시 일 년 중에 최고의 날은 성탄절이야. 여러분도 그렇지
　　　　요?(네) 성탄절이 내 생일 보다도 이 세상의 어떤 날보다도 가장 좋
　　　　은 이유는 예수님이 오신 날이기 때문이예요. (이때 재희가 등장한
　　　　다)

재 희 : 민지야. 너 여기 있었구나.

민 지 : 재희구나. 왜 날 찾았는데?

재 희 : 이번 성탄절에 나오는 성극의 주인공은 누가 맡을까?

민 지 : 난 예쁘니까 마리아고 재희 너는 조금 못생겼으니까 여관주인 맡
　　　　으면 되겠네.

재 희 : 뭐? 뭐라구? 너 정말 말 다했냐?

민 지 : 말 다 못했지만 이번 성탄절의 주인공은 당연히 날거야. 이따 봐. (
　　　　퇴장한다)

재 희 : 어휴! 저걸 그냥? 이번이 성탄절이니까 예수님 때문에 참는다. 어
　　　　휴. 자존심 상해.

　　　　(이때 말더듬이 시우가 등장한다)

시 우 : 어,어,어. 대희야?

재 희 : 어? 말더듬이 시우아냐? 너 왠일이니? 이 시간에?

시 우 : 더, 던댕님이 오, 오다구 했더.

재 희 : 뭐? 선생님이? 왜 하필이면 너를 오라고 했니?

시 우 : 그, 그건 나, 나도 몬나. 나 담깐 나갔다 오께.(퇴장한다)

재 희 : 참, 선생님도 이해할 수가 없어. 말더듬이 시우가 뭘 잘하는 게 있
　　　다고 이번 성탄절 공연에 오라고 하셨지? (이때 선생님이 등장한다)

선생님 : 오! 마침 재희가 일찍 나왔구나. 그런데 시우와 민지가 보이질 않
　　　는데 아직 안 나왔니?

재 희 : 아까 왔는데 잠깐 나갔어요.

선생님 : 그래? 그렇잖아도 이번 성탄절에 역할을 맡기려고 했는데 어쩌
　　　지?

재 희 선생님! 이번 성탄절의 주인공 역할은 누가 맡아요?

선생님 : 성탄절의 주인공은 예수님인데 재희가 아기 예수님 역할 맡을래?

재 희 : 네? 내가 아기 예수님을요? 싫어요!

선생님 : 하하. 그것은 농담이고 이번 성탄절의 성극은 모두가 주인공이
　　　란다.

재 희 : 네? 모두가 주인공이라고요?

선생님 : 그렇단다. 모두가 주인공의 자세로 역할을 할 때 진정한 성탄절
　　　성극이 되는 거란다.

재 희 : 네. 알았어요. 그럼 나와 민지와 시우는 무슨 역할을 맡나요?

선생님 : 재희야. 너는 마리아를 맡고 민지는 요셉을 그리고 시우는 여관주

인 역할을 맡으면 되겠다. 그럼 선생님이 잠깐 나갔다 오는 동안 애들이 오면 알려줘라. 알았지? (퇴장한다)

재 희 : 네. 선생님. 야! 내가 마리아라니 정말 꿈만 같네. (이대 민지 등장한다)

민 지 : 재희야! 좀 전에 선생님을 나가다가 만났는데 내가 요셉이고 네가 마리아라며? 이건 말도 안돼.

재 희 : 뭐가 말도 안 되는데 선생님이 하신 일인데.

민 지 : 치! 선생님이 그런 엉터리로 배역을 정하는 게 어디 있어? 난 그만 둘거야.(나간다)

재 희 : 민지야. 어디가? 쟤는 작년에도 주인공 역할 안 맡으면 안한다고 하더니 올해도 또 그러네. (이때 시우가 나타난다)

시 우 : 무, 무든 일 있떠?

재 희 : 응. 민지가 성탄절 성극에 주인공이 아니라고 화가 나서 그래.

시 우 : 그데? 난 아무거도도 도은데.

재 희 : 시우야. 넌 선생님이 그러시는데 여관주인이래.

시 우 : 머다구? 내, 내가 녀관두인 이다구?

재 희 : 그래. 시우야. 어쨌든 축하한다.

시 우 : 야! 딘난다. 이 다딜을 빠디 아빠, 엄마한테 아며야지. (퇴장한다)

재 희 : 나도 이럴 것이 아니라 민지한테 가서 달래줘야겠어. 여러분! 이따가 다시 만나요. (퇴장한다)

이렇게 해서 드디어 성탄절 발표회가 시작 되었습니다. 발표회의 마지막 순서인 성극이 시작 되었는데 과연 어떻게 하는지 제2막을 살펴 보도록 하겠습니다. 2막이 시작되기 전에 다같이 "참반가운 성도여"찬송 1절을 부르겠습니다.(찬양인도자가 나와 인도한다. 마친후) 자금부터 드라마를 시작하겠습니다. 드라마의 제목은 "빈 방 있습니까? 제2막 박수"

◈ 배경 : 베들레헴 여관 앞(영상으로 띄운다)

요 셉 : (등장한다) 마리아! 어디에 있소? 아니 이 사람이 곧 아기를 나을 텐
데 어디를 간거야?(이때 마리아가 등장한다)

마리아 : 네. 저 여기 있어요. 너무 배가 아파서 화장실에 갔다 왔어요.

요 셉 : 아니? 그러다가 화장실에서 만일 아기가 나오면 어떡하려고 아무
말도 없이 간단 말이요? 다음에는 꼭 나한테 얘기하고 가요.

마리아 : 네. 알았어요. 앞으론 화장실도 내 맘대로 못가겠네.

요 셉 : 어디 당신이 가진 아기가 보통 아기요? 하나님의 아들이시오, 세
상을 구원하러 오시는 구세주이신 예수님이신데. 그렇지요? 여러
분? (네) 봐요. 여기 있는 OO교회 모든 분들이 그렇다고 하잖아요.

마리아 : 요, 요셉 배, 배가 아파요.

요 셉 : 조금만 참아요. 마침 여기 여관이 있으니까 이 여관에서 묵도록 합
시다. 주인장 계십니까? 어찌 대답이 없지? (더욱 큰소리로) 주인
장 계십니까?

여관주인 : (목소리만)더, 더기 바같데 누, 누구데요?

요 셉 : 네. 다름이 아니라 빈 방을 찾고 있는데 가는 데마다 빈방이 없어
요. 지금 내 아내는 곧 아기를 낳으려 하는데 큰일이군요. 어떻게
안되겠습니까?

여관주인 : (목소리만)네. 대동합니다. 빈 방이 하나도 없더요. 딴데 가보
　　　　대요.

요 셉 : 어허? 이럴 수가? 아예 여관주인이 얼굴도 안 내미니네 그려.

마리아 : 요, 요셉. 배, 배가 아파요. (쓰러진다)

요 셉 : 마, 마리아. 정신차려요. 마리아. (마리아를 두팔로 안는다. 이때 여
　　　　관주인이 나온다)

여관주인 : 잠, 잠깐만요. 빈 방은 없디만 내 방은 있더요. 두 분 모두 내 방
　　　　으로 드더 오대요. 대, 대동해요. 도, 동만 댕각하느라고 두 분을 아
　　　　다보디 못했더요.

요 셉 : 고맙습니다. 주인양반 이천년 전에 당신 같은 주인만 있었어도 예
　　　　수님이 마굿간에서 태어나시지 않았을텐데 참으로 아쉽기가 짝이
　　　　없군요. (마리아가 깨어난다) 마리아! 이제 정신이 드오?

마리아 : (요셉에게 안긴체로) 내가 왜 이러고 있어요?

요 셉 : 조금 전에 배가 아프다면서 쓰러졌잖소?

마리아 : 내려 주세요. 이제 괜찮아요.

요 셉 : 아니오. 이러고 있는 것이 내게도 드라마를 위해서도 좋다오.

마리아 : (안기며) 아이! 몰라요. 요셉.

여관주인 : 여더분! 우디 이덜 것이 아니라 태어나딜 우디 예두님을 위해
　　　　더 탄동합디다. 다같이 "기쁘다 구두 오녔네" 찬동 1덜을 부릅디
　　　　다. (찬양인도자가 나와 인도한다 부르고 나서 손을 흔들며) 여더
　　　　분! 그럼 다디 만날 때까디 안뇽! 메디그디뜨마뜨! (퇴장하면 설교

자가 등장한다)

◈ 해설

여러분! 잘 보셨지요? 드라마로 수고한 출연하여 수고한 출연진에게 박수를 보냅시다. 박수! 여러분도 예수님이 오시면 내 방을 내어 드릴 수가 있나요? (이때 그 어리신 예수 찬송 반주가 흐른다) 여관주인의 역할을 맡은 시우가 말을 더듬거렸지만 대사에도 없는 내용으로 요셉과 마리아를 위해 나실 아기 예수님을 위해 자기방을 내 주었는데 여러분은 항상 내 마음의 방에 예수님을 모시고 살아가나요? 지금 여러분의 마음의 방에 예수님이 계십니까? 예수님이 여러분의 마음의 방에 계시지 않다면 내가 예수님을 쫓아낸 것과 다를 바 없습니다. 예수님이 마구간에서 태어나실 수 밖에 없었던 것은 사람들이 자신의 마음의 방에 예수님을 모시려고 하지 않았기 때문입니다. 이 시간에 여관주인을 맡은 시우처럼 내 마음의 방에 예수님을 모실 수 있도록 다같이 기도합시다. 다같이 "그 어리신 예수" 찬송을 모두 부른 뒤에 기도하겠습니다. (찬양인도자가 나와 인도한다. 찬송이 끝난 후 반주가 끝날 때까지 설교자의 인도로 기도회를 인도한 후 마무리 기도를 따라하게 한 뒤 "기쁘다 구주 오셨네" 찬송을 모두 부른 후 마친다)

◈ 마무리기도

하나님 아버지. 오늘 성탄절에 빈방 있습니까? 드라마를 통해 / 저의 마음의 방에 예수님을 모시지 못한 것을 회개합니다 / 시우처럼 예수님을 내

방에 모시려는 마음처럼 / 예수님을 내방에 모시는 삶을 살게 하여 주소서 / 언제나 어디서든지 예수님을 모시고 사는 주의 자녀가 되게 하여 주소서/예수님의 이름으로 기도합니다. 아멘 /

31. 불의한 청지기와 충성된 청지기

(전교인 일사각오 주기철목 드라마 부흥회)

31. 불의한 청지기와 충성된 청지기

◈ 등장인물 : 주기철 목사, 나까무라 서장, 모리형사, 김목사, 남집사, 김장로, 성도들(5명)

◈ 성경 : 요한계시록 2:10-11

◈ 준비 찬양 : 환난과 핍박 중에도(336), 충성하라 죽도록(333), 하늘 가는 밝은 길이(493)

◈ 소품 : 채찍, 몽둥이(신문을 말아 그위에 박스 테이프를 감는다), 고춧물 담은 주전자(토마토 쥬스나 케찹을 사용하면 된다), 화약총 2개

◈ 주의 사항 : 예배 전에 부르는 찬송은 준비 찬양만 부른다.

◈ 지시 사항 : 드라마를 하기 전에 교인들에게 출연자들이 질문하면 반드시 대답을 해줄 것 과 "제1막, 제2막" 할 때 "와!"하고 큰소리를 지르며 박수를 치게 한다.

◈ 해설

지금부터 드라마를 시작하겠습니다. 드라마를 시작하기 전에 다같이 "충성

하라 죽도록" 찬송 1절을 부르겠습니다.(찬양인도자가 나와 인도한다. 마친
후) 드라마의 제목은 "불의한 청　지기와 충성된 청지기 제1막 박수" 때는
1940년 우리나라가 일본의 지배를 받아 심한 핍박　을 받던 때였으니...

◆ 제 1 막 ◆

◈ 배경 : 나까무라 서장실 안. 모리형사는 일어서서 나까무라 서장은 책
상에 앉아 말을 주고받고 있다.

나까무라 : 이봐! 모리 형사. 아직도 우리 일본 대제국에 천황폐하를 신으
　　　　로 섬기는 의식인 신사참배를 반대하는 무리들이 있나?
모 리 : 핫! 웬만한 자들은 별 무리 없이 잘 따라 주는데 예수를 믿는 기독
　　　　교인들만이 속썩이고 있스므니이다.
나까무라 : 뭐야? 그것들이 그렇게 혼나고서도 아직도 정신을 못차린 모양
　　　　이구만. 좋아! 좋아! 그렇다면 더 심한 고문을 가해서라도 신사참배
　　　　를 하게 하도록 해야겠어. 이 나까무라의 특수고문 앞에서는 무릎
　　　　을 꿇게하고 말테니까. 그럼, 모리 형사는 당장 가서 그 예수쟁이들
　　　　을 즉시 끌고 오도록! 여기 이 교인들 앞에서 이 나까무라의 특수고
　　　　문이 얼마나 무서운지를 보여줄 테니가! 우하하하.
모 리 : 핫! 그럼 당장 가서 끌고 오겠스므니이다.(퇴장한다)
나까무라 : (왔다갔다 하며) 예수쟁이 놈들. 그것들이 끝까지 속썩이는구

만. 그것들만 내 앞에서 무릎을 꿇는다면 문제가 없겠는데…. 어디

들어오기만 해봐라. 뿌리를 뽑고 말테니까.(주먹을 쥐면서 책상을

친다. 이때 밖에서 시끄러운 비명소리가 들려온다. 모리 형사와 성

도들 등장한다)

모 리 : 야! 이 예수쟁이 조센징놈들아! 빨리 들어가지 못하겠어?

김목사 : 우리가 무슨 잘못이 있다고 이러십니까? 예수 믿는 것도 죄입니

까?

나까무라 : (화를 내며 책상을 친다)아니, 예수쟁이가 입이노 살아서 마구

떠들어 대무니이다. 차림새를 보니 목사이노 같은데 너 조센징부터

손 좀 봐야겠다. (들고 있던 채찍으로 마구 때린다. 김목사 쓰러진

다) 이봐! 모리 형사. 이 조센징이노 목사, 엄살이노 매우 심하구만.

이 채찍이노 가지고는 안되겠어. 몽둥이노 가져와!

모 리 : 핫! 여기 있습니다.

나까무라 : 자! 지금부터 내말이노 잘 들어라. 이 나까무라 한테 맞아 죽

은 놈들이 어제까지 백명이 넘는다는 것을 잘 알고 있겠지? 네놈이

노 한놈 죽이는 것은 아무것도 아니다. 너 하나로 인하여 여기 같이

끌려온 자들도 억울하게 같이 죽는다는 것을 알고 잘 생각해 보기

노 바라므니이다.

김목사 : 이런 나쁜 놈들….

성도들 : 목사님! 저희들은 괜찮습니다. 끝까지 신앙을 지키세요.

김목사 : 박집사님, 김선생님의 가족들은 어떻게 하구요? 오- 주여!(서로

붙잡고 흐느낀다)

나까무라 : 아니? 이것들이노 쇼를 하고 있스므니이다. 좋다. 정 그렇다면 본 떼를 보여주지. 이봐! 모리 형사. 이 목사이노 보는 앞에서 이들이노 마구 패 버렷.

모 리 : 핫! 어디 본 떼를 보여 주지! (마구 때린다)

감목사 : 그, 그만하시오! 당신들이 하라는 대로 하겠소.

나까무라 : 정말이노이까? 설마 농담이노 아니겠지?

김목사 : 그, 그렇소.

나까무라 : 그럼, 신사참배에 찬성이노 하겠다는거요.

김목사 : 그렇소이다.

나까무라 : 진작 그렇게 나올 것이지. 좋스므이다. 그럼 당신이노 오늘부터 교회를 문 닫아버리고 저자들과 함께 우리 천황폐하를 섬기도록 하오.

김목사 : 시키는대로 하겠소이다.

성도들 : 목사님! 저희들 때문에 신앙을 버리시면 어떡합니까?(흐느낀다)

김목사 : 하나님도 우리의 마음을 이해하시겠지요. (같이 흐느낀다)

나까무라 : 모리 형사! 이들을 정중히 댁까지 모시도록!

모 리 : 핫! 자 어서들 나갑시다.(퇴장한다)

나까무라 : 우하하하 역시 나까무라의 머리는 천재야. 저 지독한 예수쟁이들의 고집도 꺽는걸 보면....그렇죠 여러분? (아니) 아니긴 뭐가 아냐? 여러분들도 저자들처럼 어려운 일을 만나면 어차피 신앙을 버

릴 것을... 그렇죠? (아니) 아니라고? 이 교인들은 더 지독한 사람들이구먼.

모 기 : (급하게 뛰어들어 오며) 나, 나까무라상! 크, 큰일이노 낫스므이다.

나까무라 : 아니 큰일이라니?

모 리 : 다, 다름이 아니오라 신사참배를 끝까지노 반대하는 자가 있다고 하므니이다.

나까무라 : 뭐, 뭐라고? 끝까지노 반대하는 자가 있다고? 이 나까무라의 따끔한 맛이노 보여 주어야겠구만. 그 자이노 누구므니이까?

모 리 : 핫! 평양의 산정현 교회에 있는 주기철 목사라고 하므니이다.

나까무라 : 주기철 목사라면 지난번에 신사참배를 반대하다가 두 번이나 감방에 들어갔던 목사 아니야? 그렇게 지독한 고문을 받고서도 아직도 정신을 못차리다니...(책상을 치며)이번에는 절대로 용서하지 못하겠어. 이봐! 모리 형사!

모 리 : 핫! 말씀하십시오.

나까무라 : 그 주기철인지 주철공장인지 하는 작자를 당장 잡아 오도록! 이번에는 내가 직접나서서 본떼를 보여 주겠어.

모 리 : 핫! 그럼 즉시 다녀오겠습니다.(퇴장한다-)

나까무라 : 주기철 목사! 어디 보자. 이번에는 결코 이 나까무라에게 항복하지 않고는 못 배길꺼다. 그럼 녀석이 올 때까지 전보다 더한 고문을 준비해야겠어.(퇴장한다)

여러분! 잘 보셨습니까? 만일 여러분이 저들처럼 핍박을 받는다면 어떠하셨으리라고 봅니까? 일제 강점기에 대부분의 많은 목사들과 교인들이 핍박을 견디지 못하여 신사참배를 하였습니다. 여러분이 잘 아는 영락교회 목사님이셨던 고 한경직 목사님이 노벨상과 같은 평화상인 템플턴상을 받았을 때 소감을 하신 말씀이 "나는 일제 강점기에 신사참배를 한 죄인입니다"라며 이상을 받을 자격이 없다고 고백하였을 때 모두가 놀랐습니다. 이처럼 훌륭하신 한목사님도 신사참배를 했다면 여러분은 어떻게 행동하셨으리라고 보십니까? 주기철 목사님은 어떤 모습으로 신앙을 지켰는지 제2막을 살펴보겠습니다. 2막이 시작되기 전에 다같이 "환난과 핍박 중에도" 찬송 1절을 부르겠습니다.(찬양인도자가 나와 인도한다. 마친후) 지금부터 드라마를 시작하겠습니다. 드라마의 제목은 "불의한 청지기와 충성된 청지기" 제2 막 박수.

◆ 제 2 막 ◆

◈ 배경 : 주기철 목사와 성도들이 예배를 드리고 있다.

주목사 : (성경을 들고) 오늘 말씀은 요한계시록2장 10절과 11절의 말씀
입니다. "너는 장차받을 고난을 두려워하지 말라 볼지어다 마귀가
장차 너희 가운데에서 몇 사람을 옥에 던져 시험을 받게 하리니 너
희가 십 일동안 환난을 받으리라 네가 죽도록 충성하라 그리하면
생명의 관을 네게 주리라 귀 있는 자들은 성령이 교회에게 하시는
말씀을 들을지어다 이기는 자는 둘째 사망의 해를 받지 아니하리
라.(다같이 아멘)

사랑하는 성도 여러분! 저는 신앙을 지키고자 일본의 신사참배의 반
대로 인해 모진 고난을 받았습니다. 그들은 나를 공중에 매달아 놓
고서 비행기를 태우며 나무 검도로 얼마나 때렸든지 앉을 수가 없
어서 엎드려서 개같이 밥을 먹는가 하면 고춧가루를 물에 타서 강
제로 주전자로 입을 별려 먹인 나머지 식도가 부어올라서 말도 못
하고 밥도 먹지 못하였습니다. 제일 참기 힘들었던 고문은 그들이
나의 손톱과 발톱을 뽑아내고 그 자리에다 대나무롤 깍은 송곳으
로 찔러 대는 것인데 그 고통으로 기절하기를 여러번 하였으나 오
늘까지 내가 신앙을 지켜 이 자리에 서게 된 것은 다 하나님의 은
혜요 나 또한 주님을 사랑하는 마음으로 가득 차 있기 때문입니다.

그러나 언제 또 감옥에 들어갈지 모르는 실정이기에 하나님께 드리는 마지막 소원 기도의 제목이 있다면 그것은 첫째로, 죽음의 권세를 이기게 하옵소서. 죽음을 두려워하거나 믿음을 저버리지 않게 해 달라는 것이요.

둘째로. 오랜 기간의 고난을 이기게 하옵소. 셋째로, 늙으신 어머님과 아내와 자식들을 주님께 부탁하나이다. 넷째로, 의에 살고 의에 죽게 하옵소서. 마지막 다섯째로, 나의 영혼을 주님께 부탁하나이다. 옥중에서든, 사형장에서든, 어디서든지 내 목숨 끊어질 때 내 영혼 받으시옵소서. 아멘.

모 리 : (뛰어들며) 잠깐! 설교 중지! 주 목사는 우리 일본 대제국의 천황폐하를 무시하는 설교를 하였으므로 체포하겠오.

주목사 : 당신들이 나를 체포한다 할지라도 내 신앙은 변함이 없소이다.

모 리 : 뭐라고 했소이까? 안되겠군. 나갑시다(끌고 간다)

남집사 : (벌떡 일어나며)아니? 이보쇼! 형사 나리! 우리 목사님이 뭘 잘못했다고 또 끌고 가는 거요? 보자보자 하니까 이제는 더 이상 못 참겠오. 여러분! 뭣들하십니까? 우리 모두 힘을 합쳐 이자를 몰아냅시다.

성도들 : (모두 일어서며) 그럽시다. (덤벼들려고 한다)

주목사 : 성도 여러분! 이러시면 안됩니다. 주님께서도 군병들에게 끌려가셨을 때 칼을 빼어든 베드로에게 무어라고 말씀하셨습니까? 칼로서 다스리는 자는 칼로서 망한다고 하시지 않았습니까? 언젠가는

칼로 다스린 일본도 망할 때가 올 것입니다. 그러므로 여러분이 이렇게 하시는 것은 주님의 뜻이 아닙니다.

성도들 : (모두들 무릎을 꿇고서) 목사님! (흐느끼며 붙잡는다)

모 리 : 자! 모두들 비켜나시오. 이러다간 주목사만 더 어려움을 당할테니까.

김장로 : (일어나 붙잡으며)목사님! 목사님이 가시면 저희들은 어떡합니까요?

주목사 : 장로님! 제가 없더라도 교회를 잘 부탁합니다. 주님께서 우리 산정현 교회를 지켜주실 것입니다.

김장로 : 네. 목사님 그럼. 교회는 염려마십시오. 저희들이 더 열심히 모여 기도하겠습니다. 아무쪼록 건강하셔야 합니다.

성도들 : 목사님! 주안에서 승리하셔야 합니다. (찬송한다)

김장로 : 여기에 모이신 00교회 여러분도 주목사님이 가시는 십자가의 길을 힘을 내도록 다같이 "하늘 기는 밝은 길이" 찬송 1절을 합시다.(찬양인도자가 나와 인도할때 주목사 찬송에 맞추어 모리 형사에게 끌려간다)

주목사 : (천천히 걸으며) 하나님! 산정현 교회와 성도들을 지켜 주옵소서.

모 리 : 자! 어서 갑시다(주목사의 팔짱을 낀다. 성도들 찬송을 부르며 주목사를 따라 퇴장한다)

◆ 해설

여러분! 잘 보셨습니까? 이렇게 주목사님을 죽으면 죽으리라는 일사각오의 신앙으로 또 다시 고난의 길로 끌려갔습니다. 주목사님이 설교한 것처럼 엄청난 고문과 핍박속에서도 굴복하지 않는 신앙을 가짐으로 우리모든 교인들에게 신앙의 도전을 주는 충성된 청지기가 되었습니다. 만일여러분이 주목사님 같은 고문을 받았다면 대부분이 항복하고 말았을 것입니다. 이제 주목사님이 어떻게 순교하여 주님의 품으로 가는지 제3막을 살펴보겠습니다. 3막이 시작되기 전에 다같이 "환난과 핍박 중에도" 찬송 2절을 부르겠습니다.(찬양인도자가 나와 인도한다. 마친후) 지금부터 드라마를 시작하겠습니다. 드라마의 제목은 "불의한 청지기와 충성된 청지기 제3막 박수"

◆ 제 3 막 ◆

◈ 배경 : 서장실 안, 고문기구가 책상위에 여기저기 널려져 있다.

나까무라 : 모리 형사는 어떻게 된거야! 주기철 목사를 끌고 온다고 한 것
이 지금 몇 시간이나 지났는데 이렇게 빨리 안 오는거야! (이때 모
리 나타난다)

모 리 : 나까무라상! 여기 주목사를 데리고 왔스므니이다.

나까무라 : 모리형사! 왜 이리 늦은 거야?

모 리 : 핫! 산정현 교회의 교인들 때문에 늦었스므니이다.

나까무라 : 뭐라구? 교인들 때문이라구? 그래 무슨 반란이라도 일으켰나?

모 리 : 핫. 이 주목사를 끌고 오는데...

주목사 : (나서서 말한다) 아닙니다. 다 내가 부족한 탓으로 인한 것이니 우
리 산정현 교인들은 아무런 잘못이 없습니다.

나까무라 : 그래요? 주목사 교회의 교인들은 잘못이 없고 주목사만 잘못
이 있다고 했소이까? 좋소. 그렇다면 주목사! 우리 이 시간 서로 피
곤하지 않도록 협상합시다. 서로가 좋은 게 좋은 거니까. 이 시간에
신사참배를 찬성하겠다는 한마디만 해 준다면 서로의 잘못을 용서
해 주겠소이다. 그리고 산정현 교회도 더 크게 지어주겠소. 자! 어
떻소?

주목사 : 이보시오. 나까무라 서장! 내가 지금까지 섬겨온 하나님을 배반

하고 우상숭배나 다름없는 신사참배를 찬성한다는 것은 사탄의 종이 되라는 소리인데 어찌 내가 그 말에 찬성하겠오?

나까무라 : (컵을 들어 얼굴에 뿌리며) 뭐야? 아직도 정신을 덜 차렸구만 그렇게 고문을 받고도 정신을 못차리다니.... 이봐! 모리 형사! 몽둥이 가져와!

모 리 : 핫! 여기 있스므니이다.

나까무라 : 이제는 날 원망마라. 에잇! (마구 때린다) 모리 형사! 뭘하고 있나? 같이 치지 않고?(같이 때린다)

주목사 : 오! 주여! 이 고난에서 이기게 하옵소서.

나까무라 : 아주 지독한 놈이구만! 이봐! 모리형사! 주전자에다 고춧물을 열배로 진하게 타서 가져와.

모 리 : 핫! (퇴장한다)

나까무라 : 자! 주목사 살려 줄 기회를 주겠오. 모리 형사가 고춧물 주전자를 가져 오는 동안 협상합시다. 어떻소? 항복하는 것이....

주목사 : 당신이 나를 부수어 버린다 할지라도 예수님을 배반하는 가룟 유다가 되지는 않겠소. 나는 지금 죽는다 해도 천국에 가지만 나까무라 상은 지옥이 두렵지도 않소? 당신도 속히 회개하고 예수님 믿어 천국 가시오.

나까무라 : 아니? 뭐라고? 안되겠구만! 그래도 목사라고 봐 주려고 했더니 이봐! 모리 형사 어떻게 된거야?

모 리 : 핫! 여기 가져 왔스므니이다.

나까무라 : 이자를 이 자리에 앉히고 목을 꼭 잡아!

모 리 : 핫! (목을 잡는다)

나까무라 : 날 원망하거나 후회하지 마라! 주목사. 자! 어떠냐? (고춧물을 붓는다)

주목사 : 오~ 주여!(쓰러진다)

모 리 : 기절하였습니다.

나까무라 : 기절했다구? 기절했어도 정신나게 이 몽둥이로 때려 버려!

모 리 : 그래도 기절한 자를 어떻게 하므니이까?

나까무라 : 그래서 못하겠다는 건가? 모리 형사 내 말이노 거역하므니이까?

모 리 : 아, 아닙니다. 그게 아니라..

나까무라 : 못하겠다면 내가 보여 주지 자! 에잇!(마구 때린다)

모 리 : 그, 그만 하시오! 나까무라 상 더 이상 행동하면 가만두지 않을 것이오(총을 빼든다)

나까무라 : 아니. 모리 이놈이, 너 정신 나갔냐?

모 리 : 그래. 정신이노 나갔스므니이다. 아무리 우리의 일본 대제국의 천황폐하를 섬기지 않는다고 기절한 사람을 개 패듯이 팰 수 있는 거요?

나까무라 : 이런 못된 반역자 놈이 있나? 에잇!(총을 쏜다. 모리 쓰러진다)

모 리 : (쓰러진다) 으윽! 그럼, 너도 에잇! (총을 쏜다)

나까무라 : 이, 이런 나쁜놈....(쓰러진다)

모 리 : (주목사에게 기어서 가까이 가며) 목, 목사님 용서해 주십시오.
　　　윽!(쓰러진다)

주목사 : (힘 없이 겨우 기도하는 자세로 앉으며)주님! 이 고난을 이기게 하
　　　여 주심을 감사하나이다. 저들의 죄를 용서하옵시고 산정현 교회를
　　　지켜 주옵소서... 이, 이제 내 영혼을 받아 주옵소서(쓰러진다. 이때
　　　"하늘가는 밝은 길이" 마지막부분 "예수공로 의지하여 항상 빛을 보
　　　도다" 반주가 크게 울려지며 마치면 설교자가 등장한다)

◈ 해설

　여러분! 잘 보셨지요? 여려분은 불의한 청지기인가요? 아니면 주기철 목
사님처럼 충성된 청지기인가요? 어쩌면 환난과 핍박중에도 죽도록 충성하
기보다 살기위해 충성을 다하지 못하는 신앙을 저버리지는 않습니까? 참
신앙은 교회만 열심히 나온다고 해서가 아니라 위기를 만났을 때 알아볼
수 있습니다. 시험과 어려움이 닥칠 때 끝까지 하나님을 붙들고 기도하며
나아가는 자가 충성된 청지기입니다. 주목사님이 온갖 고문과 심지어 고
춧물을 붓는 고문에도 죽도록 신앙을 지키며 순교할 수 있었던 것은 하나
님만 바라보는 신앙을 가졌기 때문입니다. 현재 여러분은 어떤 어려움과
시험 속에 있습니까? 불의한 청지기가 되어 굴복하고 있지는 않습니까? 주
목사님처럼 아무리 갖은 고문과 핍박에도 굴복하지 않은 것처럼 하나님만
바라　보며 나가시기 바랍니다. 본문 요한계시록 2장 10절에 "죽도록 충
성하라 그리하면 생명의 관"을 준다고 하였습니다. 목숨을 내놓기까지 충

성하면 그 보상으로 생명의 관을 천국에서 준다는 것입니다. 그러므로 천국을 바라보는 자는 이 세상에 마음을 두지 않습니다. 온갖 핍박과 시험과 고난이 닥쳐와도 이기는 신앙을 가집니다. 그러나 세상에 마음을 두는 자는 교회를 다녀도 직분을 맡았어도 오래동안 신앙생활을 하여도 조그만 시험이 닥쳐도 넘어집니다. 그래서 진짜 신앙과 가짜 신앙은 시험과 위기를 만났을 때 알아보게 됩니다. 여러분은 어떤 신앙을 가졌습니까? 주목사님처럼 진짜신앙을 가진 충성된 청지기입니까? 아니면 1막에 나왔던 핍박에 굴복한 목사처럼 불의한 청지기입니까? 만일 내 자산이 불의한 청지기와 같다면 회개하여 충성된 청지기가 되기 바랍니다. 이 시간에 다같이 "너 시험을 당해" 찬송 1절을 부른 후에 기도하겠습니다.(찬양인도자가 나와 인도한다. 마친후) 반주가 끝날 때까지 설교자가 기도회를 인도한 뒤 마무리 기도를 따라하게 한후 "환난과 핍박중에도" 찬송을 모두 부른 뒤 마친다)

◆ 마무리기도

하나님 아버지. 오늘 드라마를 통해 은혜 받게 하심을 감사합니다 / 저희도 환난이나 핍박을 만나면 / 신앙을 저버리기 쉬운 불의한 청지기입니다 / 죽도록 충성하지 못한 삶을 / 산 것을 회개 하오니 용서하여 주십시오/주목사님처럼 어떤 고난이나 핍박에도 이길수 있는 / 충성된 청지기가 되게 하여 주십시오 / 그리하여 천국에 가서 주님께 생명의 관을 받게 하옵소서 / 예수님의 이름으로 기도합니다. 아멘 /

32. 부자와 거지와 코로나

이 인형극은 지난 2021년 9월 30일

양천구 "재담꾼을 찾아라"에서 백명이 넘는 재담 경쟁자를 뚫고

유일하게 코로나 방지를 위한 인형극으로 체택되어

양천구 공동체에 인기리에 공연한 소문난 인형극입니다.

32. 부자와 거지와 코로나

◆ 주제 : 코로나 방지를 위한 인형극으로 공연하는 단체에서 종교적인 색채를 빼라고 하여 기존 성경 인형극과는 다르게 편집 되었음을 양해 바랍니다

◆ 해설 : 지금부터 인형극을 시작하겠습니다. 인형극의 제목은 "부자와 거지와 코로나 제1막 박수"(막이 오른다)

◆ 소요시간 : 내용이 짧아 20분정도 시간이 진행됩니다.

◆ 소품 준비물 : 부자 인형에게 씌울 마스크(다이소 에서 어린이용 500원짜리 마스크를 구입하여 부자 입에 가린다)

◆ 인형극을 시작하기전에 청중들에게 당부할 말

1. 인형극의 제목은 "부자와 거지와 코로나 제1막" 하면 모두 소리를 와~ 하고 지르며 박수를 침으로 인형무대 막이 올라간다.

2. 인형들이 질문을 하면 반드시 대답을 할것과 마지막에 등장하는 코로나 인형에게는 무조건 반말을 하도록 지시한다.

◆ 등장인물: 부자 거지 코로나

부 자: (등장한다) 이 세상에 돈이 없으면 무슨 재미로 해가 떠도 돈이 달이
떠도 돈이 최고야. 그렇죠? 여러분(아뇨) 뭐 아니라구요? 뭐니 뭐니
해도 머니가 최고라는 말을 못들으신 모양인데 돈없어 봐요 어디 맘
편하게 살수가 있는가? 그리고 보니 여기 모인 자들이 모두 나 처럼
돈많은 부자처럼 보이지 않고 가난뱅이처럼 보이는데 나는 돈이 많
으니까 누구든지 내말을 따라 하는자는 5만원씩을 줄테니까 따라
하세요. 세상에는 돈이 최고다(아니다) 최고다(아니다) 어쭈구리? 5

만원을 준다고 해도 안따라한다 이거죠? 그럼 십만원씩을 줄테니까 따라하세요 세상에는 돈이 최고다(아니다) 최고다(아니다) 이런 한심한 사람들을 보았 나? 내말만 따라하면 공돈이 생기는데 저러니 평생 가난을 못면하지. 에이. 재수없어. 들어가서 내생일날 잔치 특별요리인 한우 불갈비나 뜯어야겠다.(퇴장한다)

거 지: (기어나오며)어? 벌써 아침이 되었잖아. 어제부터 아무것도 못먹었더니 배가 너무 고프다. 여러분. 안녕하세요? 저는 요즘 찾아보기 힘든 거지예요. 예전에는 거지 선배들이 많았는데 이제는 저만 인간문화재처럼 남았어요. 여러분은 식사하셨어요?(네) 저는 웬종일 굶었더니 힘도없고 정신이 하나도 없어요. 게다가 피부병까지 나서 고름이 흘러 동네 개들이 핥아주기도 해요. 게다가 저는 부모님이 일찍 돌아가셔서 고아거지예요. 여러분을 보니까 돌아가신 아빠 엄마생각이 나요. 아빠.ㅎㅎㅎㅎ흑. 엄마. ㅎㅎㅎㅎ흑. 왜 아빠 엄마는 나만 남겨놓고 일찍 돌아가신거야? 그나저나 배가 너무 고프다. 어? 이게 어디서 나는 불갈비 냄새지? 와~ 바 로 이 부자 아저씨 집에서 나는 냄새구나. 야! 이집은 수영장도 있고 차도 밴츠 500이다. 엄청나게 부잔가봐요. 지금 불갈비 파티를 하나봐요. 그럼 문을 두드려 부자 아저씨를 불러봐야겠다. 아저씨. 계세요? 어? 왜 아무런 소리가 안나는 거지? 아.저.씨. 거지가 왔어요. 네? 그래도 아무런 대답이 없네. 그럼 내대가리로 두드려 봐야겠다. 아.저.씨. 아이고~ 내 대가리 박살 나는줄 알았네.

부 자: 거기 밖에 누구시오? 우리 집 대문을 다 부수도록 난리를 피는 자

가 으잉?

거 지: 아저씨. 거진데요 배가 고파서 왔어요. 아저씨 집에 맛있는 불갈비
냄새가 나서요 조금만 주시면 다음엔 안 올게요.

부 자: 뭐라구? 거지라고? 내 생일에 오라는 손님은 안오고 재수없게 거지가
와? 저 거지놈이 내생일 잔치를 망치려고 죽을려고 환장을 했구나. 곱
게 말로 해서는 안되는 놈 같아서 너는 내가 나가면 제삿날인줄 알아라.

부 인: (목소리만) 여보. 저 거지가 너무 불쌍해요. 여기 불갈비랑 맛있는
거 줘서 보냅시다.

부 자: 이 여편네가 이렇게 내가 번돈을 엉뚱한데 쓰니까 살림을 말아 먹
는거야. 저리비켜. 저놈은 혼내줘야 다시는 안찾아와. 넌 내가 나가
면 죽었다.(등장하며 거지 머리를 때린다) 허.허.허. 나쁜놈. 어쭈구
리? 넌 지금 때가 어느땐데 마스크도 안하고 다녀? 너 혹시 코로나
확진자 아냐? 백신은 맞았냐?

거 지: 코로나 확진자는 아녜요. 거지라서 병원에 못들어가요. 마스크 살
돈도 없구요.

부 자: 어디 내가 열을 체크해 보겠다.(이마를 만진다) 그러고 보니 열은 없
네. 그래도 마스크는 해야지 이놈아. 더구나 네 피부병이 전염될까
무섭다. 그러니 좋은말을 할 때 썩 물러가라. 안그러면 여기 사람들
보는 앞에서 혼난다.

거 지: 아저씨. 배가 너무 고파서 그래요. 먹다 남은 음식도 좋아요. 조금
만 주세요.

부 자: 이놈아. 내가 돈을 벌어 부자가 된 것은 너같은 거지나 도와주려고
　　　부자가 된게 아니야 좋은말로 할 때 얌전히 사라져라. 안그렇다간
　　　뼈다귀도 못추린다.

거 지: 아저씨. 제발 도와주세요.

부 자: 아니, 이놈이 이 옷이 얼마짜리 옷인데 붙들고 늘어져? 어거 못 놔?

거 지: 얼마짜린데요?

부 자: 금으로 장식된 옷이라 이천만원도 넘는 옷이야. 세탁비도 백만원
　　　이 넘어.

거 지: 아저씨는 그렇게 잘 먹고 잘 살면서 불쌍한 사람들 도와줄 마음도
　　　없으세요?

부 자: 나만 잘 먹고 잘살면 그만이지 그까짓 불쌍한 자들을 뭐하러 생각
　　　해? 너 아무래도 나한테 받아가야 될게 있다.

거 지: 네? 맛있는 거 주실려구요?

부 자: 맛있는 거가 아니라 내 주먹이나 받아가라. 에잇. 팍.팍.팍. 어떠냐?
　　　내 주먹맛이?

거 지: 아.저.씨. 너무하세요. 으윽~(쓰러진다)

부 자: 우하하하하. 한방에 가는군. 내가 이래봬도 별명이 양천구의 타이슨이
　　　다. 이직도 내주먹이 녹슬지 않았구만. 그럼 지금부터 카운트를 센다.
　　　원,투..나인,텐. 와! 내가 챔피언이다. 야! 거지야. 일어나봐. 엄살 피우
　　　지 말고,. 어이쿠. 이거 큰일났구나. 내가 거지를 때려 죽인거 아냐? 여
　　　러분! 경찰이 오면 내가 이 거지를 죽였다고 하지 마세요. 알았지요?

(싫어요) 얘기안하면 돈을 달라는대로 백만원도 천만원도 드릴게요. 네?(싫어요) 싫다면 관두세요. 지금 이럴때가 아니지. 도, 도망이다.

거 지: (힘없이 일어서며) 어휴. 부자 아저씨한테 맞아서 정신을 잃었는데 다행히 깨어났네. 저 부자아저씨는 저러다가 벌을 받을텐데 오히려 아저씨가 불쌍하네. 그래도 내가 거지지만 코로나에 안걸린 것에 감사해야지. 여러분도 부자아저씨처럼 욕심부리지 말고 착하게 사세요.알았지요?(네) 제가 들어가기 전에 하모니카로 길거리에서 구걸하는 노래를 여러분에게 들려드리고 들어갈게요.(내주를 가까이 하게함을 부른다) 여러분! 다음에 또 만나요.(퇴장한다)

코로나: (목소리만) 우하하하하하. 나는 전세계에 두려움을 주고있는 코로나다. 누구든지 코로나에 걸리면 어린아이든 어른이든 심하면 죽음에 이르게 되지. 내가 지금 나가면 모두 코로나에 걸리게 되어 있으니까 무서우면 당장 여기서 나가기를 바란다. 코로나에 안걸리려면 지금 모두 나가라(싫어) 내가 나가면 내모습을 보고 기절을 하거나 어린이들은 놀라서 오줌을 쌀텐데 그래도 안 나갈테냐?(안나가) 좋다. 그럼 후회하지 말고 기다려라. 내가 드디어 나갈테니까. (등장한다) 우하하하하. 내가 바로 온세계가 무서워하는 코로나다. 어때? 무섭지?(아니) 뭐? 아니라고? 그러고보니 여기에 모인자들은 모두 나 코로나에 걸릴자들 이 거의 없는 것 같은데 그래도 나 코로나에 걸릴수 있게 유혹하겠다. 여러분.(왜) 왜라니? 감히 이 무서운 코로나에게 왜라고 해? 아! 나 코로나가 무서워서 그런 모양인데 목 소

리를 바꾸겠다. 할아버지 목소리로 여러분!(왜) 그러면 할머니 목소리로 여러분!(왜) 다음은 아저씨 목소리로 여러분!(왜) 그다음은 아줌마 목소리로 여러분!(왜) 마지막으로 아가씨 목소리로 섹시하게 여러분!(왜) 에이. 여러분이 반말을 하던 상관없이 지금부터 나 코로나에 걸릴수 있도록 시험하겠다. 첫째로, 밖에 있다가 와서는 귀찮게 절대 손을 씻지말고 음식을 드시기 바랍니다. 알았지요?(싫어) 둘째로, 사람들은 많이 모일수록 친해지는 법이니까 될수록 많이 모이는 곳에 가서 거리두기 하지말고 잘 어울리세요. 알았지요?(싫어) 마지막 셋째로, 귀찮게 마스크를 쓰지말고 사람들이 안볼때는 벗고 다니거나 대충 입만 걸치세요. 알았지요?(싫어) 이거야 정말 여기 모인자들은 내 꼬임에 넘어가지 않는구만. 그렇지만 나 코로나에 언젠가는 꼭 걸리도록 만들겠다. 그나저나 내가 이렇게나온 것은 돈밖에 모르는 욕심장이 부자 녀석을 나 코로나에 걸려 끌고 가려고 나왔는데 야! 욕심장이 부자야. 당장 나와.

부 자: (등장한다) 아니? 넌 누구냐? 웬 도깨비냐?

코로나: 뭐? 도깨비라구? 이런 무식한 놈을 봤나?(머리를 때린다) 나는 코로나다.

부 자: 아이고~ 뭐라고? 코로나라고? 난 코로나 같은 것 걸릴 수가 없어. 백신도 두 번이나 맞았고 이렇게 마스크도 철저히 쓰고 다니는데 무슨 코로나에 걸린다고 그래?

코로나: 너같은 욕심장이는 아무리 백신을 많이 맞아도 마스크를 쓰고 다

녀도 소용이 없다.

부 자: 그럼 백신을 왜 맞으라고 하고 마스크는 왜하고 다니라고 해? 그게
　　　 소용없는 일이라면 말이 돼? 더구나 내가 돈을 벌어 내돈 가지고 잘
　　　 먹고 잘 사는게 뭐가 잘못됐다고 그래?

코로나: 네가 아무리 예방처방을 했을지라도 돈밖에 모르고 욕심만 부려 불
　　　 쌍한 거지도 도와주기는 커녕 때리고 가난하고 어려운 이웃을 도와준
　　　 적도 없이 너의 배만 채우려고 한 너를 데려가려고 그벌로 내가 왔다.

부 자: 아이고~ 제, 제발 살려 주세요.

코로나: 이제 와서 제아무리 후회해도 소용이 없다. 자! 가자.

부 자: 아! 이럴줄 알았으면 착하게 살 것을.. 돈 욕심만 부리다가 코로나에
　　　 걸려 죽게 되는구나. 으흐흐흐흑. 여러분도 저처럼 돈 욕심 부리지
　　　 말고 불쌍한 이웃을 도우며 착하게 살아가세요. 알았지요?(네) 아~
　　　 내가 어리석었어. 으악.(막이 내린다)

◆ 해설

　여러분. 잘보셨어요? 부자는 코로나에 안걸릴줄 알고 온갖 예방은 다했
지만 돈밖에 모르고 거지에게 사랑을 베풀줄도 모른채 욕심만 부리다가 죄
값으로 벌을 받아 코로나에 걸려 죽었답니다. 우리도 인형극의 교훈을 통
해 불쌍한 이웃들에게 사랑을 베풀며 살아가야 합니다. 그리함으로 코로나
가 한길로 왔다가 일곱길로 도망하게 되고 축복을 받는 삶을 살게 됩니다.
인형극을 시청해 주신 모든분께 감사를 드립니다. 모두 행복하세요.

부록

50년대 출생한 여전도회 시

아직도 광야에서

인생 나그네 길이

길어야 팔십이라는데

우리 여전도 회원의

나이도 칠십 고개를 훌렁 넘었습니다.

전쟁과 가난과 혼란의

시대를 쓰러지지 않고

오뚜기처럼 살아 왔습니다.

먹고 살겠다고

내 자녀 잘 키워 보겠다고

집 하나 마련하겠다고

안 해 본 일이 없습니다.

저 고개만 넘으면

무지개를 잡겠지 하며

앞만 보고 달려 왔는데

무지개는 아직도 고개 너머에 있고

배추 속잎처럼 곱던

우리의 얼굴은

화장으로도 감출 수 없게

잔주름이 가득합니다

밤을 낮 삼아 일해도

지칠 줄 모르던 기력은

어느새 사그러 들어

이제는 버스를 타도

앉을 자리부터 찾습니다

돋보기를 써야 글씨가 보이고

메모하지 않으면

꾼 돈도 잊어버립니다

할머니는 애초부터

따로 있는 줄 알았는데

우리가 할머니가 되었습니다

그래서인지

주님 앞에 서면

목이 메입니다

지금까지 살아온 세월이

광야생활만 같습니다

압박과 고난을 피해

홍해를 건넌 이스라엘 민족의

사십 년 동안 광야에서 살았는데

우리는 오십 년도 더 살고 있습니다

하지만 오십이 넘은 나이에도 불구하고

아직도 달라고 하며

울고, 투정하고, 원망하고 어린아이와

같은 믿음입니다

그러나 주님은

끝까지 참으시고

우리를 사랑하사

독생자 예수를 믿게 하시고

구원해 주셨습니다

캄캄한 밤 어두운 길을

등불되어 인도해 주시고

마음 속 깊은 소원도
들어 주셨습니다

참 좋으신 주님
뒤돌아보면
목마름과 상처뿐인 광야생활이
차라리 은혜임을 고백합니다

돌덩이 같던 마음 녹여
믿음 주시고
인내와 겸손을 가르쳐 주셨습니다

주님,
아직도 가나안 복지를 향해
걸어가는
우리 여전도 회원에게
은혜를 주옵소서
썩어지고 불타버린 재물을 따라
다니다 주님 잊지 말게 하옵시고
자녀의 성공과 출세만을 위해
기도하지 말고

우리의 아들 딸 예수 잘

믿게 해 달라고 기도하게

하옵소서

내 일보다 주님의 일로

매일 바쁘게 하옵시고

이 땅의 집보다

하늘의 집 소원하게 하옵소서

지금까지 지내온 세월이

축복임을 알고 감사하게 하시고

우리 입술에서 찬양만이

흘러나오게 하소서

여전도 회원이

모두가 아름다운 삶 살도록

주의 빛으로 인도 하옵소서.

I Will Follow Him

I love him love him I love him And where he gose I'll
follow I'll follow I'll follow I will follow him ————————

간증

저의 인형극은 일반 공연자들과는 다르게 어린이들뿐만 아니라 전교인이 함께보며 은혜받는 국내에서 전미주까지 소문난 인형극 부흥회입니다. 제가 1999년도에 대사관에서 IMF로 불가능한 미국 비자를 하나님께 큐티한 잠 5;21의 "대저 사람의 길은 여호와의 눈앞에 있나니 그가 그 사람의 모든 길을 평탄하게 하시느니라"는 말씀을 붙들고 대사관 안에서 간절히 기도함으로 인터뷰한 영사가 다시 집으로 가져가라고 창구에 2년동안 가져갔던 서류를 영사의 마음을 감동시켜 다시 서류들을 끌어당겨 비자를 주는 기적같은 역사가 일어남으로 미국을 가게 되었습니다. 장인의 후임으로 가는 교회라고 교인들이 50여명은 된다고 하여 기대가 부풀어 도착했으나 고작 교인들은 늙은 노부부만 남아 있었고 마른뼈같은 더구나 미국교회를 빌려 예배를 드리는데다가 장인의 사울왕 같은 행동에 저의 시련은 말할수 없을 정도로 힘들었습니다. 그러나 주님은 저의 인형극 달란트를 가만히 두지 않으시고 인형극의 길을 열어주셔서 LA를 비롯한 전미주 까지 인도할 정도였습니다. 이로인해 미주복음방송,미주크리스찬신문,미주크리스찬투데이,미주크리스찬헤럴드,미주중앙일보,미주한국일보에 보도가 됨으로 인형극 사역의 길이 더 넓어져 대형교회에 속해있는 장애인부서와 노인대학에도 공연을 하게 되었습니다. 더구나 저의 인형극은 그 어느 누구도 공연한 적이 없는 8천명이 수용되어있는 LA감옥에도 공연하였는데 감옥에 가게 된것은 LA에서 가장 큰 침례교회인 만명이 넘는 은혜한인교회에서 인형극을 가르치고 행사때마다 공연하는 인형극 전임목사로 내가 집필한 "전도와 부흥을 일으키는 소문난 인형극(은혜출판사)"를 담임목사 사모님이 보고서 내가 교회안에 속해있는 선교대학에 인형극팀을 맡게 되었는데 우리 은혜한인교회에 오셔서 인형극을 맡아주실래요?"하여 가게 되었는데 "심목사님이 공연하는 인형극을 보고 싶어요"하여 마침 이번 주일에 동서가 다니는 가디나에 있는 성화장로교회에서 오후2시에 공연이 있다고 하자 오겠다고 하여 공연을 보고 전화가 왔는데 "내용은 은혜롭고 다 좋은데 인형이 너무 작아요.

우리 교회는 LA에서 가장 큰 교회인데 공연을 하시려면 사람 머리만 하게 만들어 공연해 주세요. 그리고 3주후 추수감사절에 저희 교회는 해마다 유학생 가족 초청잔치에 1500여명이 넘게 모이는데 그 시간에는 유학생에게 맞는 "부자와 거지 나사로"가 아닌 다른 인형극을 공연해주시고 다음주 금요 성령 집회에도 많은 성도들이 나오는데 그때는 "부자와 거지 나사로"를 해주세요"라고 마치 주문 제작 인형극을 부탁하는 것이었습니다. "인형 머리를 사람 머리만 하게 만들라니? 어쩌지?"나도 모르게 한숨이 나오는데 예전에 장판으로 뼈대를 만들어 신문으로 만든적이 있어 당장 장판을 사려고 홈데퍼라는 온갖 모든것을 파는 대형 만물상에 가서 장판을 구입하려고 뒤져봤지만 미국은 카페트 문화라 도저히 찾을수가 없어 집으로 돌아와 걱정을 하고 있는데 식탁위에 놓여진 패트병을 보고 뼈대를 만들면 되겠다는 지혜가 떠오르더니 입을 움직이게 하는 것은 야쿠르트 병으로 철사를 연결하면 되겠다고 하여 시도해보니 누구도 생각지 못한 손인형 뼈대가 완성되었고 그위에 신문을 4장을 마니까 사람 머리만하게 만들어졌는데 문제는 그위에 창호지를 붙여야 페인트칠이 잘되는데 미국에는 그 흔한 창호지를 구할수가 없어서 두루마리 화장지를 풀로 붙여 봤으나 녹아버려서 안되어 씽크대 옆에 놓여진 키친타올을 보고서 가져와 붙였더니 창호지보다 훨씬 붙이기가 좋은데다 주름도 덜하고 빨리 마르는 것을 볼수 있었습니다. 마른후에 페인트칠을 하였는데 이전에 기독교 인형극 연구소에서 만든 플라스틱 손인형보다 훨씬 뛰어난 세계 최초의 신문과 키친타올로 만든 손인형이 탄생 되었습니다. 공연 후에 알게 된 사실이지만 신문 4장으로 만들면 크기는 하지만 공연하는데 손이 아파서 힘듬을 알고 나중에는 3장으로 제작하였습니다.

추수감사절 유학생 초청잔치에는 유학생들이 흠모하는 성공하려는 박사인형과 부자가 되고 싶어하는 백달러 돈인형과 결혼대상인 미인 인형과 미국에서도 제사를 드리게 하는 조상귀신 인형과 이것들보다 더 뛰어나 하나님께 감사를 드리도록 지시하시고 다같이 감사찬송으로 마무리하는 예수님 인형과 신문 사진을 보고 똑같이 만든 담임목사님 인형을 만들어 공연을 하였는데 효과는 만점이었고 기립박수를 받았습니다. 다음주 금요 성령 집회에는 많은 성도들이 모인 가운데 "부자와 거지 나사로" 인형극 부흥회를 마친후에 한기홍 담임목사님이 "심정섭목사님을 우리 은혜한인교회에 인형극 전임목사님으로 임명합니다"라고 전교인들에게 선포하자 전교인들이 모두 일어나 제게 "할렐루야"를 외치며 박수로 열렬히 축하해주었습니다. 그래서 돌아오는 모레 주일에 주보에도 실려 정식으로 3부 예배까지 인사를 드리기로 하였는데 다음날인 토요일에 그라지 세일에서(집앞에 쓰던 물건을 파는 벼룩시장) 한국목사라고 미국가정 주인에게 모두 기증받은 물건중에 딸을 주려고 물휴지로 닦아 딸방에 책상에 올려 놓았는데 딸이 들어와 "누가 내방에 이 거지같은 것을 갖다놨어?"라며 고함을 치는데 내가 "그거 너 주려고 내가 갖다놨는데?"라고 하자 딸이 "그러고도 아빠가 목사야?"라며 대드느데 기가막혀 "어디 아빠한테 함부로 말해?"라며 나도 모르게 화가 나서 딸 뒤통수를 손바닥으로 때리자 큰소리로 울며 자기방에 침대에 누워 이불 뒤집어 쓰고 욕을 하는데 참을수 없어 이불을 뒤집은채로 더 혼냈더니 결국 신고가 들어와 십분만에 경찰이 들이닥쳤고 뒤로 수갑을 찬채 경찰차에 끌려가 구치소 독방에서 얼마나 울었는지 모릅니다. 내일이면 은혜한인교회에 부임하는 날인데 기가막힌 일이 벌어졌으니 결국은 보석금 삼천불이 없어서 나오지 못하고 결국 재판받고 그 유명한 감옥에 가게 된것입니다.

감옥에 죄수들을 호송하는 영화에 나오는 호송차량을 수갑을 찬채 도착했는데 어디서 그많은 호송차량들이 같은 시간에 도착하는지 수많은 죄수들이 쏟아져 나오는데 한국인은 나혼자였고 그래도 미국은 선진국가라 틀린것은 환자들은 분리하여 따로 수용하는데 시설이 얼마나 깨끗한지 넓은 홀이 있었고 모두 A에서 F까지 각 35명씩 수용되어 있었고 저는 B동에 수용되었는데 이층으로 되어 각방에 양쪽에 이층침대가 놓여있었고 들어가면 홀이 넓어 모두 스텐레스로 된 붙어있는 원탁과 붙어있는 네개의 의자가 갖추어 있었습니다. 구치소나 감옥 모두 화장실 변기나 거울조차도 스텐레이스로 되어 있었는데 아마도 깨뜨리지 못하게 하기 위함었나 봅니다. 내가 B동에 들어가기 전에 마중나온 멕시칸 친구가 반갑게 맞아주면서 어떻게 한국인인줄 단번에 알고 한국말로"배고파? 배고파?"하는것이었습니다. 그렇다고 고개를 끄덕이니까 단팥빵 두개와 음료수를 주고 기드온협회에서 나온 한국에서는 본적이 없는 큰 새파란 신약성경을 주는데 얼마나 고마웠는지 모릅니다. 그리고는 생각했지요. '어쩌면 주님은 은혜한인교회보다 죄수들에게 복음을 전하라고 여기에 보내신지 몰라. 그럼 굳이 내 신분을 감출 필요가 없다. 목사라는 신분을 떳떳하게 밝히자' 라며 문을 열고 들어가자마자 큰소리로 당당하게 "헬로우.에브리원. 아이 엠 코리언 패스터"라고 하니까 모두들 한국목사가 감옥에 왔다니까 모두들 눈이 휘둥그레져서 쳐다보는것이었죠. 그중에 한명이 "와이 히어?"하며 왜 여기에 왔냐고 묻길래 서슴없이 손까지 흉내내며 "마이 다러 터치"하고 딸을 때려왔다니까 모두들 박장대소를 하는 것이었습니다. 그런데 이것이 저들과 벽을 허무는 금방 친해지는 사이가 되게 된 계기가 되었습니다.

방을 배치받고 죄수 하나가 위로 올라가라고 하여 이층침대 위로 올라가 기도하였죠. 여기에 오게 하심을 감사하고 목사의 역할을 다하게 해달라고요. 고속도로가 보이는 조그만 창문을 통해 달려가는 차들을 바라보며 식구들이 생각이 나 얼마나 울었는지 모릅니다. 위에는 파랑 웃도리 바지는 노랑을 입은거로 생각나는데 한방에 있어도 죄수들의 옷색깔이 모두 다른게 이상하여 나중에 알았지만 살인자,마약중독자,강간범,도둑질한자,나처럼 가정폭행등 다양했는데 그래도 녹내장 환자라고 병동수용소에 넣은게 역시 미국임을 실감 했습니다. 더구나 목요일마다 환자 죄수들에게 약을 지급하는 수레가 오는데 모두들 줄을 서서 자기 이름을 부르면 약을 타는 것이었습니다.

첫날밤 감옥에는 시계가 없어서 시간을 알수 없고 TV는 이층 높은데 설치하여 하루종일 농구하는건만 틀어서 재미가 없어서 그런지 아예 죄수들은 보지도 않고 다 자거나 몇명을 카드놀이를 하는것이었습니다.어쨌든 저녁 10시쯤 되니까 각방마다 자동으로 잠겨져 열지를 못하게 되어있고 순찰하는 두명이 랜턴을 켜고 돌아다니는데 큰 기둥을 보고 '저기에 두루마리 화장지로 십자가를 만들어 붙이면 내일 아침 너희들 모두 놀랄거야'라며 순찰자에게 "오픈 더 도어"했더니 열어주길래 내가 지급받은 화장지를 들고 나가 무레 적셔 예수님이 달린 십자가 크기민큼 기둥에 붙였는데 어찌나 잘 붙던지요. 그리고 들어가서 편안히 잠을 잤는데 새벽6시가 되니까 꺼졌던 모든 불이 환하게 켜지며 방송으로 "스턴드 업"하며 일어나라는 소리와 함께 잠겨있던 모든 문들이 자동으로 열려지는것이었습니다. 그러자 죄수들은 일제히 1층이 있던 죄수들은 원탁으로 앉아서 대기하고 있었고 2층의 죄수들은 올라가는 계단에서 섯 모두 대기하고 있으니까 순찰관 두명이 모두 다 있는지 인원파악을 하고는 나가니까 이때 키가 큰 흑인 제임스라는 친구가 성경을 일어주고는 간단하게 설교하고는 모두 주기도문을 하게 하는데 이 광경에 저는 충격을 받았습니다. 그래서 내가 영어로 "앞으로 내가 매일 아침 축복 기도는 내가 할테니까 어떠냐?"라고 하니까 모두 좋다고 하여 아침 식사가 나올때 모두 식사전에 기도를 하게 되었습니다. 제게는 감옥에서 첫식사를 하게 되었는데 재미있는건 죄수들중에 쥬스나 우유나 사과나 오랜지같은게 나오면 안먹고 있다가 다음 식사중에 들고 다니며 다른것으로 바꾸는 몇몇 죄수들도 있더군요. 식사후에 기가막힌 광경을 보게 된것은 하나같이 할일이 없어서인지 대부분 각방에 가서 자는 것이었습니다. 저들의 먹고 자는 짐승같은 모습에 안타깝고 불쌍한 마음이 들어 '어떻게 하면 저들을 안자게 만들지? 그래. 인형극을 보여주자" 그리하여 손인형을 지급받은 두루마리 화장지를 내것과 같은방에 있는 죄수들에게 얻어서 봉을 뺀뒤에 그위에 화장지를 물을 묻혀가며 인형머리를 만들어 거지나사로와 부자와 아브라함과 마귀와 슈렉까지 만들었는데 눈과 입은 식사에 나오는 콩과 빨강 색깔의 반찬을 먹지않고 모아 두었다가 인형 얼굴에 붙혀 만들고 얼굴 색은 거지 나사로는 거지처럼 보이도록 몇몇 죄수들이 마시는 커피를 얻어 얼굴에 붓자 퍼지면서 마치 안씻은 얼굴처럼 거지처럼 보이게 하였고 나머지 인형들은 매일같이 죄수들이 보도록 신문이 한장이 오는데 그 신문을 모두가 돌려가며 보는데 더구나 나중에 그 신문을 보관하는 죄수가 따로 있었죠. 그 신문안에 광고지가 있어 그 광고지가 성탄절이 가까워서 그런지 녹색과 빨강색이 많아 마귀의 빨강 머리와 아브라함이 쓴 황금 면류관과 슈렉머리 녹색은 모두 광고지를 활용하여 만들었습니다.

흰수건을 반으로 입으로 잘라 가운데 구멍을 내고 머리를 끼우니 입은 움직이지 않지만 공연할수 있는 손인형이 되었고 손인형이 모두 완성된후에 아침에 그들에게 영어로 "오늘 저녁에 여러분에게 재미있는 인형극을 보여주겠다. 이 인형극은 한국과 현재 미국에 있는 한인교회에 알려진 소문난 인형극이다. 기대하시라. 개봉박두"하니까 모두가 좋아라 하며 엄청 기대를 하는 것이었습니다. 드디어 인형극을 이층 발코니에 담요를 가리게 한뒤 공연을 하였는데 공연을 하기전에 제임스를 불러 "제임스. 누가복음 16장 19절부터

31절에 나오는 부자와 거지 나사로 알지? 자네가 영어를 잘하니까 인형극을 하기전에 자네가 설명해줘"라며 부탁을 했는데 어찌나 잘하던지요. 그는 무슨 죄로 감옥에 들어왔는지 모르겠는데 우리 B동의 감옥의 선교사였습니다. 그의 설명이 끝난후 내가 슈렉인형을 등장시키자 모두가 아는 인형이니까 깔깔거리며 난리가 났죠. "헬로우. 에브리원. 투데이 패이머스 바이블 퍼펫쇼" 이러면서 인형들이 질문을 하면 대답을 해주라며 드디어 인형극을 시작했죠. 기가 막히게도 인형극은 34명의 죄수들에게 빨려 들어가게 함으로 모두가 부자인형이 "데어 리스 노우 갓"하고 하나님은 없다라고 하면 하나같이 "데어 리스 갓"하며 외치는것 이었습니다. 인형극이 끝난후 그들에게 서툰 영어지만 천국과 지옥은 반드시 있음과 모두 나를 따라서 영접 기도를 하게한후 마치자 큰 은혜를 받았다고 모든 죄수들이 기립박수를 치는 것이었습니다.

그런후 이들이 변화가 있을줄 알았는데 또 짐승같은 생활의 모습이 반복되는 모습을 보고 '또 다른 인형극을 보여 주어야겠다'라는 생각이 들어 이번에는 "다윗과 골리앗"을 보여주기로 광고를 냈죠. 그리하여 또 다윗과 사지와 사울왕과 골리앗을 만들어 역시 전에 하던대로 제임스가 설명하고 슈렉이 나와서 즐겁게 한뒤 "다윗과 골리앗" 역시 박수갈채를 받았습니다. 인형극이 끝난후 "어떤 문제든지 다윗처럼 기도의 물매를 던지면 모두 물러감으로 하나님께 기도하세요. 여러분은 지금 어떤 죄로 여기에 들어왔습니까? 지금 여러분이 고민하는 사자같고 골리앗같은 문제는 무엇입니까? 하나님께 예수님의 이름으로 기도하세요. 놀라운일이 생깁니다"라며 따라서 기도하게 하였죠. 그리하였더니 역시 얼마나 순진한 죄수들인지 기도하는 것이었습니다. 그리고 이들의 태도는 변화되기 시작하였습니다. 나를 진정한 목사로 예우하여 무슨일이 있은면 기도부탁을 하는데 때로는 안수하고 손을 잡고 기도하면 평안한 얼굴로 가는 것이었습니다. 그중에 유대인과 이슬람인도 있었는데 그들은 끝까지 마음을 열지않아 마음이 매우 아팠습니다. 또 중국인 중에 팽이라는 20대 젊은 죄수는 같은방에 있는 죄수들과도 한마디도 안할 정도로 마음이 닫힌 친구였는데 내가 스스로 찾아가 말을 건네고 친해지려고 했더니 내가 출소하기 전날에 내게 주겠다며 라면과 간식을 주며 그동안 고마웠다는 표시를 하는데 결국 나는 그것을 한번도 먹지 못한채 같은방에 있던 죄수에게 주고 말았습니다.

팽은 살인을 하고 들어와 오랫동안 수감해야 하는 무기수였습니다. 주님은 제게 손에 신기한 능력을 주셨는데 그들에게 오락활동을 하도록 신문으로 농구골대를 만들어 이층 발코니에 수건을 찢어 설치하고 신문으로 농구공을 만들어 놀게 하였는데 얼마나 좋아하는지 결국 순찰관이 모두 철수하라고 하여 철수했는데 안타깝더군요. 그러던 어느날 "이들에게 예수님이 우리죄 위해 십자가에 달리신 예수님을 보여주어야겠다'는 생각이 들어 신문을 모으는 친구에게 신문을 많이 얻어 물에 지점토가 되도록 물에 잠근뒤 내방에 내키만큼 십자가에 달리신 예수님을 만들었는데 예수님이 흘리신 피색깔이 성탄절이 가까워 빨강색 세일 광고지가 많은지 얼마나 예수님의 고통받으신 모습을 실감있게 마치 패션 오브 크라이스트의 예수님 모습처럼 만들었는데 모든 죄수들이 내방에 들어와 마치 성지순례를 하는 것처럼 몇번이나 들락 거렸는지 모릅니다. 심지어 아픈 죄수들에게 안수하고 기도하면 치유되는 역사가 일어나 내게 몰려와 기도 받으려는 죄수들이 많았고 감옥을 떠날때 각방마다 그들이 배급받은 두루마리 화장지로 십자가를 만들어 물을 입으로 뿌려 손바닥을 쳐 붙여 그들에게 영어로 "무슨 문제든지 십자가를 손에 대고 기도하던지 바라보고 기도하면 응답해 주시니까 걱정말고 기도하라"고 하니까 유대인과 이슬람교인외에 모두 그렇게 하겠다고 약속을 하는 것 이었습니다. 제임스가 감옥에 오래 있어서인지 "패스터 심. 너 내일 새벽이면 여기 나간다"고 하는 것이었습니다. 보통 가정폭력이나 죄벌이 약하면 3주라는것을 그제서야 알았습니다.

　'그렇다면 이들을 위해 기도라도 해주어야겠다'는 마음이 들어 한명씩 안수하고 심지어 끌어안고 기도하는데 어떤 친구는 펑펑 우는 것이었습니다. 옆방에 워싱턴이라는 멕시칸 젊은 30대 초반의 죄수가 있는데 그는 에쁜 세살된 딸을 사진과 똑같이 그릴 정도로 그림실력이 뛰어났고 살인을 하여 들어온것 같던데 나를 얼마나 사랑하는지 모릅니다. 그가 가진 너덜거리는 기드온협회 큰 신약성경을 보고서 '내가 감옥에 나가면 내가 가지고 있는 성경을 선물해야겠다'는 생각이 들었는데 출옥하는 새벽에 그의 갇혀진 방에 문을 두드리며 성경과 공연한 인형들을 모두 놓고 갔지요. 그에게 기도 해주었을때 그는 나를 끌어안고 얼마나 울었는지 모릅니다. 그래서 "워싱턴. 기도해. 내가 여기에 나가 출옥하면 선교사가 되겠다고 서원해. 그리고 빌립보서 4장 13절을 날마다 암송해. 반드시 그렇게 될거야"라고 용기를 주고 출옥하면 나한테 식구들과 은혜한인교회에 찾아오면 맛있는 한국음식도 사주겠다"라고 약속까지 하였건만 나는 교회에 다시 갈줄로 착각하여 결국 워싱턴과 약속을 지키지 못한것이 얼마나 마음이 아픈지 모릅니다. 심지어 저녁식

사전에 모든 죄수들에게 "나는 LA 한인교회에서 가장 큰 은혜한인교회 인형극을 전문으로 하는 목사인데 내가 나가면 담임목사님께 말씀드려 너희들이 먹고 싶어하는 한국음식을 가지고 돌아오겠다"고 하였는데 이 약속은 한기홍 목사님을 찾아갔을때 "우리 교회는 감옥 갔다온 목사는 쓰지 않습니다"라며 하길래 " 한목사님. 저는 감옥에 가서 죄수들에게 인형극을 하고 선교하고 왔습니다. 사도바울도 감옥에 갔다왔는데 목사라도 감옥에 갔다올만 하더구요" 한마디를 하고 나와 버렸습니다. 결국 이분은 내가 목동 지구촌교회를 다니는데 부흥회 강사로 작년 10월에 와서 부흥회를 마치고 내려가는 한목사님을 향해 "한목사님. 저 모르십니까? 인형극 했던 심정섭목사입니다"라고 하자 엄청 당황하며 놀라는 모습으로 나를 쳐다보더군요.

  마치 원수는 외나무 다리에 만나는것처럼 말이죠. 어쨌든 저는 감옥에 갔다온 일로 인해 인형극 사역도 예전처럼 없는데다 매주 목요일마다 LA에 있는 한국가정상담소에 가서 25불을 주고 가정폭력으로 감옥에 갔다온 한국 남자들 7명과 함께 비디오를 보며 강의를 한시간이나 듣는 정신교육을 받아야 했는데 52주를 다 마쳐야 전과가 없어지는 것이 미국의 법이었죠. 이들은 거의 아내와 싸워서 들어온자 들이이었는데 교육만 끝나면 모두 이혼하겠다고 이를 갈더군요. 벌써 이혼한 자들도 있는데 신고한게 괘씸하여 용서할수 없다는 것이었습니다. 처음에는 이해를 못했지만 저도 나중에서야 이해가 되더군요. 매주 목요일마다 교육을 받는일로 인해 타주에서 인형극 요청이 온다고 해도 발이 묶여 갈수가 없을 정도였습니다. 결국 집에서 아무일도 못하고 갇혀있는 삶을 살면서 교육을 받은지 8개월째 심각한 우울증과 불면증으로 울화병까지 겹쳐 아내에게 등 떠밀리듯하여 2008년 9월30일에 귀국하였는데 주님은 대한항공 비행기를 탔을때 예비하신 선물이 왕복 삼천만원이나 하는 일등석으로 가게 한것입니다. 내가 비행기에 탑승하여 괴로워하자 남자 부장이 "어디가 안좋으십니까?" 묻길래 "내가 우울증이 심하여 답답하여 죽을것 같아요"하니까 처음에는 "내리실래요? 짐도 내려드릴게요"하더니 내가 죽어도 한국에는 가야 한다고 하니까 따라오라며 안내한 곳이 비지니스석도 아닌 아무나 안타는 일등석이었는데 두 좌석밖에 없었는데 이미 한 좌석은 외국인이 앉아 있었습니다.

생전에 처음 타보는 일등석은 끝내 주었습니다. 기내식도 틀리고 수시로 갖다는 과일과 간식과 침대처럼 편한 의자는 지루한 11시간을 편하게 오게 한 주님이 "너 그동안 미국에서 수고 많았다"고 하신 최고의 선물 같았습니다. 귀국하여 집에 돌아오자 어머니는 나를 끌어안고 "심목사가 왜 이렇게 되었냐"며 손을 잡고 우시는것 이었습니다. 그리고나서 다음날 여동생이 잘 아는 정신과에 가서 상담을 받고 약물치료를 받고 회복되어 다음해 2010년에 "소문난 인형극 선교회"를 세워 시작한 첫번째 사역이 CTS,CBS 직원예배를 인형극으로 시작했습니다. 이 시작으로 국민일보와 기독신문에 보도되면서 코로나가 있기 전까지 전국팔도를 다니며 유일하게 "전교인 인형극 부흥회"를 인도해왔으나 지금은 코로나로 거의 부흥회를 못하고 있지만 이 책이 출판됨을 통해 알려짐으로 전국은 물론 전세계의 한인교회들과 선교사들이 수고하는 선교지까지 가서 인형극 부흥회를 통해 은혜를 끼침으로 땅끝까지 인형극으로 복음을 전하는 그날이 오리라고 보며 이 간증을 마칩니다.

맺는말

　먼저 발행한 "전도와 부흥을 일으키는 소문난 인형극"은 인형극과 드라마가 뒤엉켜 있다 시피하여 독자들이 불편하였으리라 봅니다. 더구나 먼저 집필한 책은 제가 미국에 있을 때 집필하여서 제대로 교정을 하기가 어려웠습니다. 이번에 집필한 "전교인 전부서가 은혜받는 인형극 부흥회와 절기 헌신예배를 위한 드라마"는 새롭게 꾸며져 주일학교와 전부서가 활용할 수 있도록 꾸며졌습니다. 인형극이나 드라마나 모두 부흥회 형식으로 꾸며져 공연을 보는 청중들이 모두 함께 손뼉을 치며 찬양을 하고 성경본문을 읽고 기록된 준비찬양을 하도록 하였고 공연이 끝날 때 마다 해설은 설교수준으로 은혜롭게 만들었습니다. 마친 후에는 설교자의 설교와 회개하는 기도회 시간을 가지고 설교자의 마무리기도를 따라하도록 마무리기도까지 수록하여 놓았습니다. 그야말로 인형극과 드라마는 모두 부흥회 형식으로 꾸며져 은혜가 넘치는 잊지 못할 시간이 될 것입니다. 어느 인형극 공연자나 드라마팀도 이렇게 부흥회식으로 하는 자는 없습니다. 제가 부흥회로 할 수 있었던 것은 모두 주님께서 도우셔서 이런 걸 작품들이 나오게 된 것입니다. 드라마는 제가 섬기던 제일성도교회에서 여전도회 헌신예배에 드라마를 작성하고 지도한 것이 전교인들이 은혜를 받아 계속하여 지도한 것이 작품이 된 것입니다. 인형극도 부흥회가 된 것은 그동안 국내에서 어린이들만 대상으로 공연만 하였다가 미국에 이민을 가서 여름성경학교에 공연을 하였는데 그때 부모님들이 모두 참석하여 은혜를 받고 "말로만 듣던 천국과 지옥을 체험하였다"고 감사인사를 함으로 그제서야 "인형극이야말로 전천후 인형극"임을 깨닫고 이때부터 더 업그레이드를 시키므로 "인형극 부흥회"가 탄생됐습니다. 인형극 부흥회의 위력은 전 교인들뿐만 아니라 어린이들도 참석하여 동일한 은혜를 받고 같은 마음으로 기도합니다. 심지어 발달 장애인들조차도 은혜를 받습니다. 인형극을 단순히 공연으로 끝내면 "재미있다"고 끝내지만 부흥회로 하게 되면 재미를 넘어서 "은혜를 받았다"고 합니다. 이처럼 인형극이나 드라마나 "은혜를 끼쳐야" 합니다.

재미는 금방 잊지만 은혜 받은 것은 오래 남습니다. 제가 인형극이나 드라마를 재미위주로 해왔다면 지금까지 인형극 부흥회도 인도하지 못했을 것이며 드라마도 지도할 수 없었을 것입니다. 뿐만 아니라 책도 출간하지도 못했을 것입니다. 그러나 은혜를 끼치려고 노력을 하니까 주님께서 보상으로 모든 것을 채워 주셨습니다. 사실 제일성도교회에서 드라마를 지도하였을 때 제게는 엄청난 시련의 기간이었습니다. 제가 영아부 1,2부와 유치부 1,2,3부와 청년2부를 맡았는데 교육실장이 담임목사 사모님였는데 제게 "심목사님이 다른 부서는 부흥시켰는데 청년2부는 부흥을 못시켰으므로 나가던지 파트로 있던지 하라"고 하여 아내의 강력한 만류로 당시 98년에 전임으로 140만원을 받던 내가 졸지에 70만원을 받고 사역을 했습니다. 이러한 시련이 제게는 숨겨진 달란트를 발휘하게 됨으로 오히려 나를 발견하는 계기가 되었습니다.

뿐만 아니라 미국에 가기 전에 인형극 축제를 가졌는데 TV에 나오는 탈 인형과 대본을 현대 인형극단에 가서 무료로 빌려 유치부 교사들에게 연습을 시켜 8개의 초등학교에 포스터를 붙이고 초대권을 무려 이만장을 돌렸는데 모든 부교역자들은 "설마? 애들이 이 시간에 올려구?"하며 기대도 안하는 것이었습니다. 그러나 주님은 이들의 기대를 꺾어 버리셨습니다. 무려 삼천명이 넘게 오후 2시에 구름떼처럼 몰려왔습니다. 어린이들이 다 들어갈 수 없어서 천명이 넘는 어린이들은 아쉽게도 돌아갔고 본당 통로에도 아이들이 모두 앉아 있어서 들어갈 수가 없어서 교회 역사상 어린이들이 최고 많이 모인 교회의 역사에 남는 인형극 축제가 되었습니다. 탈 인형을 쓰고 인형극을 하는 교사들은 모두가 감격하여 울면서 공연했다고 하였습니다. 제가 이 교회를 떠날 때 모두가 아쉬워하며 감사의 사례를 하는 것이었습니다. 이처럼 고난과 시련 속에서 낙심하거나 하나님을 향해 불평하지 않고 나아가면 그 결과는 축복임을 알고 인형극을 하던지 드라마를 하던지 낙심하지 말고 기도하며 나아가십시오. 야고보서 1:3의 말씀처럼 "믿음의 시련이 인내를 만들어 낸다"고 하였듯이 인내의 열매를 가져올 것입니다.

끝으로 이 책을 잘 활용하셔서 은혜를 끼치시기 바랍니다. 인형극을 할 수 없는 형편이라면 드라마로 하셔도 효과적입니다. 이 책을 통해 주일학교와 절기예배와 헌신예배가 축제가 되고 부흥하기를 축복합니다.

소문난 인형극 선교회 심정섭 목사